Illertissen
Eine schwäbische Residenz

Illertissen

Eine schwäbische Residenz

Geschichte des einstigen Herrschaftssitzes
und alten Zentralorts im Illertal

Hans Peter Köpf Text
Joachim Feist Fotos
Anton H. Konrad Konzeption

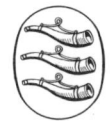

Anton H. Konrad Verlag

Umschlagbild   Illertissen. Schloß und Stadt in Herbststimmung. Oktober 1989
Umschlagrückseite   Schloß Illertissen im Jahre 1573, aus einer künstlerischen Darstellung
   des Gebietes zwischen Illertissen und dem Lauf der Roth (aus Reichskammergerichtsakten)
   Bayerisches Hauptstaatsarchiv München Pl 9127 (Krausen, Handgezeichnete Karten, Nr. 87)
Vorsätze   Handgezeichnetes Ortsblatt von Illertissen 1823. Bayerisches
   Landesvermessungsamt München. Wiedergabegenehmigung Nr. 989/90
Frontispiz   Bild 1
   Johann Adam Vöhlin von Frickenhausen, Freiherr auf Illertissen und Neuburg an der Kammel
   (1586-1637) (?), überlebender Sohn des Altarstifters Ferdinand Vöhlin (1556-1603), in
   spanischer Hoftracht. Skulptur aus der Reihe der Vöhlin-Stifterfamilie auf der
   Attika des Illertisser Hochaltars, von Christoph Rodt, 1604. Die Familie betet vor dem
   Jesuskind in der Krippendarstellung mit Anbetung der Könige.

© 1990   Anton H. Konrad Verlag 7912 Weißenhorn
Herstellung   Verlagsdruckerei Memminger Zeitung, Memmingen (Satz und Druck)
   Lange Repro, Kaufbeuren (Farblithos)
   Brend'amour, Simhart, Co., München (Duoton-Lithos)
   Sihl Velours 117, Zürcher Papierfabrik an der Sihl
   Phönix Imperial, Kunstdruckpapier von Scheuffelen, Lenningen
   Bindung von Conzella, München und Pfarrkirchen
ISBN   3 87437 293 6

Inhalt

Vorwort	5
Annäherung	7
Zentralität im Wandel	13
Verkehrswege mit wechselhafter Geschichte	20
Tussa 954 – doch was heißt »oppidum«?	27
Mittelalterliche Schwerpunktverlagerung	30
Vom Ursprung der Grafen von Kirchberg	36
Der frühe kirchbergische Besitz	45
Die Besitzungen des Klosters Einsiedeln	56
Ortsherren im 11. Jahrhundert	68
Der Anteil des Stifts Edelstetten	83
Königliches Erbe	91
Kirchenheilige als Geschichtszeugen	99
Merowingisches Königsgut oder herzogliche Gründung?	109
Königlicher Wirtschaftshof und alter Markt	122
Hochmittelalterlicher Strukturwandel	168
Burg und Herrschaft	182
Die geplante Residenz	187
Verhinderte Entwicklung	197
Glanzzeit – Die Herrschaft der Vöhlin	205
Wende zur Zukunft: Illertissen in Bayern	219
Genealogische Tafeln	223
Literaturverzeichnis	227
Register	231

Illertissen – eine schwäbische Residenz? Noch niemandem war es bislang gelungen, aus einer Vielzahl wichtiger Fixpunkte und außergewöhnlicher Ereignisse in der tausendjährigen Geschichte Illertissens jene oft zwingenden Folgerungen zu ziehen, die uns aus der Feder von Hans Peter Köpf nun vorliegen: Illertissen – ein uralter Zentralort im Illertal, seit dem achten Jahrhundert Hausgut des alamannischen Herzogsgeschlechts, im Jahre 771/772 von Königin Hildegart als der alamannischen Herzogs-Erbin in ihre Ehe mit Karl dem Großen eingebracht, ein nun also königlicher Ort, von Ulrich-Biograph Gerhard um 973 als »oppidum« hervorgehoben, in seiner Sprachregelung ein Verwaltungsmittelpunkt, im 10. Jahrhundert gestützt auf königliche Grundherrschaft und einen königlichen Fronhof. Hier also, an einer empfindlichen Stelle schwäbischer Herzogsmacht, hatte König Otto im Jahre 954 seinen abtrünnigen Sohn Liutolf, den schwäbischen Herzog und Gründer Stuttgarts, zur Entscheidung gestellt. Hier war dann dem Diplomaten Bischof Ulrich die Versöhnung gelungen und damit die Voraussetzung zur siegreichen Ungarnschlacht 955. Die von Karolingern aufgebauten Strukturen waren noch im hohen Mittelalter intakt, noch im 12. Jahrhundert wurde hier auf gräflicher Dingstätte für ein Gebiet zwischen Roth und Riß Recht gesprochen. Aus der königlichen Verwaltung als führende Familie aufgestiegen in den hohen Adel, erkennen wir nun die späteren »Kirchberger«, die einen gräflichen Herrschaftsbezirk aufbauten. Wohl fast 600 Jahre waren die Kirchberger seit dem 10. Jahrhundert zu beiden Seiten des Illertals tonangebend. Nach Erbteilungen bauten sie von Illertissen aus ein Territorium auf. Eberhart von Kirchberg versah Marktsiedlung, Kirche und Burg mit einer Umwallung und erwarb als »Stadtgründer« für seine »Residenz« 1430 von König Sigmund Marktrecht und Hohe Gerichtsbarkeit. Was den finanziell erschöpften späten Kirchbergern nicht mehr gelang, realisierte Erhart Vöhlin ab 1520: Seit 1498 mit den Welsern fusioniert, waren die bürgerlichen Memminger Vöhlin zu unerhörtem Reichtum gelangt. Sie bauten die neu erworbene alte Adelsherrschaft zu einem glanzvollen Sitz aus. Mit den Fotos dieses Bandes sehen wir ihre herrlichen Zeugnisse der Architektur und der Kunst in neuem Lichte: das Doppelschloß des 16. Jahrhunderts, die 1590 erbaute und 1604 mit dem berühmten Altar ausgestattete Martinskirche, die barocke Stuckausstattung des Schlosses von 1722 und die Schloßkapelle von 1751. Sie alle dokumentieren Illertissens Rang als schwäbische Residenz von 1410/20 bis 1754. Hans Peter Köpf gelangen aus seiner universalen Kenntnis der Quellen Einsichten, um die sich ehedem Anton Kanz und Anton Mang mühten. Mit geübtem Blick für die großen Zusammenhänge weist er Illertissen einen Platz in der tausendjährigen Geschichte Schwabens zu, der uns mit Stolz erfüllen darf und der den späten, aber vielleicht noch nicht zu späten Beginn der archäologischen Erkundung der Bodenaltertümer dieser Stadt mit hohen Erwartungen erfüllt. Für die Konzeption dieses Buches danken wir dem Verleger und Kreisheimatpfleger Anton H. Konrad, für die Fotos von hohem dokumentarischen Wert dem Kunstfotografen Joachim Feist. Die Bürger der Stadt Illertissen beglückwünsche ich, 36 Jahre nach dem Erscheinen des letzten Werkes von 1954, zu diesem eindrucksvollen Buch zur Geschichte unserer Stadt.

Illertissen, im März 1990

HERMANN KOLB
Erster Bürgermeister

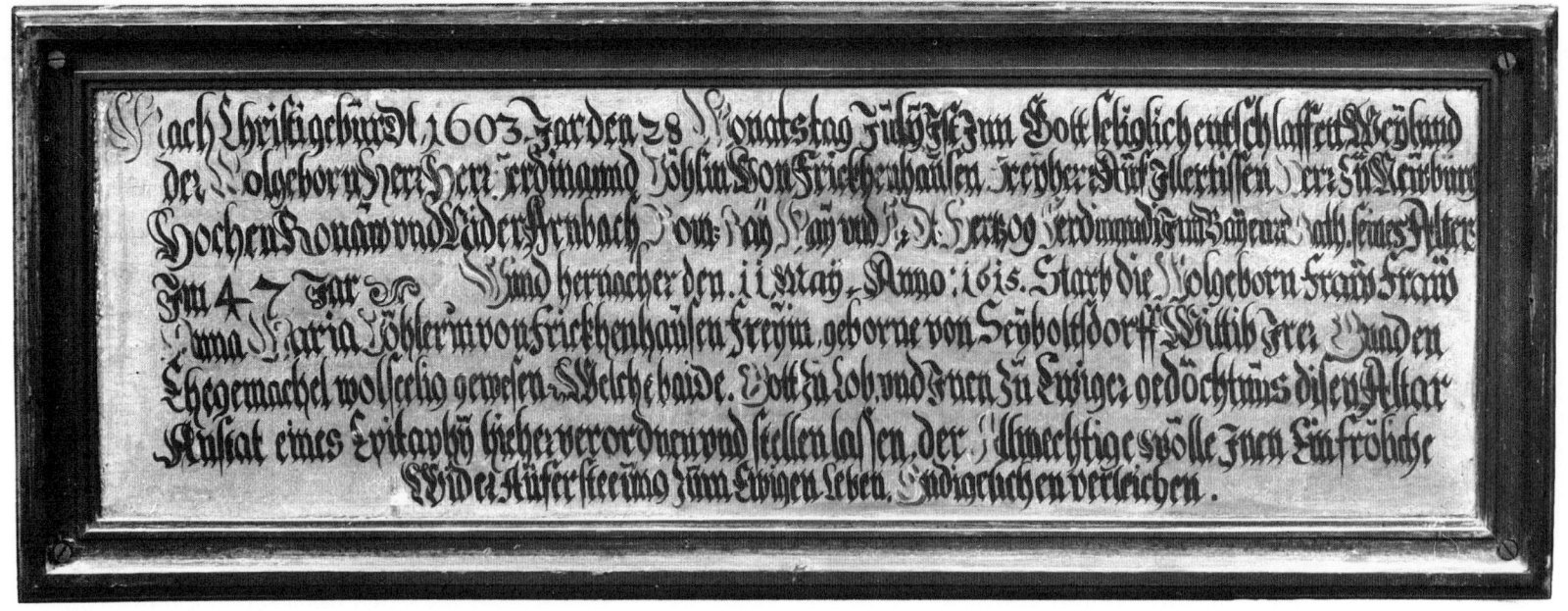

STIFTERTAFEL DES ILLERTISSENER HOCHALTARS VON CHRISTOPH RODT, 1604

Nach Christi Geburdt (im) 1603. Jar den 28. Monatstag Julii ist inn Gott seliglich entschlaffen weylund der wolgeborn Herr Herr Ferdinannd Vöhlin von Frickhenhausen, Freyherr auf Illertissen, Herr zu Neuburg, HochenRonaw und NiderArnbach Röm. Kay. May. und S. Dt. Hertzog Ferdinand in Bayern Rath, seines Alters im 47. Jar. – Und hernacher den 11. Maii Anno 1615 starb die wolgeborn Fraw Fraw Anna Maria Vöhlerin von Frickhenhausen Freyin, geborne von Seyboltsdorff, Wittib, Irer Gnaden Ehegemachel wolseelig gewesen, welche baide, Gott zu Lob und Inen zu Ewiger Gedächtnus, disen Altar Anstat eines Epitaphii hieher verordnen und stellen lassen, der Allmechtige wölle Inen ein fröliche Wider Aufersteeung zum Ewigen Leben Endigelichen verleichen.

Annäherung

Von weitem schon grüßt das Schloß, lockt schimmernd aus dem schmalen Rand dunkelwaldiger Höhen, die der ebenen Weitläufigkeit des Illertales einen flachen Horizont setzen. Allmählich wächst daneben der Turm der Martinskirche, werden auf dem gestreckten, massigen Unterbau die feingliedrigen Achteckgeschosse mit der spitz ausgezogenen Zwiebelhaube erkennbar. Weiter draußen ragt als modernes Gegenstück der nackte Nutzbau einer Kunstmühle auf, strichförmig repetiert in einigen Fabrikschloten. Nichts sonst erhebt sich nennenswert über die Dachlinie der flach hingebreiteten Stadt. Einzelhaussiedlungen, ein paar allbekannte Wohnanlagen, ein Zentrum scheint sich anzukündigen, doch nach dem unvermeidlichen Halt an der ampelbewehrten Hirschkreuzung kommt schon wieder das Ortsende in Sicht.

Wirklich städtische Züge trägt Illertissen nur in einem recht eng umrissenen Bereich: um die Hirschkreuzung und von da der Hauptstraße entlang. Hier reiht sich Laden an Laden, präsentieren sich Geldinstitute, Stätten der Gastlichkeit dazwischen, sind Ärzte, Versicherungen, Anwälte zu finden, die volle Palette der Dienstleistungen, die man in einer Stadt erwartet. Jüngst erst errichtete Geschäftshäuser verbinden sich hier mit verbliebenen Bauten aus früherer Zeit zu einem freundlichen und einladenden Stadtbild, das unbeeinträchtigt bleibt von jenen klobigen Betonmonstren, die vielerorts Öde verbreiten. Eine Zone also regen städtischen Lebens gewiß, übrigens auch eines fast großstädtischen, unablässig rollenden Verkehrs.

Aber Zentrum? Schon wenige Meter weiter in der Memminger Straße, in den Seitengassen bietet sich ein ganz anderes Bild: aufgelockerte, meist ältere Bebauung, die selten mehr als zweistöckigen Häuser vielfach traufständig. Vereinzelte Wirtshäuser, Werkstätten, Geschäfte auch da, doch wer sie aufsucht, kennt sich aus und ist bekannt. Das gilt ebenso für den geräumigen Marktplatz wenig abseits der Hauptstraße, der nur an Markttagen von geschäftigem Treiben erfüllt ist, aber vor hundert Jahren noch, teilweise überbaut, allenfalls Ort des Viehmarktes vor dem – damals längst niederge-

legten – Tor war. Und das Rathaus, sonstwo doch Inbegriff des Stadtmittelpunkts? Hier steht es, als fast aufdringlich repräsentativer Neorenaissancebau von 1890/91 an der Stelle bescheidener Vorgänger errichtet, ganz am Ende, richtiger am Beginn der Hauptstraße, vereinsamt dahinter die alte Schranne, an der sich vormals ein wesentlicher Teil des Marktgeschehens abspielte.

Das Ortsbild ist hier – namentlich »Auf der Spöck« und »Auf der Point«, auch wo es neuerdings »Am Reichshof« heißt und an der die Hauptstraße fortführenden, ehemalige Lange Gasse und Staig zusammenfassenden Vöhlinstraße – unverkennbar dörflich: Stattliche Bauernhöfe in der landesüblichen Bauweise, die ihre breiten Giebel der Straße zuwenden und durch die zum Wirtschaften nötigen Hofräume auf Abstand gehalten sind, daneben einstige Selden, wiederum und vor allem am Beginn der Staig in der Regel

»Illertissen Vöhlin«. Älteste Ansicht des Schlosses, kurz nach dem Wiederaufbau des Hinteren Schlosses nach dem Brand von 1549, vor dem Ausbau des Vorderen Schlosses um 1585. Zeichnung um 1555

traufständig. Von den zugehörigen, oft breitflächigen Gras- und Baumgärten ist erst ein Teil neuester Bebauung geopfert, und wenige Schritte sind es nur bis jenseits der Weiherstraße, nach Süden hin einige mehr jenseits der Wallstraße die Wohnsiedlungen unserer Zeit erreicht sind, die frühere Feldflur.

Nicht ein Zentrum also, das ein für allemal festgelegt die Funktionen sammelt und sich ihrem Wandel im Widerstreit von Bewahrung und notwendiger Veränderung anpaßt, wie man das von anderen Städten gewohnt ist, sondern verschiedene Schwerpunkte, in denen sich jeweils neue Anforderungen besondere Bereiche geschaffen haben, dabei nur teilweise auf den vorhandenen Siedlungsbestand übergreifend, doch dadurch mit ihm eine gewachsene Einheit! So wird der Gang durch Illertissen viel anschaulicher als anderswo zu einer Wanderung durch seine Geschichte. Denn 1954 erst, im großen Jubiläumsjahr seiner Ersterwähnung, erhielt es die Bezeichnung

Illertissens südliche Nachbarn »Rechberg–Oberaychen«, auf derselben »Contrafactur der Iller«. Federzeichnung um 1555. Staatsarchiv Augsburg, Plansammlung C 23 (Lehen und Adel 2889) (Krausen 177)

»Stadt« zugestanden, womit einer lang vollzogenen Entwicklung zwar endlich Rechnung getragen, eine rechtliche Aufwertung aber nicht mehr verbunden war. Die Rechtsstellung als Markt hatte hingegen seit Jahrhunderten den Ort über seine Umgebung hinausgehoben, wenn auch diese Privilegierung, 1430 dem Grafen Eberhart von Kirchberg für sein damaliges Dorf Tussen erteilt, nicht eigentlich Ansehen und Nutzen der Bewohner fördern, sondern die Rechte der Herrschaft erweitern und stärken sollte.

Sie, die Herrschaft, obwohl längst Vergangenheit, ist in Illertissen noch überall gegenwärtig. Sei es im Bräuhaus, das am Fuß des Schloßbergs den Giebel hochmütig über seine Umgebung hinausreckt: Als herrschaftlicher Monopolbetrieb wurde es, zum Nachteil der zuvor selber brauenden Wirte, 1686 eingerichtet, nach einem Brand 1781 der bestehende Bau aufgeführt. Sei es auch in der Pfarrkirche Sankt Martin, wo schon vor dem Betreten die steinerne Inschrift, freilich in kaum verständlichem Humanistenlatein, daran erinnert, daß zwei Brüder aus dem freiherrlichen Geschlecht der Vöhlin in frommer Großmut sie 1590 auf ihre Kosten anstelle einer älteren erbauen ließen – eine zweite Tafel im Innern nennt ihre Namen, Ferdinand und Carl. Ferdinand, der 1603 starb, und seine Ehefrau Anna Maria von Seyboltsdorff waren es auch, die dem Bildhauer Christoph Rodt, ihrem Untertanen in Neuburg an der Kammel, den Auftrag gaben zu dem 1604 fertiggestellten Hochaltar, diesem prächtig-reichen und erlesenen Kunstwerk, einer wahren Höchstleistung der deutschen Spätrenaissance. Zu seinen Seiten und in der Gruftkapelle der Vöhlin die Grabmale ihrer Eltern und des früh verstorbenen Bruders, Meisterwerke des Ulmer Bildners Hans Schaler, sowie, handwerklich bieder, ihres Großvaters Erhart, stellen plastisch und lebensgroß die einstigen Herren vor Augen, ritterlich aufgemacht, doch ihrer nach der damaligen Mode selbstsicher zur Schau getragenen Männlichkeit prüde und brutal beraubt – ein Akt auch später Rebellion eines befreiten, aber noch nicht frei gewordenen Bürgertums?

Bezeichnend scheint es da doch zu sein, daß ein weiteres Denkmal herrschaftlicher Präsenz, die zu Beginn des 17. Jahrhunderts erbaute Sebastianskapelle an der Hirschkreuzung, kultisches Zentrum einer weiträumigen, für das geistige Leben Illertissens im Barockzeitalter bedeutsamen Bruderschaft, die Stiftung Carl Vöhlins und seiner Gemahlin Maria von Roth, nachdem sie allerdings seit 1805 schon aus rationalistischem Übereifer profaniert war, gerade der Entwicklung des städtischen Bereichs zum Opfer gebracht wurde.

Vor allem ist es natürlich das Schloß, von dem wie eh und je Herrschaft über Illertissen ausgeht, wenigstens noch optisch. Überall fast im Ort ist es sichtbar, steht majestätisch über Firsten und im Zielpunkt von Straßenzügen, tritt zwischen Giebeln dominierend ins Blickfeld, und nur, wiederum bezeichnend, in der städtisch geprägten Zone wird es auf längere Strecken durch die höhere, dichte Bebauung verdeckt. Nahezu senkrecht scheint es aus den Häusern sich zu erheben, und gewaltiger empfindet es, seine Höhe überschätzend, das Auge. Doch kurz ist der Anstieg, die Dimensionen schrumpfen in der Nähe aufs Menschliche, Wohnliche, statt fürstlicher Großartigkeit bietet sich selbstgefällige Schlichtheit.

Ist unter dem ins Achteck wachsenden Turm das spitzbogige Tor durchschritten, stellt sich zunächst das dreigeschossige »Hintere Schloß« mit seiner breiten Traufseite dar, rechts angefügt der niedrigere »Französische Bau« in unaufdringlicher Eleganz mit Mansardendach und von einer Zwiebelhaube bekröntem Eckturm. Dann weitet sich der Hof, nach Nordosten in ganzer Länge durch eine anmutige, in rhythmischen Arkaden durchbrochene Brüstungsgalerie gleichermaßen geschlossen wie geöffnet, während linkerhand Gebäude den Ausblick auf die Stadt und über's Tal verstellen. Hier läßt an der inneren Ecke des »Vorderen Schlosses« der hervortretende Dreiachtel-Chorschluß mit Langfenstern die gotische Schloßkapelle erkennen, doch trägt ihr Inneres die Rokoko-Ausstattung des Weißenhorner Künstlers Martin Kuen von 1751 – ein echtes Kleinod, gleichsam das Vermächtnis des letzten Schloßherrn.

Entstellungen, Verstümmelungen kommen erst bei genauer Betrachtung nach und nach ins Bewußtsein. Nicht sofort fällt es ja auf, daß etwa am Kapellenchor die Fenster des darüber hinweggebauten Wohnstocks durch die heruntergezogene Dachfläche abgeschnitten sind, ein harmonisch vollendender Aufsatz also beseitigt wurde; daß gleich lieblose Behandlung auch dem Eckturm des »Hinteren Schlosses« widerfuhr und das Fehlen seines architektonisch gebotenen Abschlusses zusammen mit einem das Portal bedrängenden Anbau die vornehme Ausgewogenheit dieser Schauseite nachhaltig stört; daß insbesondere der mächtige Torturm durch eine stumpfe Bedeckelung anstelle der stilgemäßen Haube seiner einst festlichen Wirkung beraubt war, wurde 1984 durch Aufsetzen einer neuen Turmkuppel glücklich korrigiert. Doch im Innern sind große Teile der ehedem kostbaren Ausstattung unwiderbringlich verloren, und nur wenige Räume vermitteln noch mit behaglich-schweren Holzkassettendecken der Renaissancezeit oder lichten Barockstuckdecken, der winzige Rest dekorativen Parkettfußbodens noch eine Ahnung von der früheren Herrschaftlichkeit.

Als Sachzwänge würde man heute wohl die Gründe für solche Eingriffe bezeichnen. Mußte doch, was entstanden war als repräsentativer Herrschaftssitz eines selbstbewußten Adelsgeschlechts, später für die Zwecke einer zunehmend bürokratischen Verwaltung nutzbar gemacht werden, für Diensträume und Wohnungen subalterner Beamten, die zum sparsamen Einsatz knapp bemessener Mittel streng gehalten waren (während ihr Souverain immense Ressourcen für den monströsen Ausbau seiner Residenzstadt oder für prunkvolle Traumschlösser vergeudete) – eine Vorstellung von notwendigem Denkmalschutz entwickelte sich ja allmählich erst gegen den noch immer anhaltenden Widerstand scheinbar rationalen Zweckmäßigkeitsdenkens. Daß freilich die Tissener solche Verunstaltungen und Demolierungen, zuverlässig verbürgt, mit bitterem Spott und schmerzlicher Empörung quittierten, macht deutlich, wie weitgehend sie das herrliche Schloß, für dessen Erstellung sie, ihre Vorfahren zuweilen über Gebühr hatten fronen müssen, als Wahrzeichen auch der eigenen Sonderstellung empfanden – ein nachträglicher Racheakt, die lustvolle Abtragung der längst harmlos gewordenen Zwingveste wie 1838/39 im benachbarten Markt Illereichen ist hier doch undenkbar.

Denn, kein Zweifel, hier im Schloß liegt das eigentliche Zentrum Illertissens, wenn nicht das ursprüngliche, so doch das bestimmende, jenes, das über die Ansiedelung zu seinen Füßen weit hinauswirkt und mit dem deren zentralörtliche Bedeutung aufs engste verknüpft ist – nicht mehr das zukunftweisende freilich, sondern das historische. Schon haben sich im vorderen Teil Museen eingerichtet, das Heimatmuseum und das Senator-Forster-Bienenmuseum. Das Hintere Schloß aber hält noch als Sitz einer Zweigstelle des Amtsgerichts die Erinnerung aufrecht an seine ursprüngliche Bestimmung, Ort umfassender Herrschaftsausübung zu sein.

Zentralität im Wandel

Bis vor kurzem freilich hat das Schloß noch insgesamt diese Aufgabe erfüllt, walteten in seinen Räumlichkeiten ausschließlich Behörden eines Landkreises, Landratsamt, Finanzamt und Amtsgericht – früher, doch zu verschiedenen Zeiten umbenannt, Bezirksamt, Rentamt und Landgericht. Das Landgericht, bis 1862 einzige, auch für die Verwaltung zuständige Behörde, wurde schon 1803 eingerichtet, als der churpfalzbayerische Staat seine neu hinzuerworbenen Gebiete zu organisieren versuchte. Daß dafür gerade Illertissen ausersehen wurde, hat sicherlich zwei Gründe: Zum einen konnte sich Bayern, das mit der Aneignung des Ulmischen Territoriums schon weit über die Donau hinausgegriffen und die ehemalige Reichsstadt zum Sitz der Landesdirection für die neue Provinz Schwaben bestimmt hatte, berechtigte Hoffnungen machen auf weiteren Zuwachs auch jenseits der Iller, der sich mit dem Anfall der fuggerischen Herrschaften Kirchberg-Weißenhorn und Brandenburg-Dietenheim 1806 zunächst wirklich einstellte, bis 1810 die endgültige Grenzziehung dann doch Illertissen ganz an den Rand des Staatsgebiets rückte. Zum anderen, was entscheidend gewesen sein dürfte, war bereits seit 1757 das Schloß und die Herrschaft mit dem Markt Illertissen, Jedesheim, Betlinshausen, Tiefenbach, Emershofen und Vöhringen Besitz des bayerischen Kurfürsten, so daß hier keine konkurrierenden Rechte zwar mediatisierter, aber nicht völlig entrechteter Herren, wie das etwa in Weißenhorn und in Illereichen der Fall gewesen wäre, die staatliche Machtausübung einschränken und behindern konnten. Das zugeteilte Gebiet, gegenüber der früheren Herrschaft ganz wesentlich vergrößert, schwankte in seinem Umfang noch lang entsprechend den immer wieder notwendigen Änderungen in Verwaltungsaufbau und -einteilung, doch blickten seit 1880, als der damalige Gerichtsbezirk Weißenhorn dem expandierenden Bezirksamt Neu-Ulm unterstellt wurde, unverändert vierundvierzig (frühere) Gemeinden auf Illertissen als ihren Vorort.

Das Jahr 1972 brachte für Illertissen jedoch das jähe Ende seiner vielhundertjährigen Vorzugsstellung als Herrschaftssitz und Verwaltungsmittelpunkt. Denn als es darum ging, die Leistungsfähigkeit der Verwaltung durch eine auf gesteigerte Anforderungen und zeitgemäße Möglichkeiten zugeschnittene Struktur zu heben, erwies sich der Sog der übermächtigen Metropole Ulm als so stark, daß sogar hinter ihrem jungen Ableger auf dem rechten Donauufer die alten, natürlichen und gewachsenen Zentralorte des neugebildeten Großkreises zurückstehen mußten.

Diese Einbuße an Zentralität vermochte die Stadt indes bald auszugleichen durch eine vermehrte Attraktivität in anderen Lebensbereichen. Neben dem reichhaltigen Waren- und Dienstleistungsangebot dient der Versorgung eines weiten Umlandes vor allem das vielseitige Gewerbe, das zudem mitsamt der großenteils mittelständischen, teilweise weltweit namhaften Industrie, nicht unwesentlich gestärkt auch durch die Eingemeindung von Jedesheim und insbesondere Au, Arbeitsplätze bereithält für ein beträchtliches Einzugsgebiet. Mit dem Kreiskrankenhaus, das 1910 in Betrieb genommen und seither immer wieder neuesten Erfordernissen gemäß ausgebaut wurde, dazu einer Vielzahl niedergelassener Ärzte und Fachärzte, blieb Illertissen auch für die medizinische Versorgung Zentrum, und das gilt ebenso im Bildungsbereich, wo das – aus dem 1925 beim Bruckhof begründeten Kolleg der Schulbrüder hervorgegangene – Schulzentrum mit Gymnasium, Real- und Hauptschule sowie die staatliche Berufs- und Berufsaufbauschule ergänzt werden durch die Volkshochschule und das 1976 eröffnete, weiträumig wirksame Schulungsheim der Berufsgenossenschaften. Nicht

2 Anna Maria von Seyboltstorff (1568?-1615), Gemahlin Ferdinand Vöhlins (1556-1603) und Mitstifterin des Hochaltars, der statt eines Grabmals errichtet wurde. Christoph Rodt, 1604
3 Schildhalter am Hochaltar, mit Wappen der Eltern des Ferdinand Vöhlin: Hans Christoph I. Vöhlin (1521/22-1576), Veronika v. Freyberg (1523-1582). Christoph Rodt, 1604

zu vernachlässigen sind schließlich die vielfältigen, auch aus der Umgebung genutzten Möglichkeiten der Freizeitgestaltung sowie eine Anzahl überörtlich tätiger Vereine.

Gewiß, Teile des ehemaligen Kreisgebiets, das auch nicht geschlossen dem neuen Landkreis Neu-Ulm zugeteilt wurde, haben sich mittlerweile anders orientiert. Dafür hat sich die Anziehungskraft der Stadt über die nahe Landesgrenze hinweg deutlich verstärkt und ihren Einzugsbereich, auch durch die länderübergreifende Zusammenarbeit in der Region Donau-Iller, erweitert. Fast scheint es, als habe ihre Befreiung aus den Grenzen eines zugeordneten Verwaltungsbezirks und die Verlagerung ihrer Bedeutung vom alten herrschaftlichen Schwerpunkt in die Zonen bürgerlicher, wirtschaftlicher Aktivität den Zentralitätswert von Illertissen sogar noch erhöht.

Denn Zentralität, so sehr sie immer der Entwicklung und Förderung durch die raumordnenden Mächte bedarf, läßt sich so wenig willkürlich abschaffen, wie sie sich künstlich erzeugen läßt. Sie ist stets in geographischen Gegebenheiten angelegt, vorgezeichnet durch den Lauf der Gewässer und die Zugänglichkeit der Höhen, letztlich den davon bestimmten Verlauf der Verkehrswege. Diese sind allerdings, von Menschen gesucht und deren Bedürfnissen und Vorlieben, ihren technischen Möglichkeiten, aber auch wirtschaftlichen und politischen Bedingungen immer wieder angepaßt, weder in ihrer Bedeutung noch in ihrer Streckenführung unveränderlich. Der Zentralitätswert eines Ortes kann sich entsprechend steigern oder mindern: Solche Schwankungen hat in seiner Geschichte gerade Illertissen erfahren.

---

4 *Schildhalter am Hochaltar, mit Wappen der Eltern von Ferdinand Vöhlins Gemahlin Anna Maria: Servatius v. Seyboltstorff, Anna v. Neidegg. Christoph Rodt, 1604*
5 *Musizierender Engel, aus der großen Darstellung von Mariens Krönung im Mittelstück des Retabels des Illertisser Hochaltars, Christoph Rodt, 1604*

Verkehrswege mit wechselhafter Geschichte

Der hier vorrangigen Verkehrslinie wird die Richtung natürlich von der Iller gewiesen, dem wasserreichen und ehedem ungebärdigen Gebirgsfluß, der beiderseits von nahen, ebenso nordwärts gerichteten Wasserläufen begleitet wird. Dies ist bedeutsam deshalb, weil die ältesten Wege, die meist sumpfigen Täler mit ihrer üppig wuchernden Vegetation möglichst meidend, den trockenen Höhen folgten, wo bei dürftigerem Pflanzenwuchs auch die selten betretene Spur lange offen und leicht erkennbar blieb. Solche zweifellos in vorgeschichtlicher Zeit schon begangenen Höhenwege lassen sich zu beiden Seiten des Illertales nachweisen, und wie lange sie noch zumindest örtliche Bedeutung hatten, das zeigt sich auf der Westseite an jenem alten Fernweg, der anscheinend von Waldsee ausgehend über Ochsenhausen und Gutenzell, dann Wain und Dorndorf dem Flußübergang bei Unterkirchberg zustrebt: 1598 erst aufgezeichnet wurde das sicher weit zurückreichende und weiter wirksame Recht des Zollers auf der Illerbrücke, von jedem Bewohner in Wain und Autaggershofen, vermutlich auch den weiteren Orten an diesem Weg, jährlich auf Michaelis einen Laib Brot, den »Prugklaib«, zu nehmen. Als wichtige Verkehrslinie noch im 12. Jahrhundert erweist sich eine – vielleicht etwas jüngere – Abzweigung davon, die bei wenig verkehrsgünstigen Verhältnissen im Wasserscheidenbereich vom Gerthof an südwärts den trockenen und hochwasserfreien Schotterrücken der Niederterrasse benützt, indem zu ihrer Überwachung, namentlich des schwierigen Abstiegs ins Tal, etwa um 1125 auf dem Altenberg die erste Brandenburg angelegt wurde – die nachmalige Aufwertung eines Teils dieser Strecke blieb nicht ohne spürbare Auswirkung auf die Entwicklung von Illertissen.

    Der östliche Höhenweg verlief über den meist, und gerade bei Illertissen besonders schmalen Riedel, der das Roth- vom Illertal scheidet, muß aber an seinem Ende bei Pleß auf das dort gefahrlose Schotterfeld niedersteigen. In ihm wurde früher die römische Straße vermutet, die von Kempten über Kellmünz zur Donautalstraße und wahrscheinlich auch über die Donau hinweg weiter nach Norden führte. Als solche versuchte, als deren Taltrasse längst bekannt war, noch Anton Mang ihn wenigstens für die Spätzeit, in der die

Iller Reichsgrenze war, zu verteidigen, mit Argumenten freilich, die römischem Denken fremd sind. Hat doch das lateinische – neben anderen gebrauchte – Wort »limes« zuerst die Bedeutung »Grenzweg«, und daß eine Straße die Grenze bezeichnen oder zumindest, durchaus auch um sie der Verteidigung überall zugänglich zu halten, sie in knappem Abstand begleiten müsse, war von da her für Römer eine geläufige Vorstellung.

Zur Grenzstraße wurde sie freilich erst, nachdem ums Jahr 260 die Alamannen das vorgeschobene Grenzsicherungssystem überrannt, das Land verwüstet und teilweise auch besetzt hatten. Daß sie sich nicht, wie zuvor mehrmals, wieder vertreiben ließen, wurde allmählich erst klar, und als gegen 280 Kaiser Probus neue, sichere Grenzen zu gewinnen suchte, da mag auch eine Rolle gespielt haben, daß hier die Verbindung von schützendem Flußlauf und erschließender Straße bereits gegeben war. Nachgewiesen, als wichtige Verbindung sogar schriftlich bezeugt, ist sie für das frühe 3. Jahrhundert, angelegt wurde sie wohl schon in der Frühzeit der Römerherrschaft um die Mitte des 1. Jahrhunderts.

Die Linie der römischen Straßenführung ist, früher heftig umstritten, inzwischen einigermaßen gesichert, wenn auch der Straßenkörper selbst nur an wenigen Stellen bisher archäologisch festgestellt werden konnte. Streckenweise folgt ihr noch die heutige Bundesstraße, und das scheint insbesondere für die Ortsdurchfahrt von Illertissen und ihre südwärtige Fortsetzung zuzutreffen. Mit ihrer überlegenen Technik und hochentwickelten Straßenbaukunst – Vergleichbares wurde bei uns erst seit dem 18. Jahrhundert wieder geschaffen – war es für die Römer nicht schwierig, auch feuchte Niederungen und namentlich die stets gefährdete Engstelle zwischen Filzingen und Kellmünz sicher zu durchqueren.

Selbstverständlich wurden neben diesen Kunststraßen, die in erster Linie für militärische und Verwaltungszwecke gebaut waren, die alten Höhenwege vor allem für den zivilen und weniger weiträumigen Verkehr, notfalls natürlich auch militärisch genutzt – wie hätten sie anders bis heute, teils als Ortsverbindungen, teils als bloße Feldwege und manchmal nur noch Markungsgrenze, doch im Mittelalter offenbar noch durchgehend, überdauern sollen?

Ebenso selbstverständlich benützten die neuen Landesbewohner, die erst nach dem Ende des weströmischen Kaisertums im Jahr 476 die seit längerer Zeit kaum noch geschützte Grenze in nennenswerter Anzahl allmählich überschritten, daneben gern auch die wohlgebauten und bequemen Römerstraßen. Sie galten – allerdings ebenso nichtrömische Fernwege – nach der Ausdehnung der Frankenherrschaft über die Alamannen als Eigentum des Königs, der sich als Nachfolger des Kaisers in einem Teilreich verstand und römische Staatstradition fortführte oder wieder aufgriff. Damit ließ sich jedoch ihr langsamer Verfall, vielleicht ihre gänzliche Abtragung durch die Iller zwischen Filzingen und Kellmünz, da die zu ihrer Instandhaltung notwendige Kunstfertigkeit in Vergessenheit geriet, auf Dauer nicht verhindern.

Im 12. Jahrhundert muß die alte Römerstraße wohl nicht mehr durchgängig befahrbar gewesen sein. Verschiedene Anzeichen sprechen nämlich dafür, daß Kaiser Friedrich Barbarossa auf einem Reichstag zu Ulm im März 1166 den Bau einer neuen Reichsstraße durchs Illertal zwischen den gerade aufblühenden Handelsstädten Ulm und Memmingen und weiter über den Fernpaß nach Tirol und Venedig anordnete. Politische Gründe müssen ihn bewogen haben, sie bei der – später erst dahin verlegten – Brandenburg über eine Brücke auf die andere Seite der Iller und dann im Zug des alten Fernweges zur Brücke von Egelsee zu führen: So konnte er das Herrschaftsgebiet des soeben in Ungnade gefallenen Pfalzgrafen Hugo von Tübingen in Kellmünz umgehen und sie so lang wie möglich im Machtbereich der Grafen von Kirchberg halten.

Umgangen war damit auch Illertissen. Der halbwegs zwischen Memmingen und Ulm erforderliche sichere Rastplatz, dann ein Markt und schließlich eine Stadt entwickelte sich nun in Dietenheim schon im 13. Jahrhundert, und darauf hat sich dann zweifellos auch die Gegend östlich der Iller wirtschaftlich ausgerichtet. Für Illertissen bedeutete also die Verlegung der vorrangigen Verkehrsführung eine empfindliche Beeinträchtigung seiner zentralen Lage.

Dabei blieb es freilich nicht. Zwar darf die Gewährung des Marktrechts für Illertissen 1430 und dann 1488 das Zugeständnis, hier ein Weggeld zu erheben, keineswegs als Anzeichen genommen werden dafür, daß sich schon damals der Fernverkehr wieder auf die östliche Illerseite verlagert hätte, denn noch 1768 geht, wie berichtet wird, der Handel von Ulm nach Memmingen über die Brandenburger Brücke zu der von Egelsee. Bereits im 17. Jahrhundert aber zeigen Landkarten – vielleicht wegen vorübergehender Unbrauchbarkeit der Brücken infolge des Dreißigjährigen Krieges – die Verbindung zwischen beiden Städten ganz auf dem östlichen Illerufer, und so wurde auch die Thurn- und Taxis'sche Postlinie geführt, für die eine Posthalterei in Illertissen seit 1689 nachgewiesen ist. Anscheinend wurde dafür, bis zum Bau einer weitgehend neu trassierten Chaussee im späten 18. Jahrhundert, die einstige Römerstraße reaktiviert, doch bleibt die nun dafür gebrauchte Bezeichnung »Postweg« bedeutsam: Die höhere Rechtsqualität einer Straße kam eben nur der jenseits der Iller verlaufenden Reichsstraße zu. Diese hörte erst mit der Zerstörung der Brandenburger Brücke 1805 in den Kämpfen zwischen Napoleon und den Österreichern tatsächlich, mit dem folgenden Untergang des Reiches auch rechtlich zu bestehen auf.

Die endgültige Grenzziehung zwischen den neugeschaffenen souveränen Königreichen erzwang nun ohnehin parallele, wiewohl ungleichwertige Verkehrslinien auf beiden nunmehr streng geschiedenen Illerufern. Die auf bayerischer Seite wurde 1861/1862 ergänzt durch das damals zukunftweisende neue Verkehrsmittel, die Eisenbahn. Gegen Bestrebungen, sie durchs Rothtal, über Weißenhorn zu führen, setzte sich doch wieder die alte Iller-Linie durch. Ihr folgt auch die 1977 eröffnete Autobahn, nun wieder über die Höhe östlich von Illertissen, bei Filzingen jedoch – wie die staufische Reichsstraße einst bei der Brandenburg – auf die andere Flußseite wechselnd.

Die Lage an dieser Nord-Süd-Achse allein, die Illertissen ja mit jedem anderen Ort an ihr teilt, genügt freilich – so förderlich sie sich auf die Entwicklung auswirken kann – nicht, um eine wirklich zentrale Stellung zu begründen. Dazu bedarf es weiterer, quer dazu verlaufender Verbindungen mit überörtlicher Bedeutung. Sie lassen sich aufzeigen, doch haben auch sie ihre durchaus wechselvolle Geschichte.

Notwendig dafür ist natürlich ein Illerübergang, doch hat die Brandenburger Brücke damit nichts zu tun – ja, diese hat sich darauf sogar abträglich ausgewirkt. Vielmehr gab es für diese West-Ost-Verbindung eine eigene Brücke, die einige hundert Meter nördlich der heute bestehenden von Dietenheim die Iller zum Bruckhof hin überquerte. Dieser wird 1542 noch herkömmlich als »Brugkhus« bezeichnet und war 1447 Dienstsitz des Bruckners, der für die Unterhaltung der Brücke verantwortlich war und den Brückenzoll einzog.

Da fällt nun auf, daß von der Brücke von Egelsee bis zu der bei Kellmünz, von dieser zur Dietenheimer Brücke und dann wieder von der Brandenburger Brücke zu der von Unterkirchberg die Entfernung jeweils mehr als zehn Kilometer beträgt, die beiden Brücken hier aber wenig mehr als zwei Kilometer auseinander liegen. Das kann bei dem großen Aufwand, den Bau und Unterhaltung einer Brücke an einem so wilden Fluß erforderte, kein ursprünglicher Zustand sein. Da aber nur im Zug der neuen Reichsstraße die Brücke bei der Brandenburg nötig und sinnvoll ist, somit diese in den Jahren nach 1166 erst errichtet wurde, muß vordem schon die Brücke beim Bruckhof bestanden und den Illerübergang für eine wichtige Fernverbindung gebildet haben.

Tatsächlich sind es sogar zwei überörtlich bedeutsame Wegführungen, die sich mit einiger Deutlichkeit abzeichnen, und zwar zunächst westlich des Flusses. Dort läßt sich ein Straßenzug nachweisen, der über Hörenhausen und Rot nach Laupheim und weiter auf Ehingen zuzog. In der Zeit Karls des Großen muß ihm, in mehreren Verzweigungen bis zu den Zentren der fränkischen Macht verfolgbar, zweifellos als Königsstraße erhebliche Bedeutung zugekommen sein, und er spielt eine Rolle selbst noch in den strategischen Überlegungen während der Kämpfe des Jahres 1805.

In sehr frühe Zeit zurück reicht auch die andere Strecke über Wain und Schwendi nach Biberach, von wo sie offenbar der wichtigen Landschaft am Westende des Bodensees zustrebte. Nur bei ihr liegt auch die Fortsetzung östlich der Iller fest: Illertissen verließ sie über die »Staig« in Richtung Obenhausen, Nordholz und Rennertshofen, überquerte die Günz von Breitenthal nach Nattenhausen um schließlich bei Krumbach in die vom östlichen Bodensee über Memmingen führende Reichsstraße einzumünden. Jener andere Straßenzug aber scheint, auf der Höhe über Illertissen auf Unterroth hin abgeschwenkt, seiner allgemeinen Richtung gemäß den Lechübergang bei Landsberg angesteuert und dann, wieder verzweigt, verschiedene Alpenpässe gesucht zu haben.

Diese Linie, wichtig für die karolingische Politik im Südosten, dürfte bald schon ihre überregionale Bedeutung eingebüßt haben, während die andere im 12. Jahrhundert noch aufgewertet wurde durch die Gründung des Handelsplatzes Biberach, von dem aus sie die nächste und unmittelbare Verbindung nach Augsburg darstellte. Dennoch wurde sie anscheinend nicht aufgenommen in das System staufischer Reichsstraßen, zu deren Unterhaltung Zölle erhoben und auf denen Geleitschutz gewährt wurde, und so konnte sie letztlich doch mehr nicht sein als eine Nebenstrecke.

Ein Licht auf ihre schwindende Bedeutung wirft der Untergang der alten Dietenheimer Brücke im 15. Jahrhundert. Auf ihren Wiederaufbau verklagt 1476 den Inhaber der Brandenburg, Sigmund Krafft, vor dem Ulmer Stadtgericht Graf Philipps von Kirchberg, der Herr zu Illertissen, dessen 1472 verstorbener Vater Eberhart jenen bereits darum gemahnt hatte. Mit der beeideten Versicherung, daß er kein Versprechen gegeben habe, vermochte sich Sigmund Krafft um die Verpflichtung zu drücken, die anders offenbar nicht zu begründen war, und obwohl der Graf noch weitere Gerichte, selbst den Kaiser bemühte, blieb die Brücke ungebaut.

Aus Kraffts Sicht war das nur rationell, konnte er doch von zwei eng benachbarten Brücken, die doppelten Unterhaltungs- und Besoldungsaufwand verursachten, nicht höhere Zolleinnahmen erwarten, als von der einen verbliebenen bei der Brandenburg. Umgekehrt zeigt das Drängen der Kirchberger Grafen, wie unentbehrlich auch diese bescheidene Fernverbindung für ihren Markt Illertissen war, der nun von jenseits der Iller nur noch auf Umwegen erreicht und in Richtung Weißenhorn über Bellenberg ganz umgangen werden konnte. Ein weiterer Zentralitätsverlust zeichnet sich hier ab.

Nicht beantworten läßt sich derzeit die Frage, ob damit die Brücke endgültig abgegangen war, wofür insbesondere die Umwandlung des damit nutzlos gewordenen Bruckhauses in den ansehnlichen Bruckhof sprechen dürfte, oder ob sie doch später, unter rechbergischer oder fuggerischer Herrschaft, nocheinmal aufgebaut und erst im frühen 18. Jahrhundert abgebrochen wurde, wie der verdiente Illertissener Heimatforscher Anton Kanz sicher zu erkennen glaubte. Er nämlich wie ebenso A. Mang bezogen hierauf offensichtlich auch Nachrichten, die in Wirklichkeit von der Brandenburger Brücke handeln.

Nachdem 1805 auch letztere zugrundgegangen war, gab es für drei Jahrzehnte überhaupt keine feste Verbindung über die Iller, nur einen wenig leistungsfähigen Fährbetrieb. Die neuen Staaten waren auf strenge Abgrenzung bedacht. Für die Interessenlage von Illertissen, genauer der Orte auf beiden Flußseiten bezeichnend bildete sich daher 1834 eine private Gesellschaft zum Bau einer neuen Brücke, die – nun einige hundert Meter oberhalb der früheren – im folgenden Jahr dem Verkehr eröffnet, 1910 und 1953, längst in staatliche Verwaltung genommen, durch neue Konstruktionen ersetzt wurde. Sie erschließt seitdem wieder und mit der Relativierung der einstigen Staatengrenze zunehmend Illertissen das Einzugsgebiet jenseits des Flusses. Als Autobahnzubringer hat zudem der alte Verkehrsweg in jüngster Zeit eine weitere, für die Stadt freilich nicht eben angenehme Aufwertung erfahren.

So gleicht die verkehrsgeographische Situation von Illertissen heute – unter völlig veränderten Lebensbedingungen allerdings – in etwa wieder der, wie sie bis ins hohe Mittelalter bestand, in der Zeit also, da Illertissen zuerst und mehrfach mit zentralörtlicher Funktion erkennbar wird.

Tussa 954 – doch was heißt »oppidum«?

Tussa, so ist der Ort zum Jahr 954 erstmals genannt. Zum, nicht im – denn erst drei Jahrzehnte danach wurde unter den Ereignissen dieses Jahres auch das hier Vorgefallene aufgezeichnet in der Lebensbeschreibung des 973 heimgegangenen Augsburger Bischofs Udalrich. Dessen jüngerer Mitarbeiter Gerhard, Kleriker von St. Afra und damals Dompropst zu Augsburg, verfaßte sie durchaus in der Absicht, damit ihn als Heiligen zu erweisen; 993 erfolgte dann auch die Kanonisierung.

Eines Heiligen würdig ist es schon, was da von dem Bischof berichtet wird: Gemeinsam mit Bischof Hartbert von Chur gelang es ihm, zwischen König Otto dem Großen und seinem Sohn Liutolf, Herzog von Schwaben, die an der Iller an der Feldflur von Tussa mit ihren Heeren sich feindselig gegenüber standen, noch eh es zum Blutvergießen kam, Frieden zu stiften. Anton Mang verdanken wir die Klarstellung, daß nicht, wie man sich das früher ausgemalt hatte, die Iller noch die Gegner trennte, sondern beide jederzeit zum Kampf bereit auf Illertissener Seite lagerten, wie ebenso den Hinweis, daß auch der Ort Tussa selbst dabei eine gewisse Rolle gespielt haben müsse. Er wie vor ihm schon Kanz hat allerdings dabei – zum höheren Ruhm der Heimat – der Phantasie die Zügel doch allzu locker gelassen.

Anlaß dazu gab ihnen die von Gerhard für den Ort Tussa gebrauchte Bezeichnung »oppidum«, und mit diesem lateinischen Begriff verbindet sich die Vorstellung von einer befestigten Siedlung. Damit in Zusammenhang brachten sie nun einen Wall mit Wassergraben, der, im 19. Jahrhundert weitgehend eingeebnet, früher den Kern von Illertissen umfing und damals noch in einem Rest zu sehen war. Kanz rechnet ihn einer bereits alamannischen Wasserfestung zu, führt aber seinen Ursprung, darin unterstützt von den Fachleuten seiner Zeit, wegen starker Aufhöhung des Bodens im Inneren in vorgeschichtliche Zeit zurück. Letzteres zumindest nicht für unmöglich hält auch Mang, der indes seine Tauglichkeit selbst gegen die Ungarn im 10. Jahrhundert aus den Geländeverhältnissen im Vorfeld zu begründen sucht und darin die starke, Fluchtraum zugleich für die Bevölkerung der Umgebung bietende Befestigung eines »Reichshofes« sehen will.

Von der Wallanlage wird später noch zu handeln sein – sie hat nichts zu tun mit dem »oppidum«. Was darunter dann zu verstehen sei, das zu ergründen kann nur gelingen, wenn der Sprachgebrauch Gerhards zuerst beachtet wird. Und da stellt sich schnell heraus, daß er für erweisliche Festungswerke ein anderes Wort benützt, nämlich »castellum«: so bezeichnet er Mantahinga, Dilinga und Sunnemotinga. Zwar hat in Obersulmetingen der barocke Schloßbau wohl noch die letzten Reste der damaligen Anlage beseitigt, könnte sie in Dillingen, zu kleinen Teilen archäologisch erfaßt, in dem immer neuer Wehrtechnik und aktuellem Repräsentationsstil angepaßten Schloß und der aus dem Vorburgbereich erwachsenen Stadt allenfalls noch zu ahnen sein. Aber die bischöfliche Festung bei Schwabmünchen läßt sich bis heute, kaum verändert, nur zerfallen, in der Haldenburg bei Schwabegg bestaunen:

Dreizehn Meter hoch aus der Grabensohle aufsteigend der ungeheure Stirnwall der Kernburg, neun Meter hoch auch der die geräumige Vorburg schirmende Wall, Reiterhindernisse im Vorfeld – vergleichbare Merkmale kennzeichnen allenthalben die gegen die Ungarn errichteten Befestigungen (und wie kümmerlich nähme sich dagegen die Illertisser Wallanlage aus, unwirksam gegen das asiatische Reitervolk)! Allen drei Orten gemeinsam ist zudem, daß bis ins 12. und 13. Jahrhundert mächtige Hochadelsgeschlechter dort – das »castellum Mantachinga« wurde durch die neue, auf dem nächsten Bergvorsprung erbaute Burg Schwabegg abgelöst – ihren Stammsitz haben.

Den Begriff »oppidum« hingegen verwendet Gerhard zunächst in der Mehrzahl für Siedlungen im Umkreis von Augsburg, deren Bewohner sich zur Osterprozession in der Bischofsstadt einfinden – Festungen oder auch nur stadtähnliche feste Orte können da keinesfalls gemeint sein. Eine davon wird an anderer Stelle benannt: Wehringen, altes und hervorgehobenes Bischofsgut, wo in einem später erwähnten Amtshof wohl der ehemalige Zentralhof einer Villikation zu sehen ist, eines Fronhofverbandes, dem anscheinend ein Großteil der bischöflichen Besitzungen südlich von Augsburg eingegliedert war.

Ebenfalls als »oppidum« bezeichnet ist dann noch Wittislingen, und auch dort scheint schon von der Lage her eine typische Burg der Ungarnzeit, aber auch ihre spätere restlose Beseitigung ausgeschlossen. Dafür ist es durch das Fürstinnengrab als Hochadelssitz bereits im 7. Jahrhundert ausgewiesen, als Grablege der Vorfahren des heiligen Ulrich, nicht ganz unbestritten noch seiner Eltern, durch Gerhard bezeugt. Nicht eine Burg – der Buckelquaderturm der Kirche ist ein erst hochmittelalterlicher Bergfried – aber ein herrschaftlicher Hof, gewiß nicht der einzige im Besitz der Familie und auch nicht ihr dauernder Wohnsitz, muß hier seit alter Zeit bestanden haben, auf diesen die Herrschafts- und Abhängigkeitsstrukturen in der Umgebung seit langem ausgerichtet gewesen sein. Eine allenfalls kurzfristig auch verteidigungsfähige Einfriedigung gehörte selbstverständlich dazu.

Nicht die Befestigung ist es dann, die in der Vorstellung Gerhards eine Siedlung als »oppidum« kennzeichnet, vielmehr deren übergeordnete, zentralörtliche Funktion in einer Grundherrschaft, doch zweifellos nicht jeder beliebigen, sondern nur solcher, die durch Größe und Bedeutung hervorragen. Das müßte also auch für Tussa gelten.

Tatsächlich gibt es zwischen Illertissen und Wittislingen mancherlei Ähnlichkeit: Ebenso wie hier zieht dort dicht am Ort vorbei eine Römerstraße – vom Donauübergang und bedeutenden Kastellort Faimingen zum Kastell Opia bei Bopfingen – deren fortdauernder Vorrang in der Benennung »Frankenstraße« zum Ausdruck kommt, und auch bei Wittislingen dürfte sie von mindestens einem alten Fernweg geschnitten werden. An beiden Orten ist zudem die Kirche dem heiligen Martin geweiht – frühmittelalterliche Adelsgräber, eine fürstliche Bestattung gar wurden freilich in Illertissen, bislang wenigstens, nicht entdeckt. Schließlich wird auch im hohen Mittelalter von beiden Orten keiner ausgebaut zum Herrschaftszentrum eines Hochadelsgeschlechts, werden vielmehr beide überflügelt von neuen Schwerpunkten, die sich in den immer festeren, nunmehr dauerhaft bewohnten und zu namengebenden Stammsitzen herangereiften Burgen gebildet haben.

Mittelalterliche Schwerpunktverlagerung

Bei Wittislingen läßt sich der Vorgang der Schwerpunktverlagerung sehr deutlich nachvollziehen. Wohl mehrere Jahrzehnte, bevor Gerhard es zum Jahr 973 erwähnt, muß das »castellum Dilinga« angelegt, zunächst aber nur in Zeiten großer Gefahr aufgesucht worden sein, wie noch 954 der Bischof selber vor den Verbündeten Herzog Liutolfs sich in sein »castellum Mantichinga« rettet – im folgenden Jahr hält er gegen die andringenden Ungarn allerdings in seiner Stadt Augsburg aus. Aber noch zu Lebzeiten des Bischofs hat dessen Neffe Graf Riwin mit seiner Frau Hiltegart in der Burg seinen Haushalt eingerichtet, und nach ihr wird in der Folgezeit, erst 1111 auch schriftlich belegt, das Grafengeschlecht »von Dillingen« genannt. Dem alten Zentralort Wittislingen blieben dann zwar bis in die Neuzeit noch grundherrschaftliche Aufgaben, ihre obrigkeitlichen Rechte aber übten die Grafen nun zunehmend in Dillingen aus.

Lokale Beziehung und personale Kontinuität, wie sie hier dank dem heiligen Bischof so eindeutig hervortreten, sind bei Illertissen freilich weit weniger leicht zu erkennen. Wollte man jedoch hier nach entsprechenden Zusammenhängen suchen, so wäre man zunächst auf die Grafen von Kirchberg verwiesen.

Als Orts- und wesentliche Grundherren in Illertissen lassen sich diese auch zumindest für das 12. Jahrhundert zuverlässig erschließen. Überdies erscheint jedoch urkundlich 1128 Graf Eberhart von Kirchberg als Vorsitzender eines in »Tussim« zusammengetretenen Gerichts, vor dem Hawin, der Schwestersohn des gleichnamigen Klosterstifters von Ochsenhausen, nach ergangenem Rechtsspruch seinen vermeintlichen Ansprüchen an das Klostergut öffentlich entsagt. Da nun zum Handlungs-Ort diese Rechtshandlung in keinerlei Beziehung steht, kann es nur Hawin persönlich sein, für den das hier tagende Gericht zuständig ist, weil er als ein Freier im zugehörigen Sprengel seinen Wohnsitz hat. Derselbe wird zwar weder ausdrück-

6 St.-Martins-Kirchhof Illertissen mit Pfarrhaus (1746), Vorzeichen (1730), Kirchhofmauer (1736). Im Hintergrund das neobarocke Kaufhaus Mayer & Müller, um 1910
7 Vorderes und Hinteres Vöhlin-Schloß mit Blick über die Stadt zur Pfarrkirche St. Martin

lich noch durch eine Zubenennung Hawins bezeichnet, zweifellos aber kenntlich gemacht durch die Erwähnung seines Großvaters Hatho von Wolfertschwenden, als dessen einziger erbberechtigter Nachkomme er zudem beschrieben ist. Damit erweist dieser Vorgang Illertissen, indem nämlich weit zurückreichende Verhältnisse der Grafschaftsverfassung sich bis in diese Zeit zumeist erhalten haben, als alte Dingstätte, als Mittelpunkt eines gräflichen Gerichtsbezirks, der sich über das ganze Illergäu bis südöstlich von Memmingen an die Grenze der Kemptener Mark erstreckte. Hier lag für die Grafen von Kirchberg und ihre Vorläufer somit der Schwerpunkt ihrer amtlichen Macht, abwegig wäre daher die – von A. Mang stets vertretene – Annahme jedenfalls nicht, daß sie schon seit Alters den Ort, das »oppidum« mit der untergeordneten Grundherrschaft, im Besitz und dann vielleicht da auch ihren ursprünglichen Stammsitz hatten.

Die Burg, die ihn abgelöst haben müßte, steht freilich in keiner räumlichen Verbindung mit Illertissen. Denn die gräfliche Burganlage auf dem nahen Altenberg, die älteste Brandenburg, kann allenfalls kurz vor der Zeit des Grafen Eberhart erbaut worden sein. Benannt ist er wie schon die Generation vor ihm nach einer Burg Kirchberg, und diese stand damals auf dem Alten Schloßberg jenseits der Iller bei Illerzell – erst gegen 1180 wurde sie auf den anfangs noch Hohenberg genannten Sporn von Oberkirchberg hinausgerückt. Die ursprünglich namengebende Burg kann jedoch nur in Unterkirchberg gesucht werden, wo sie spätestens um 1090, durch die neue Burg auf dem Alten Schloßberg ersetzt, von dem Grafen Hartman und seinem Bruder Otto zu einem Kloster umgewidmet wurde, das, 1093 nach Wiblingen verpflanzt, 1098 die päpstliche Bestätigung erhielt.

Die Reste der Unterkirchberger Burg weisen – in bescheideneren Ausmaßen als die bischöfliche Haldenburg und weit weniger vollständig erhalten – die typischen Merkmale eines Ungarnwalles auf, von der Vorburg wird die sehr alte, den Ortnamen bestimmende Martinskirche umschlossen. Ent-

---

8 *Kirchenportal mit Bandelwerkschnitzerei des Regencestils (1724-26) und barockes Vorzeichen (1730), daneben Bauinschrift der Kirche von Hans Schal(l)er, 1590*
9 *Mariens Himmelfahrt und Krönung durch die Hlst. Dreifaltigkeit, umgeben von himmlischem Konzert. Figurenreiche Hauptszene des Hochaltars. Christoph Rodt, 1604*

sprechend dem bei Wittislingen beobachteten Vorgang könnte also der in Illertissen gebietende, vielleicht sogar angesessene Graf seinen Wohnsitz mit der Zeit in der gegen die Magyaren errichteten Burg aufgeschlagen, dieselbe und ihre Nachfolgeanlagen allmählich die obrigkeitlichen Funktionen an sich gezogen haben. Die große Entfernung der Fluchtburg von Illertissen ließe sich leicht damit erklären, daß diese Grafen wohl noch an weiteren Gerichtsplätzen geboten, gewiß auch über mehrere Herrenhöfe und Hofsitze verfügten, von denen einer dort in der Nähe gelegen sein mag. Doch dürfte die Bedeckung des Illerübergangs der überaus wichtigen, ebenfalls auf die Römer zurückgehenden Donautalstraße für die Wahl gerade dieses Platzes einen wesentlichen Gesichtspunkt gebildet haben.

Vom Ursprung der Grafen von Kirchberg

Die Grafen dieser Zeit kennen wir freilich nicht, und allenfalls annehmen läßt sich, doch nicht ohne guten Grund, daß sie wohl Vorfahren gewesen sein müßten der Grafen von Kirchberg, die erst seit 1087 in den Quellen faßbar werden – nicht deshalb jedoch erst jetzt, weil nun allmählich die Zubenennung nach einer Burg oder einem Hofsitz gebräuchlich wird, die anfangs freilich oft wechselhaft, der Kenntnis oder sogar Willkür der Umwelt überlassen ist. Während es aber sonst meist lange dauert, bis der zunächst persönliche Beiname zur Kennzeichnung eines ganzen Geschlechts verwendet wird, ist die Herkunftsbezeichnung der Grafen von Kirchberg auch von ihnen selbst auffallend früh schon als Familienname verstanden worden. Das zeigt sich daran, daß nur ganz ausnahmsweise einer von ihnen anders benannt wird, vor allem aber an der Übertragung des alten Burgnamens Kirchberg auf die neue Burg auf dem Alten Schloßberg und später wieder die auf dem einstigen Hohenberg. Ihren Vorfahren muß dann wohl schon seit mehreren Generationen die Festung aus der Ungarnzeit in Unterkirchberg als Wohnsitz und Herrschaftszentrum gedient haben, und sie dürften auch bereits, noch sozusagen inoffiziell, danach benannt worden sein. Erwähnt finden sie sich allerdings so wenig ohne wie mit dieser Zubenennung in keiner Aufzeichnung.

Gesichert scheint nur noch die Mutter der Wiblinger Klostergründer, der Brüder Hartman und Otto. Da Grafen mit eben diesen Namen im ausgehenden 11. und frühen 12. Jahrhundert am nördlichen Bodenseeufer zuständig sind als Nachfolger der Grafen von Buchhorn (Friedrichshafen), hat vor hundert Jahren bereits F. L. Baumann diese mit den Kirchberger Brüdern identifiziert und daraus geschlossen, daß ihre Mutter die Schwester des letzten, 1089 verstorbenen Grafen von Buchhorn sein müsse, der selber, wie schon sein Vater und nun auch der jüngere seiner Schwestersöhne, den Namen Otto trug. Der Name Hartman, dem Geschlecht der Grafen von Buchhorn und ihrer stammesgleichen Vettern von Bregenz fremd, aber für die Grafen von Kirchberg noch durch zwei Jahrhunderte Leitname, muß dann von Vaterseite stammen und dieselbe gewiß mehrere Generationen zurück schon kennzeichnen.

Da ist es nicht wenig bedeutsam, daß gleichzeitig mit Hartman von Kirchberg noch andere Grafen dieses Namens auftreten. Sicher schon eine Generation älter ist Graf Hartman von Dillingen, der seinen Namen, da er in der Familie des heiligen Ulrich, den heute so genannten Hupaldingern, bis dahin unbekannt war (danach aber bis zum Absterben des Dillinger Mannesstamms 1286 mit dem Augsburger Bischof Hartman gepflegt wird), seiner Mutter Adelheit verdankt, dazu auch umfangreichen Besitz im Blautal und auf dem Hochsträß. Als sein Sohn, der diesen offenbar samt Grafenrechten zweifellos bei seiner Verehelichung zur Ausstattung erhielt, zu betrachten ist daher Graf Hartman von Gerhausen, 1092 und 1116 als Zeuge hinter Hartman von Kirchberg aufgestellt und somit etwas jünger. Generationsgleich mit ihnen ist sicher auch jener Hartman mit dem Beinamen Bozze, der – als Graf in Ochsenhausen zuständig – 1099 erwähnt, bei der Festlegung der Verfassung für das dortige Kloster durch den Abt von St. Blasien jedoch nicht zugegen ist – Graf Hartman von Gerhausen, der Spitzenzeuge dabei, dürfte ihn wohl vertreten. Er kann dann nur jener sein, der als Teilnehmer am ersten Kreuzzug von 1098 namhaft gemacht, anscheinend aber vom Hei-

37

ligen Land nicht heimgekehrt ist, da schon bald danach die Grafen von Berg, 1127 wieder für Ochsenhausen bezeugt, seine Nachfolge angetreten haben.

Wichtig daran ist, daß in eben dem selben Landstrich, der noch 1099 Rammachgäu genannt und seit Alters auf die Dingstätte Laupheim ausgerichtet war, 1129 auch Graf Eberhart von Kirchberg in Bihlafingen einen Gerichtsplatz besitzt und noch bis 1806 die Grafschaftsgrenze entlang der Rot den ursprünglichen Laupheimer Gerichtsbezirk zerschneidet. Offensichtlich ist also dieser aufgeteilt schon zwischen seinem Vater Hartman und Hartman Bozze, damit zweifellos Vettern und folglich unter deren Vätern bereits geteilt worden. Der Großvater, dessen Name Hartman sich aus den Namen der beiden Enkel zuverlässig ablesen läßt, hat dann nicht allein das Rammachgäu noch insgesamt verwaltet, sondern in seiner Hand den ganzen kirchbergischen Herrschaftsbereich vereinigt mit der gesamten nachmals Berger Grafschaft.

Diese umfaßt auch mit der Stammburg Berg selbst und dem Vorort Ehingen das Gebiet der Muntricheshuntare. In dieser ist jedoch 980 – man kann wirklich sagen zufällig einmal – schon ein Hartman als Graf bezeugt, unverkennbar also ein Vorfahr des Hartman Bozze, somit auch Hartmans von Kirchberg, der Großvater, vielleicht schon Urgroßvater ihres erschlossenen Großvaters Hartman. Daß aber dessen Vater, zumindest Großvater ebenso hieß, ergibt sich daraus, daß mit ihm wieder generationsgleich, wohl eher als Schwester denn schon als Base, jene Adelheit sein muß, die den Namen ihrem Sohn Hartman von Dillingen vermittelt und daher nur die Tochter eines Hartman sein kann.

Bei den Nachkommen des Grafen Hartman von 980 zeigt sich dann, daß seine Grafschaft nicht auf die Muntricheshuntare beschränkt war, sondern sich überdies auf das Rammachgäu und das Illergäu, sehr wahrscheinlich zudem über das Blautal hinaus auf die Alb erstreckt hat. Bestätigt wird dies durch alles, was über seinen zuletzt erkennbaren Vorgänger in der Muntricheshuntare bekannt ist.

Dort tritt 892 ein Graf Arnolf auf, der 904 auch in der Munegiseshuntare, einem auf der Alb um Münsingen gelegenen Rechtsbezirk, als Graf erscheint. Doch wird seiner Grafschaft 894 ebenfalls das Rammachgäu zugerechnet, außerdem 898 die Landschaft Duria – sie dehnte sich zwischen Ulm und Donauwörth beiderseits der Donau und bis in die Gegend um Mindelheim – wahrscheinlich jedoch nur deren westlicher Zipfel, wo er für einen Ort an der Roth, nämlich Remmeltshofen zuständig tatsächlich bezeugt ist. Es müßte sich wohl um das später als Grafschaft Holzheim, dann Herrschaft Pfaffenhofen bezeichnete Gebiet handeln, das bis 1303 im Besitz der Grafen von Berg war und an diese, da es bei der Teilung des Hauses nicht der markgräflichen Linie zufiel, auf andere Weise gekommen zu sein scheint als die angrenzende, größere Teile der Duria umfassende Grafschaft, die aus »Hupaldinger«-Erbe stammt.

Daß zwischen Duria und Rammachgäu das beide verbindende, nach Norden auskeilende Illergäu mit der Dingstätte Tüssen – den oberen, dem Kloster Kempten überlassenen Teil ausgenommen – von der Zuständigkeit des Grafen Arnolf sollte ausgespart sein, läßt sich nur schwer vorstellen. Deckte jedoch damit seine Grafschaft ein weites und sonst geschlossenes Gebiet, dann muß sie wohl auch die Lücke zwischen der Muntricheshuntare und der Munegiseshuntare überbrücken: In dieser damals Swerzza genannten Gegend gebieten später die früh vom Berger Grafenhaus abgespalteten Grafen von Wartstein. Er scheint also seine Grafschaft großflächig – sei es auch, wie Michael Borgolte meint, allein auf das hier gelegene Königsgut beschränkt – in einem Bereich vom Albrand bei Münsingen über Biberach bis Memmingen und wieder zur Donau in der Nähe von Leipheim auszuüben: Dessen sinnvolle Abrundung erfordert die Einbeziehung auch der Ulmer und Blaubeurer Alb.

Offensichtlich deckt sich also der Grafschaftsbezirk Arnolfs mit dem, der sich 980 in der Hand Hartmans, um 1100 aufgeteilt bei seinen Nachkommen wiederfindet, und lediglich das Gebiet um Münsingen ist – vielleicht aber doch erst nach 980 – andere Wege gegangen. Unerheblich dabei wäre, ob er im Erbgang durch eine nicht nachweisbare genealogische Verbindung beider weitergegeben oder in der Zwischenzeit, was wahrscheinlich ist, unverändert vom König willkürlich neu verliehen wurde: Ebenso überträgt ja dann auch Kaiser Heinrich IV. die Grafschaft des Hartman Bozze so, wie sie durch sein anscheinend kinderloses Ableben ledig geworden war, in

Swerzza, Muntricheshuntare, Rammachgäu und Duria, auf seinen Verwandten Heinrich von Berg. Jedenfalls aber müßte dann der einmalig 966 als Graf in der Swerzza hervortretende Gotfrid ebenfalls den ganzen Bezirk verwaltet haben und wohl der unmittelbare Vorgänger Hartmans gewesen sein.

In ihm wurde früher, weil ein anderer Graf dieses Namens nicht bekannt war vielleicht vorschnell, der Graf Gotfrid gesehen, der in Aufzeichnungen des Klosters Einsiedeln benannt ist als Angehöriger jenes im Thurgau und Zürichgau, auch im Hegau mächtigen Geschlechts, das später nach seinem eindrucksvollsten Sitz auf der Nellenburg bei Stockach genannt wird. Zweifel wären da nicht unangebracht, zumal seit bemerkt wurde, daß unverkennbar eben dieser Gotfrid 968 und 972 in Zürich amtlich auftritt. Indes weisen die Einsiedeler Mönche, gewiß aus zuverlässiger Kenntnis, ihn als Bruder des Thurgaugrafen Manegolt, zudem als Vatersbruder eines Manegolt aus, und eben diesen gar nicht gewöhnlichen Namen trägt auch ein Bruder des Bischofs Udalrich, ebenso der Sohn seiner Schwester Liutgart, den er 973 kurz vor seinem Ableben in Sulmetingen aufsucht. Daß dessen Vater, Gemahl der Liutgart, Graf Peiere war, berichtet der gelehrte Reichenauer Mönch Herman der Lahme, Urenkel Manegolts, den Tod seines älteren Bruders Reginbald 955 in der Lechfeldschlacht auch Gerhard in der Ulrichs-Vita ohne dabei seiner anders noch erweisbaren Grafenwürde zu gedenken. Er müßte wohl vor Kurzem erst seinem Vater Peiere im Amt gefolgt sein, das danach aber auf seinen vermutlich zu jungen Bruder Manegolt nicht mehr überging.

Wo sie ihre gräfliche Gewalt ausübten, ist nicht überliefert, doch berechtigt die am gemeinsamen Namen Manegolt erkennbare Verwandtschaft mit den »Nellenburgern« zu dem Verdacht, daß es der selbe Bezirk sein könnte, den 966 Gotfrid verwaltet, eben der in Zürich gleichermaßen tätige Graf, der dann wohl schon 955 die Nachfolge des jung gefallenen Reginbald angetreten hat. Erhärtet wird er alsbald dadurch, daß ja 973 Reginbalds Bruder Manegolt ein »castellum« bewohnt, das – als Festungswerk vielleicht nicht auf Dauer instandgehalten – seinen Nachkommen noch zum Stammsitz dient und im 12. Jahrhundert erst hinter neuen Burgsitzen – Sperberseck, Neuffen, Weißenhorn – allmählich zurücktritt. Ihm wiederum kann es jedoch nur von seinem Vater zugekommen sein. Denn das Recht zum Burgenbau war dem König, an dessen Stelle wohl auch dem Herzog seit 917, vorbehalten, doch wahrnehmen konnten diese es, sofern sie nicht andere Mächtige, meist nur für den Einzelfall, damit begnadeten, in der Regel doch allein durch ihren Beauftragten, den Grafen, der ohnehin in seinem Bezirk die militärische Befehlsgewalt in ihrem Namen ausübte. Nur als zuständiger Graf kann Peiere folglich, doch wie es scheint dennoch auf eigenem Grund, die Burg in Obersulmetingen errichtet haben, und da dieser Ort zum Rammachgäu zählt, müßte er in dem ganzen hier interessierenden Grafschaftsbezirk auf den noch bis 912 nachweisbaren Grafen Arnolf, doch wohl nicht ganz unmittelbar, gefolgt sein.

Was hat aber all das mit Illertissen zu tun? Natürlich, hier an der Dingstätte müssen ja diese Grafen alle ihre Amtsgewalt zur Wirkung gebracht, hier im Gericht den Vorsitz geführt, die Versammlung der Freien, zu Rat und Hilfe verpflichteten Männer geleitet haben – ob sie dann auch alle mit dem »oppidum« zu schaffen hatten, das ja der grundherrlichen, nicht der öffentlichen, obrigkeitlichen Ebene zugehört, ob und wie beide vielleicht miteinander zusammenhängen, wird gleich zu prüfen sein. Allerdings konnten sie von Illertissen aus nur einen Teil ihres großen Gebiets abdecken, waren andere Teile anderen Gerichtsplätzen zugeordnet, von denen in den Quellen Laupheim schon früh, dann zumindest noch Ehingen greifbar werden. Keinem eignete indes eine übergeordnete, den ganzen Grafschaftsbezirk umfangende Zentralität, wie sie später der gräflichen Stammburg zuwuchs.

In seiner Bedeutung herausgehoben war allerdings der königliche Pfalzort Ulm, von Ludwig dem Deutschen um 850 anspruchsvoll ausgebaut und mehrfach auch noch von seinen Nachfolgern aufgesucht – keineswegs nur zu offiziellen Anlässen, Hoftagen, bei denen die Angelegenheiten des schwäbischen Stammes geregelt wurden. Er müßte wohl in die Grenzen der Grafschaft einbezogen gewesen und darin ziemlich zentral gelegen sein, am Schnittpunkt wichtiger, ihr Gebiet in allen Richtungen erschließender Straßen. Ob aber der Königshof den Grafen überhaupt unterstellt war, bleibt fraglich, obschon die Herleitung des Titels gleichzeitiger Pfalzgrafen von der

Zuständigkeit gerade dafür neuestens widerlegt zu sein scheint. Doch selbst falls Graf Arnolf, dessen Amtsbefugnisse sich möglicherweise allein auf Königsbesitz erstreckten, den Hof Ulm mitverwaltet haben sollte, seine Nachfolger konnten dort keine königlichen Rechte mehr wahrnehmen.

Denn während nach dem Absterben der deutschen Karolinger von hier aus – neben Bodman – noch Conrat I. seine Königsherrschaft über Alamannien entfaltete, greifen diese karolingische Tradition erst die salischen Kaiser wieder auf, so gleich 1027 Conrat II. schon bald nach seinem Regierungsantritt. Für mehr als ein Jahrhundert dazwischen spielt – sieht man von einem unzuverlässig bezeugten Aufenthalt Kaiser Heinrichs II. ab – unter den Herrschern aus dem sächsischen Haus Ulm für die königliche und ebenso die herzogliche Machtausübung gar keine Rolle. Das wird sich schwerlich anders deuten lassen, als daß eben der Ulmer Hof, ähnlich wie Waiblingen, als karolingisches Hausgut im Erbgang über Conrat I., doch wahrscheinlich in mehreren Linien schon neben ihm, auf Conrat II. und seine Gemahlin Gisela gekommen ist, die Tochter Herzog Hermans II. von Schwaben – ihre Mutter Gerberga ist die Schwester von Kaiser Heinrichs II. Mutter Gisela. Er war somit in ottonischer Zeit nicht königlicher Besitz, und auch die Herzoge dürften allerhöchstens über Anteile daran verfügt haben.

Ulm ganz vergleichbar in seiner geographischen Einbindung, zudem noch deutlicher in der Mitte des Grafschaftsbezirks gelegen, ist jedoch Unterkirchberg. Das erklärt, warum gerade hier in der Burg die regierenden Grafen sich festsetzten, doch kommt offensichtlich ein Zweites hinzu: Die Erbauung der Burg wie zweifellos ebenso ihre Einrichtung zum gräflichen Wohn- und Stammsitz fällt ja in eben die Zeit, da dem König Ulm als gehöriger Ort seiner Machtdarstellung nicht zur Verfügung stand. Der Graf, wohl königlicher Beauftragter und Vasall, natürlich dennoch vor allem um Festigung seiner persönlichen Stellung und Ausbau der eigenen Macht bemüht, besetzte dann damit, einem Schachspiel fast vergleichbar, ein Feld, das die übergeordneten Gewalten hatten räumen müssen – ein Nachbarfeld richtiger, eine Position, und nur fast vergleichbar deshalb, weil dies doch sicherlich mit Billigung des Königs und durchaus auch in dessen Interesse geschah.

Nachdem jedoch unter den Saliern und Staufern Ulm als Königspfalz seine beherrschende Zentralität zurückgewonnen hatte und sie danach als Reichsstadt noch bedrohlich zu steigern vermochte, läßt sich ein stetiges, schrittweises Zurückweichen der Grafen von Kirchberg beobachten: nach Oberkirchberg, Wullenstetten, auf die Brandenburg, die freilich um 1300 dem Geschlecht verloren ging. Es hat sichtlich nichts zu tun damit, daß durch die Aufteilung des alten Grafschaftsbezirks die ursprüngliche zentrale Stammburg in eine extreme Randlage geraten war, denn eine solche wird auch bei den neuen Hauptburgen keineswegs gescheut. Letztlich wurde dadurch auch der Umschwung eingeleitet in der Entwicklung von Illertissen, dessen zentralörtliche Bedeutung das ganze Mittelalter hindurch fortschreitend abnimmt.

Noch aber stehen wir am Beginn dieser Entwicklung, suchen nach dem Ursprung des Hauses Kirchberg und seiner Grafschaft, ja dessen Vorgeschichte. Denn auch die Burg in Unterkirchberg muß wohl gleich der in Sulmetingen von Peiere als amtierendem Grafen, da bald nach seinem Ableben das Ende der Ungarngefahr weiteren Burgenbau vorerst unnötig machte, errichtet worden sein. Und wie Sulmetingen scheint er sie auf eigenem Grund erbaut zu haben, auf Familienbesitz zumindest – erweislich in nachstaufischer Zeit erst wurde die Burg Kirchberg, nun in Oberkirchberg, zu Reichslehen. Häuslich darin niedergelassen hat sich dann ein Nachfolger im Amt, gewiß zu ganz ähnlicher Zeit wie in der Burg Sulmetingen sein Sohn Manegolt und Graf Riwin im »castellum« Dillingen: Wahrscheinlich ist es also Hartman, der 980 erwähnte Graf, dessen Nachkommen allem nach im Mannesstamm ein Jahrhundert später die Benennung von diesem Sitz bereits als althergebrachten Geschlechtsnamen verstehen. Sollte damit Graf Hartmann ebenfalls, wie sein Vorgänger Gotfrid, zur Verwandtschaft des Grafen Peiere und der »Hupaldinger« zu zählen sein?

Hinter 980 lassen sich freilich die Vorfahren der Kirchberger allenfalls noch ganz undeutlich zurückverfolgen mit Hilfe ihres charakteristischen Namens. Urkundlich erwähnt findet sich da ein Hartman 861 bei der Stiftung des Klosters Wiesensteig in der langen Liste der üblicherweise im Kreis gestellten Zeugen an vorletzter Stelle, somit in sicher verwandtschaftlich begründeter Nähe, die für den ihm noch folgenden Lantpert auch anders belegt ist, zum Stifter Rudolf. Dessen Identität mit dem fast zeitgleichen Pfalzgrafen, der zudem nahe Riedlingen Grafenrechte ausübte, wird zwar bestritten, doch ist auch er durch Besitz und Zeugen als Angehöriger der mächtigen, von Lothringen bis Bayern begüterten Berchtoltsippe ausgewiesen, die namentlich am oberen Neckar, auf der mittleren Alb und im Donaugebiet um Marchtal und den Bussen umfangreiche Besitzungen hatte. Gerade hier, in Beziehung zu Gütern beim Bussen und in der Muntricheshuntare, tritt schon vor und um 800 ein Hartman in Gesellschaft von Angehörigen eben dieser Sippe auf.

Die Zugehörigkeit bestätigen auch einige – im Einzelnen meist schwer deutbare – Namenlisten von Verwandtengruppen, die zum Zweck mönchischer Fürbitte in die Gedenkbücher der alten Abteien des Bodenseeraumes eingeschrieben wurden. Dort aber erscheint der Name Hartman einmal auch in Verbindung mit der engsten Familie des heiligen Ulrich, ziemlich am Schluß, nur durch zwei Frauennamen getrennt von Peiere, wobei sich überdies eine Beziehung, offenbar in weiblicher Linie, zur Stifterfamilie von Wiesensteig andeutet.

Kein Zweifel also, daß in der Berchtoltsippe die frühesten Vorfahren der Kirchberger zu finden sind – es müssen nicht notwendig gerade die wirklich Genannten sein – und daß die nahe Verwandtschaft mit Bischof Udalrich und dem Grafen Peiere gegen 980 Hartman, dem zwar nicht exakt nachweisbaren, aber doch äußerst wahrscheinlichen »Stammvater«, die zu dieser Zeit schon gleichsam als Familienbesitz betrachtete Grafschaft zu übernehmen und dann dauerhaft auf seine Nachkommen zu vererben ermöglichte. Erst aber indem sie, die kirchbergischen Vorfahren, Grafschaft zu erlangen und zu behaupten vermochten, zudem gleichzeitig die Burg – was zunächst noch ungewöhnlich war – ständig bewohnten und an dieselbe dadurch die ursprünglich immer einer Person verliehene, jedoch an gehörige Orte, eben die Dingstätten gebundene Grafengewalt allmählich sich anheftete, konnten sie sich als Geschlecht herausbilden, einem durch eben dies gekennzeichneten und in den Augen der Zeitgenossen wie im eigenen Selbstverständnis abgehobenen Mannesstamm. Zeichen dafür ist auch der von nun an erst sicher in – zunächst freilich nur erschlossen – jeder Generation wiederholte Name des Stammvaters, des ersten Grafen, in dem aber doch gewiß ein direkter Nachkomme, Sohn oder Enkel, jenes zur Familie des heiligen Ulrich zählenden Hartman gesehen werden darf.

Der frühe kirchbergische Besitz

Auf »Hupaldinger«-Erbe gründet dann auch, wie es sich ja für die Stammburg Kirchberg schon als wahrscheinlich erwiesen hat, der Besitz des Grafengeschlechts. Daß er vom Begüterungsbereich der Vorfahren Bischof Udalrichs umschlossen ist und dieselben im 9. Jahrhundert zwischen Bussen und der Dingstätte Laupheim immer wieder in Erscheinung treten, auch gerade Sulmetingen mit seinen Zugehörungen dem Grafen Peiere und seinen Nachkommen durch Udalrichs Schwester Liutgart vermittelt sein muß, hat Heinz Bühler mehrfach gezeigt und zudem wahrscheinlich machen können, daß der Bischof 973 bei seiner Reise von Dillingen nach Sulmetingen in Gerlenhofen auf Hausgut seiner Familie nächtigte – nur weil seine Heiligkeit hier, indem er die aufschreckende Kunde vom Ableben des Konstanzer Bischofs Konrad sofort als Irreführung durchschaute, evident wurde, berichtete freilich der Biograph Gerhard dieses Detail. Daher widerspricht es nicht der Annahme, auch die Burg auf der anderen Illerseite sei Familienbesitz und von Verwandten bewohnt gewesen, und der Flußübergang, in dieser Zeit zweifellos ohne Brücke, nur durch eine Furt oder mit einer Fähre, somit zeitraubend und gefährlich, war wohl vor Einbruch der Dunkelheit nicht mehr zu schaffen.

In Gerlenhofen aber lassen sich – das hat Horst Gaiser geklärt – sämtliche später vorhandenen grundherrlichen Rechte auf die Grafen von Kirchberg zurückführen, und sicher zurecht weist er dabei die Güter des Klosters Wiblingen dessen Erstausstattung zu. Damit gehört Gerlenhofen zum ältesten nachweisbaren Erbgut der Kirchberger, da sie ihr Hauskloster, wie der Chronist Bernold weiß, ein Mönch von St. Blasien, woher auch der erste Konvent kam, auf ihrem freien Eigen errichteten, und das gilt gewiß nicht nur für den Klosterort am Zusammenfluß von Donau und Iller, sondern ebenso für das Widmungsgut. Dieses wird jedoch nirgends genannt, und erst 1194 bietet eine Papsturkunde ein Verzeichnis sämtlicher Orte mit Klosterbesitz, der aber in diesem Jahrhundert natürlich sich beträchtlich vermehrt hatte. Nicht einmal die drei Orte, die schon 1148, doch auch erst nach einem halben Jahrhundert, ebenfalls eine Papsturkunde als wichtige, vielleicht nur besonders schutzbedürftige Besitzungen namhaft macht, dürfen unbedenklich für die Gründungsausstattung in Anspruch genommen werden. Dies sind Gögglingen, Oberdischingen und Vöhringen, doch zumindest sind damit gewissermaßen Eckpunkte des frühen Klosterbesitzes angesprochen, und daß sie aus der Hand der Stifterfamilie stammen, ist damit sehr wahrscheinlich.

Denn diese Orte markieren zugleich den Kernbereich der kirchbergischen Begüterung, die umfassend allerdings erst im 14. und 15. Jahrhundert sichtbar wird. In dieser Zeit deckt sie nahezu lückenlos ein Gebiet beiderseits der Iller, das – rechnet man die in zwei Vorgängen bis gegen 1300 entfremdete Herrschaft Brandenburg sowie das Neue Haus mit seinen Zugehörungen, 1303 dem Augsburger Bischof zu Lehen aufgetragen, um es dem Geschlecht zu erhalten, 1338 schließlich doch veräußert, noch mit hinzu – nördlich vom Riedsaum und der Donau begrenzt wird, im Süden die Herrschaft Balzheim einschließt. Anteiliger Besitz und Besitzsplitter, vereinzelt auch die Herrschaft über einen ganzen Ort, finden sich noch zwischen Rot und Riß, jenseits der Donau und sogar reichlich an Roth und Biber, Günz und Kammlach, selbst an Mindel und Glött. Vielfache Veränderungen namentlich durch Lehenauftrag und Eignung, wie sie die kontinuierlich geführten

---

10 *Anbetung des Kindes: Maria, den Granatapfel haltend, und das Jesuskind, aus der Krippenszene im Hochaltar des Christoph Rodt, 1604*
11 *Die Könige bringen ihre Gaben dar, aus der Krippenszene auf der Attika des Hochaltars von Christoph Rodt, 1604*

Lehenbücher des 15. und schon seit dem 13. Jahrhundert Urkunden offenbaren, müssen indes davor warnen, dieses Bild für ursprünglich zu halten.

Es spiegelt vielmehr die Spätphase einer seit Jahrhunderten durch Heirat und Gütertausch betriebenen Besitzverdichtung, der freilich immer wieder Besitzteilungen mit ihren unabsehbaren Folgen entgegenwirkten. Wie wenig weit sie um 1100 sogar im engsten Kernraum um die Burg Kirchberg noch fortgeschritten war, zeigt sich an Unterweiler, das niemals kirchbergisch wurde, weil Wernher von Kirchheim 1092 den damals Irmelbrunnen genannten Ort samt weiteren, entfernten Besitzungen zur Übergabe an das Allerheiligenkloster in Schaffhausen bestimmte – nach seinem Tod scheint Graf Otto von Kirchberg, dem er es für seine Lebenszeit anvertraut hatte, zunächst allerdings die Herausgabe verweigert zu haben. Irmelbrunnen war Vatererbe Wernhers, der dem Mannesstamm der Grafen von Frickingen und Ramsen angehört, eines Zweiges der »Nellenburger«: Sollte es also im 10. Jahrhundert Besitz des Grafen Gotfrid gewesen sein? Und könnte dieser dann nicht in der Gegend noch mehr auf die Nellenburger vererbt haben? Die Frage wird noch an Bedeutung gewinnen, jedenfalls aber dürfte diese Nachbarschaft die Herkunft des kirchbergischen Erbguts aus dem Sippenkreis der »Hupaldinger« noch von anderer Seite bestätigen.

In die Anfänge des Geschlechts müssen wohl auch die – im 12. Jahrhundert noch umfangreicheren – Besitzungen im Umkreis von Burgau zurückreichen, da sie zumeist an den selben Orten liegen, an denen auch andere, längst schon nachgewiesene Erben der »Hupaldinger« Besitz haben. Weitere Güter dort wie ebenso solche in der Gegend von Neuburg an der Kammel, im Bereich der Grafschaft Holzheim und nördlich der Donau unterhalb von Ulm, können hingegen auf bekannte oder darüber erschließbare Heiraten zurückgeführt werden – was auch im Kernbereich erst erheiratet ist, wird sich schwerlich noch im Einzelnen feststellen lassen. Reste althergebrachten Guts wiederum wären wohl jenseits der Donau zu vermuten in Nachbarorten von Oberdischingen, wo ja früher Wiblinger Besitz bezeugt ist, und

12 Mohrenkönig, aus der Krippenszene auf der Attika des Hochaltars von Christoph Rodt, 1604
13 Joseph, aus der »Anbetung der Hl. Drei Könige«, Hochaltar von Christoph Rodt, 1604

mindestens schon für das 12. Jahrhundert gesichert ist auch die Begüterung im Bereich südlich von Laupheim, im alten Rammachgäu, die 1127 und 1181 durch zwei beurkundete Tauschhandlungen vervollständigt, dann aber wieder erheblich gemindert wird durch den erblichen Übergang eines Teiles an die Grafen von Grüningen-Landau – davon betroffen ist ebenso Illertissen.

Denn kirchbergisch war dieses erst wieder seit 1339, erheiratet von Graf Wilhalm dem Jüngeren aus der Wullenstetter Linie mit einer der Erbtöchter Berchtolts von Aichheim, in dem der Mannesstamm dieses Edelgeschlechts 1330 abstarb. Obwohl in diesem Zusammenhang Illertissen und weitere zugehörige Besitzungen ausdrücklich »für friü gut und reht Aigen« erklärt sind, besaß er »daz dorf ze Tüssen« noch als Lehen vom Grafen Eberhart von Landau, der ihn damit in mehreren Verzeichnissen seiner Lehenleute zwischen 1300 und 1320 aufführt – sie wurden früher irrtümlich auf 1340 datiert, Tüssen in der württembergischen Geschichtsschreibung lange, selbst nachdem A. Mang dies berichtigt hatte, noch als Großtissen bei Saulgau gedeutet. Seit etwa 1305 hatte Berchtolt dazu auch die nicht näher bezeichneten Lehen seines verstorbenen Vetters – nicht, wie Mang glaubte, Ministerialen! – Hug, doch bleibt unbekannt, ob sie ihm, zumindest Tüssen, später förmlich geeignet wurden oder ob er nach dem Ableben des Lehenherrn um 1323 es lediglich nicht mehr für nötig hielt, sich gegenüber dessen Sohn und Nachfolger als Inhaber von Lehen zu bekennen, dabei die offenkundige Machtlosigkeit der Landauer Grafen ausnützend. Denn wie ihnen die Herrschaft über ihre Lehenleute und damit das Eigentumsrecht am Lehengut entglitt, das wird schon im ältesten dieser Lehenverzeichnisse deutlich, in dem Hug von Aichheim noch bei Lebzeiten gar nicht erwähnt ist, erst recht augenfällig daran, daß Graf Eberhart von ihm ausgegebene Lehen um Burgau und die Günz schon gar nicht mehr nennen kann und nur noch dunkle Kunde hat von solchen »in der grafschaft ze Balshain«, mit denen schon sein Vater und sein Bruder nichts mehr zu schaffen gehabt hatten.

Unbezweifelbar gehörte Illertissen, bloß der offensichtlichen Loyalität Berchtolts von Aichheim wegen nicht ebenfalls vergessen, mit zu den Lehen in der – allein von den Landauern so genannten – Grafschaft Balzheim. Ausdrücklich waren sie zurückbehalten worden, als 1281 Graf Eberhart und sein älterer, nur bis 1300 lebender Bruder Conrat samt ihrer Mutter Hedwig (von Veringen) die Burg Oberbalzheim mit der zugehörigen »gravescaft« an ihren Verwandten Bischof Bruno von Brixen verkauften, einen Kirchberger, der sie dann auf seine Neffen vererbte. Den Landauer Brüdern hatte sie ihr Vater hinterlassen, der im Vorjahr in Gefangenschaft verstorbene Graf Hartman von Grüningen, nun ein Gegner König Rudolfs von Habsburg und eben der, welcher 1246 als Fahnenträger König Conrats IV. bei Frankfurt im Zusammenwirken mit seinem Vetter Ulrich von Wirtenberg den Niedergang des staufischen Hauses eingeleitet hatte.

Er, der Sohn des 1228/29 im Heiligen Land umgekommenen Grafen Conrat von Grüningen, ist wohl auch jener Enkel des Grafen Hartman von Wirtenberg, mit dem zusammen dieser 1239 die Übereignung einer Hube in Mietingen ans Kloster Heggbach zu Balzheim, gewiß auf der Burg, beurkundet. Im selben Jahr gibt der alte Hartman auch dem Kloster Salem über eine lang zurückliegende Schenkung eine Urkunde, die er in Vöhringen – »Veringen super fluvium Ilaram« – ausstellt. Er verfügt also hier über einen standesgemäßen Aufenthaltsort, vermutlich den Fronhof, und ortsherrliche Rechte: Noch in diesem Jahr dürfe er sie seiner Enkelin, der Tochter seines ebenfalls bereits verstorbenen Sohnes Herman, in die Ehe mit dem Grafen Hartman von Kirchberg-Brandenburg mitgegeben haben, durch deren Tochter sie dann an die Herren von Elrbach gelangten. Ihm müssen zudem, da als sein Zeuge der Vöhringer Pfarrer Rüdeger mitwirkt, auch die kirchlichen Rechte zustehen, die später samt einigem Grundbesitz in kirchbergischer Hand wieder erscheinen, und zwar bei der Wullenstetter Linie – dieselbe geht auf Conrat den Älteren, den 1269-1326 genannten Neffen Bischof Brunos zurück, und daß ihm diesen Teil von Vöhringen eine bislang unentdeckte Tochter des Grafen Ulrich des Stifters, des Bruders jener Brandenburgerin, in die – durch einen ehedem im Kloster Wiblingen vorhandenen Grabstein mit kirchbergisch-wirtenbergischem Allianzwappen freilich nur andeutungsweise bezeugte – Ehe brachte, ist zumindest nicht unwahrscheinlich.

Graf Hartman von Wirtenberg wiederum war seines mütterlichen Großvaters, nachdem dieser seine beiden Söhne überlebt hatte, Haupterbe, des 1160-1198 erwähnten Grafen Hartman von Kirchberg. Ausnahmsweise wird derselbe 1181 von einem mit lokalen Verhältnissen vertrauten Schreiber, der auch für seinen Bruder Otto den Beinamen »von Hohenberg« verwendet, »von Balzheim« genannt, seinem Burgsitz. Schon F. L. Baumann erkannte dies und den Übergang seines Erbes auf die Grafen von Grüningen-Landau, den er indes um zwei Generationen zu spät ansetzt – bis vor kurzem sind ihm hierin alle Forscher, namentlich Anton Mang und Ursula Mereb, noch gefolgt. Diese Ansicht widerlegt jedoch unter anderem der allein mögliche Erbgang in Vöhringen, das dadurch wie Balzheim mit seiner »gravescaft« und Illertissen und wie die teilweise ebenfalls wirtenbergisch, dann landauisch gewordenen Güter südlich von Laupheim mindestens für die zweite Hälfte des 12. Jahrhunderts als kirchbergischer Besitz gesichert ist, wahrscheinlich aber sich schon in der Hand von Hartmans Vater befand, des Grafen Eberhart von Kirchberg, der 1128 in Illertissen zu Gericht sitzt. Ihm muß überdies in dieser Zeit bereits auch Dietenheim mit der noch neuen Brandenburg, der ersten auf dem Altenberg, gehört haben, was er auf seinen älteren Sohn Otto und dessen Nachkommen vererbte.

Eine dichte, nahezu flächendeckende Begüterung der Kirchberger, wie sie sich im späten Mittelalter feststellen läßt, scheint also hier im beginnenden 12. Jahrhundert schon zu bestehen, könnte sogar, berücksichtigt man den frühen, möglicherweise der Erstausstattung zuzurechnenden Besitz des Klosters Wiblingen in Vöhringen, in ältere Jahrhunderte zurückreichen. Wäre nicht damit der Verdacht, das »oppidum Tussa« könne – wie Wittislingen für die Dillinger – der ursprüngliche Herrensitz der kirchbergischen Vorfahren sein, gerechtfertigt?

Der Schein allerdings, wie so oft, trügt. Denn bei genauem Zusehen zeigt sich, daß die kirchbergische Grundherrrschaft auch hier zunächst noch begrenzt und – sicher weit mehr, als die spärlichen Nachrichten erkennen lassen – von Fremdbesitz durchsetzt ist, den erst allmählich die Kirchberger auf verschiedene Weise in ihre Gewalt bringen. Das dürfte nun eben auch für Illertissen gelten.

Doch zunächst Balzheim. Die Burg, nach der 1181 Graf Hartman genannt ist, damals noch auf der Burghalde oberhalb des heutigen Schlosses, wiederholt überraschend getreu, lediglich größer und vollkommener, die Anlage der älteren Burg auf dem Burschlet über der Kirche von Unterbalzheim und kann daher nur wenig später als diese vom selben Geschlecht errichtet worden sein. Als ihr Erbauer ist wohl Chuno von Balzheim zu betrachten, zweifellos ein Sohn des 1083-1099 erwähnten Heinrich von Balzheim, dessen weitgespannte Beziehungen hauptsächlich zum Hochadel und den Reformklöstern im Umkreis des südlichen Schwarzwaldes ihn als vornehmen Edelfreien ausweisen und jegliche Abhängigkeit von den Grafen von Kirchberg ausschließen. Da seine Burg anscheinend noch lang sich in den Händen von Nachkommen befindet, die jedoch von einem ungenannten älteren Sohn stammen müssen, hat Chuno offenbar als Nachgeborener sich um 1100 den neuen Sitz am Südrand der Balzheimer Markung geschaffen. Er tritt zwischen 1110 und 1128 nur im östlichen Schwaben wiederum in hochadeliger Gesellschaft auf und begabt mit Gütern in Breitenbrunn an der oberen Kammlach die Klöster St.Ulrich und Afra in Augsburg und Rottenbuch, letzteres nur vielleicht ebenfalls er zudem jenseits des Lechs bei Schongau – in Breitenbrunn hat 1194 Besitz auch Kloster Wiblingen, vielleicht aus einer Schenkung Chunos selbst, vielleicht erst der Kirchberger.

Denn allein auf dem Erbwege kann an den Grafen Hartman die Burg Chunos von Balzheim gekommen sein, dessen Tochter und offenbar Alleinerbin also seine Mutter war, die Gemahlin Eberharts von Kirchberg. Der Name Conrat, den als erster im Haus Kirchberg ein Bruder Hartmans trägt, der 1176-1188 regierende Hirsauer Abt, wiederholt dann – Chuno ist ja davon nur eine verbreitete Kurzform – den Namen ihres Vaters. Was sie jedoch außer der Oberbalzheimer Burg und möglicherweise Gütern in Breitenbrunn an Besitz einbrachte, das läßt sich kaum mehr ausmachen. Könnte vielleicht, da Hartman als der jüngere Sohn doch offensichtlich vorwiegend mit Muttererbe versorgt wird, Illertissen dazu gehören? Könnte nicht zumindest, auch wenn es an den Älteren übergeht, das angrenzende Dietenheim Graf Eberhart erst erheiratet und, wohl noch ohne Aussicht auf das ganze Erbe Chunos, im Zubringen der Frau sich die Brandenburg erbaut haben?

Mit der Brandenburg engstens verbunden spätestens seit ihrer Verlegung an den Illerübergang der Reichsstraße um 1250 ist Regglisweiler, dessen örtlicher Maierhof als Burghof diente und in die Vorburg umgesiedelt wurde. Die von den Inhabern der Burg tatsächlich ausgeübte Grundherrschaft in Regglisweiler wird indes stets als Vogtei bezeichnet, als Schutzherrschaft über kirchlichen Besitz, doch tritt der geistliche Eigentümer in der Zeit, aus der genaue Angaben vorliegen, nicht mehr in Erscheinung. Dessen sämtliche Rechte haben somit die Vögte, die Brandenburger Grafen also, an sich gezogen – eine nicht ganz unübliche Art der Besitzerweiterung. Das setzt freilich voraus, daß der geistliche Grundherr fern und in der Gegend nicht durch einen Mächtigeren zusätzlich geschirmt ist, den Herzog, letztlich den König. Auf beiden Ebenen ging 1246 die Reichsgewalt für Jahrzehnte völlig unter, so mag dies der Zeitpunkt sein, zu dem der Graf das in seine Obhut gegebene Gut sich gänzlich aneignete: Das trifft auffällig überein mit der Errichtung seiner neuen Burg. Doch kommen dafür auch spätere Gelegenheiten noch in Betracht.

Die Besitzungen des Klosters Einsiedeln

Doch wem gehörte dann Regglisweiler eigentlich? Eine überlieferte Aufzeichnung aus dem südlich vom Zürichsee gelegenen Kloster Einsiedeln besagt, daß diesem der Ort »Raclinswiler« (wie ganz ohne Zweifel statt »Ratlinswiler« zu lesen ist) von zwei erlauchten Männern Hugo und Burkard übergeben worden sei – von Hagen Keller wird diese Schenkung in die Zeit des Abts Herman 1051-1065 datiert. Das macht erneut deutlich, wie lückenhaft ursprünglich der kirchbergische Besitz auch hier noch ist. Zudem zeigt die Charakterisierung der beiden Schenker als »illustres viri«, daß sie keineswegs bloß lokale Größen sondern jener weithin einflußreichen und begüterten Schicht hohen Adels zuzurechnen sind, der auch die Kirchberger Grafen selbst angehören. Das geht überdies aus der gestreuten Lage der zugleich geschenkten Güter hervor: An erster Stelle genannt ist »Yedungshein«, zuletzt noch »Husen«.

»Husen«, trotz dem nicht eindeutigen Ortsnamen sicher eben dieses, kehrt wieder in einer Güterliste des Klosters von etwa 1220, in der auch »Tiussin« vermerkt ist. Schon deshalb muß sie eingehender betrachtet werden, aber auch wegen der schwierigen, früher teilweise irrigen Bestimmung einiger der darin genannten Orte, ebenso wegen des verlorenen und bisher durch eine wahrscheinlich unzutreffende Vermutung ergänzten Anfangs. Der Abschnitt, der die Einkünfte aus den Klostergütern im Illergäu zusammenfaßt, ist nämlich – wie das ganze Urbar – neben einen vorhandenen Text, und zwar auf den linken, den äußeren Rand des Blattes in vier Zeilen von unten nach oben geschrieben, und einer späteren Beschneidung des Bandes fiel von der ersten Zeile mehr als die Hälfte zum Opfer.

Der Schlüssel zum Verständnis der Liste liegt beim zuletzt aufgeführten Ort »Hedistetten«. Denn dies ist nicht etwa Hittistetten, sondern – diese Klarstellung verdanken wir Joseph Matzke – Herrenstetten, und zwar der Siedlungskern um die Kirche, die selbstverständlich ihren Standort immer beibehalten hat. Das eingepfarrte Dorf »Hörenstetten« war dann ursprünglich – nur so ist die Vorstellung wirklichkeitsnah – weiter draußen im Illertal angesiedelt, hat aber bei der Verlagerung in die Nähe der Kirche als der wirtschaftlich oder für die Herrschaft wichtigere Teil seinen Namen über den alten Kirchort ausgedehnt. Der Vorgang ist nicht ganz einmalig und läßt sich so auch anderswo belegen.

Keinerlei sprachliche wie siedlungsgeschichtliche Erinnerung an Tannenhärtle erlaubt auch das an vorletzter Stelle genannte »Tiunnenbühel«. Vielmehr klingt dieser Name nach in der bewaldeten Anhöhe zwischen Herrenstetten und Bergenstetten, die heute Tannenbühel heißt, womit früheres, hier unsinniges und mundartliche Aussprache mißdeutendes »Donaubühl« nur scheinbar berichtigt ist: 1532 wird der Name »Thonenbichel« geschrieben. Der ehemalige Siedlungsplatz ist an der Ostabflachung des Tannenbühels zu suchen, wenig nördlich von Bergenstetten. »Berkestetten« steht in der Güterliste »Tiunnenbühel« auch unmittelbar voran, seinerseits folgend auf »Tâtenhûsen«. Von Dattenhausen bis Herrenstetten/Hedistetten ist somit am Schluß des Verzeichnisses eine klare geographische Abfolge eingehalten.

Das gilt nun auch für die übrigen Teile. Denn nach der richtigen Zuordnung von »Hedistetten« ist Hittistetten, das bis ins 18. Jahrhundert oft bloß Stetten – manchmal mit dem Zusatz »am Eschach« – genannt wird, frei für die Deutung des in der Güterliste vorkommenden »Stetten«, dem wieder, deutlich entlang der alten Heerstraße, »Tiüffenbach« und »Tiussin« angereiht sind. Eine ebensolche Reihe bilden davor »Wizzenhorn«, »Bûbenhûsen« und »Gegenharteshoven«, das ist Gannertshofen. Sie läßt sich nach vorn noch verlängern durch »Husen«, womit der erhaltene Text beginnt. Da nämlich von Hausen bei Holzschwang, das bisher bevorzugt darin gesehen wurde, der Weg nach Weißenhorn über Hittistetten führt, kann es jetzt sicher als Oberhausen bestimmt werden – Niederhausen hieß zu dieser Zeit noch »Lachun«.

Problematisch bleibt die Identifizierung von zwei weiteren Orten, die zwischen Tüssen und Dattenhausen eingeordnet sind: »Oberwile« und »Owo«. Mit letzterem kann jedenfalls Au, der Stadtteil von Illertissen, nicht gemeint sein, weil damit räumliche Sprünge gemacht wären, die sonst sichtlich vermieden sind, wenngleich auch »Oberwile« unsicher ist. Dieses wurde früher in dem heute nicht mehr Weiler genannten südlichen Ortsteil von Buch vermutet, J. Matzke glaubte es in einem abgegangenen Weiler westlich von Dattenhausen gefunden zu haben. Das zwischen eben diese Orte eingeschobene »Owo« macht dies freilich fraglich, denn dasselbe könnte dann nur wenig südlich davon gelegen und etwa in Illereichen aufgegangen sein; doch hier dürften die landschaftlichen Verhältnisse den Ortsnamen Au schwerlich begründen. Verschwundene Siedlungen nimmt Matzke allerdings auf dieser Geländestufe mehrere an und verweist dabei auf ein Unterweiler als notwendige Entsprechung zu Oberweiler. Engste Nachbarschaft ist dafür indes nicht erforderlich, und dies lenkt den Blick auf eine weitere Möglichkeit: Gegenüber diesem abgegangenen Weiler könnte auch Weiler bei Kellmünz, keineswegs weit entfernt, als das obere bezeichnet worden sein. Klarheit hierin könnte erst die Auffindung von »Owo« am Weg von einem der in Frage stehenden Weiler nach Dattenhausen schaffen.

Die trotzdem deutliche, konsequent geographische Anlage der Güterliste macht es nun möglich, die mit ihrem Anfang weggefallenen Orte einigermaßen zuverlässig zu ermitteln. Zwei müssen es mindestens sein, für allenfalls vier würde der Platz reichen – dies hängt von der Länge der Ortsnamen, mehr noch davon ab, ob die jeweils in Geldwert angegebenen, natürlich nicht rekonstruierbaren Einkünfte sich in einem einfachen Betrag oder nur umständlich ausdrücken ließen. Da das letzte noch leserliche Wort »denarios« heißt und Pfennigbeträge immer in Verbindung mit höheren Währungseinheiten vorkommen, beanspruchte jedenfalls der letzte Ort so viel Platz, daß der verbleibende für höchstens zwei weitere ausreicht.

Drei Orte sind es auch, an denen Erwerbungen des Klosters Einsiedeln bezeugt sind, die aber im erhaltenen Text des Verzeichnisses nicht erscheinen. Zwei sind schon bekannt: Jedesheim und Regglisweiler, geschenkt von Hugo und Burkard zugleich mit Oberhausen. Da dieses in der Liste enthalten, Regglisweiler durch die fortwirkende Vogtei als langdauernder Klosterbesitz gesichert ist, muß »Yedungshein« ebenso wie »Raclinswiler« im abgeschnittenen Teil der ersten Zeile aufgeführt gewesen sein. Der dritte Ort ist Erolzheim, 1040 bei der Bestätigung des klösterlichen Gesamtbesitzes durch König Heinrich III. erwähnt – nicht dessen Gabe, wie schon behauptet wurde, sondern dem Jahrzeitbuch des Klosters zufolge die eines Hadbrecht. Alle drei Ortsnamen sind ziemlich lang, und da beim dritten die Nennung der Einkünfte viel Platz beansprucht, wäre er dafür sehr knapp bei noch zwei voranstehenden Orten: Sie könnten dann dort nur vergleichsweise gering sein, im Schilling-Bereich, sofern »solidos« wie fast jedesmal abgekürzt geschrieben wurde, bis zu höchstens einer Mark – Silbers ist zu ergänzen, eine schon ganz ansehnliche Summe. Von Oberhausen werden die Einkünfte freilich mit drei, von Hedistetten mit zwei Mark bewertet.

Ein höherer Betrag ist aber bei dem an erster Stelle stehenden Ort deshalb zu erwarten, weil hier – das belegen die anderen Abschnitte des Urbars – der Zentralhof der Einsiedeler Grundherrschaft in dieser Gegend, der größte und einträglichste Besitz also, angegeben war. Er wurde bisher in Erolzheim vermutet, der königlichen Bestätigung wegen, wobei die abseitige Lage allerdings störend wirkte. Stören muß auch, daß dort von der Zugehörigkeit zum Einsiedler Klosterbesitz sich später nicht die geringste Spur mehr findet, ganz im Gegensatz zu den meisten in der Güterliste verzeichneten Orten und insbesondere zu Jedesheim. Wenn von diesen beiden sie wirklich nur einen enthielt, dann fehlte Erolzheim, zwar der älteste Besitz im Illergäu, doch vielleicht nicht der wertvollste. Nach der sichtlich reichen Schenkung Hugos und Burkards und gewiß rasch folgenden weiteren Erwerbungen dürfte er wohl bald abgetauscht worden sein gegen günstiger gelegene Güter, solche näher beim Amtshof des Klosters.

Dieser stand in Jedesheim, das ergibt sich klar aus der Aufreihung der Güterorte. Namentlich die zweite Reihe Stetten–Tüssen und die dritte Oberweiler–Hedistetten lassen sich mühelos zum Endpunkt Jedesheim verlängern – bei der Reihe Oberhausen–Gannertshofen ist dies nicht ganz so eindeutig. Da jede mit dem fernsten Ort beginnt, beschreiben sie offenbar die Wege, auf denen der Verwalter der klösterlichen Grundherrschaft, der Maier, später ein Ammann, die Abgaben einsammelte und seinem Zentralhof zuführte; Regglisweiler, jenseits der Iller ohnehin abgesondert, galt wohl eine eigene Fahrt, denn über die Dietenheimer Brücke hatte es eine unmittelbare Verbindung zum Maierhof in Jedesheim. Daß hier der Verwalter des Klosteramts seinen Sitz hatte, ist sogar ausdrücklich bezeugt, indem 1275 der »minister de Jedungeshain« erwähnt wird, neben ihm der Jedesheimer Pfarrer. So gehörte hier wohl auch die Kirche dem Kloster Einsiedeln, dessen besonderer Heilige Meinrad dann deshalb gerade hier, und einzig hier, den ursprünglichen Patron der gewiß alten Pfarrkirche verdrängen konnte. Das bekräftigt noch zusätzlich die zentrale Bedeutung von Jedesheim für den Klosterbesitz in der Gegend.

Er ist 1331 in das erneuerte Urbar nicht mehr aufgenommen, somit in der Zwischenzeit abgestoßen oder entfremdet worden. Läßt sich sein Verbleib feststellen? Nur bei Regglisweiler ist er ganz klar, doch um vormals Einsiedeler Besitz muß es sich auch handeln, wenn Orte der Güterliste in gleicher Zusammenstellung, obschon unvollzählig und in veränderter Anordnung, später wieder genannt werden. Das ist der Fall, wie Graf Wilhalm von Kirchberg genannt von Wullenstetten 1343 zu der Hälfte seiner Frau Anna an dem Erbe, das derselben von ihrem Vater Berchtolt von Aichheim gemeinsam mit ihrer wesentlich älteren und zu dieser Zeit bereits verstorbenen Schwester Ursula zuteil geworden war, auch deren Anteil von ihren Töchtern erwirbt. Diese Güter liegen – in der Reihenfolge der Einsiedeler Liste – in Jedesheim, Oberhausen, Bubenhausen, Hittistetten, Tiefenbach und Illertissen. Hinzuzurechnen ist noch das, was mit der Burg Aichheim durch Berchtolts Tochter Liutgart an die von Rechberg überging, nämlich Weiler, Dattenhausen, Bergenstetten und Hedistetten, somit wohl alle Orte, die der Einsiedeler Maier auf seiner vierten Fahrt angesteuert hatte. Dazu kommt im Erbe Berchtolts natürlich noch Besitz anderer Herkunft – beim kirchbergischen Anteil ist zusätzlich nur Attenhofen genannt.

Augenscheinlich sind also die Einsiedeler Besitzungen zum überwiegenden Teil 1330, bei seinem Ableben, in der Hand Berchtolts von Aichheim, und zwar – wie das vordem landauische Lehen in Illertissen – als freies Eigen. Daß beides miteinander zusammenhinge, etwa der Graf die klösterliche Grundherrschaft als Lehen empfangen oder als deren Vogt Klostergut verliehen hätte, ist mit völliger Sicherheit auszuschließen, nicht allein weil er dann zweifellos nicht alles nur einem Vasallen überlassen hätte, auch weil Graf Eberhart bei aller Lückenhaftigkeit seiner Kenntnis doch eben nicht den Einsiedeler Haupthof in Jedesheim nennt, sondern ausdrücklich Tüssen, vor allem aber, weil dieses Lehen »das dorf mit aller ehafti« umfaßt, der Klosterbesitz in Illertissen jedoch ganz unbedeutend ist, mit Abgaben im Wert von fünf Schillingen überhaupt der geringste in der ganzen Güterliste. Berchtolt von Aichheim hatte jedenfalls das Dorf Tüssen zu Lehen unabhängig von den Einsiedeler Besitzungen, doch selbstverständlich als deren willkommene Ergänzung – in seinem Erbe wird dann beides nicht mehr unterschieden.

Doch wie kam er, kamen vielleicht schon seine Vorfahren in den Besitz der Einsiedeler Güter? Gewiß, sie könnten erkauft sein, da ohnehin das Kloster seine Grundherrschaft im engeren Umkreis ausbaut und dafür ferne Besitzungen aufgibt. Warum aber sollten gerade die Aichheimer gegenüber weit mächtigeren Nachbarn, den Grafen von Kirchberg oder denen von Nifen in Weißenhorn, die zweifellos interessiert gewesen wären, den Zuschlag bekommen haben? Ein gewisses Anrecht müßte dafür dann doch Voraussetzung sein, eine schon länger zurückreichende Verbindung der Herren von Aichheim mit dem Kloster Einsiedeln und seinem hiesigen Besitz. Eine solche scheint sich auch anzudeuten in dem Meinradspatrozinium der offenbar zur alten Burg Aichheim gehörenden Kapelle – J. Matzke hat sogar den Verdacht geäußert, im heutigen Namen des Burgstalls »Mönchsburg« könne die Erinnerung an ihre ursprüngliche Beziehung zu Einsiedeln nachleben. Spätestens im 14. Jahrhundert müßte der Name dann entstanden sein, als die Herren von Rechberg oberhalb der Kirche von Oberaichheim, seither Altenstadt, eine neue Burg erbauten, für die diese Beziehung nicht mehr galt, die für die ältere Burg demnach kennzeichnend gewesen sein muß.

Sie könnte vielleicht vom Kloster zu Lehen gegangen sein, nach Matzkes Vorstellung mit dem ganzen Herrschaftsgebiet – allerdings bildete sich eine festumrissene »Herrschaft Aichheim« erst in rechbergischer Zeit heraus – obschon sich dafür ein schriftlicher Beleg oder nur Hinweis nicht findet. Denn eine sehr enge Beziehung der Herren von Aichheim zu Einsiedeln zeichnet sich nun ab: Sie waren Vögte des Klosteramts Jedesheim. Nur so ist dessen nahezu geschlossener Übergang in das Eigentum Berchtolts von Aichheim zu erklären, und daß seinem mutmaßlichen Vater Ulrich und dessen älterem Bruder Eberhart 1275 bei einem Rechtsgeschäft, an dem sie wesentlich beteiligt sind, der Jedesheimer Pfarrer und der dortige Ammann – eben der des Klosters – mit weiteren ihrer Gefolgsleute Zeugendienst leisten, bringt dafür sogar eine urkundliche Bestätigung.

Dann aber ist es das Nächstliegende, daß sich die Übernahme des Klosterbesitzes durch den Vogt auf ähnliche, nicht gerade legale Weise abspielte wie in Regglisweiler, das zweifellos ursprünglich mit unter die Vogtei der Aichheimer gehört hat – nur gewaltsam kann der Graf von Brandenburg sie ihnen abgedrungen haben, und dafür kommt am ehesten die Zeit bald nach 1246 in Betracht, da Graf Otto anscheinend zu den Staufern hielt, die Aich-

14 Engel, mit Blick zur Hauptgruppe der Hlst. Dreifaltigkeit, mit dem Wappen des Altarstifters Ferdinand Vöhlin. Hochaltar von Christoph Rodt, 1604
15 Erzengel Michael, den Satan hinabstoßend. Giebelfigur des Hochaltars. Christoph Rodt, 1604

heimer hingegen unter ihren Gegnern hervorragen. Ihr Zugriff auf den Einsiedeler Besitz erfolgte jedenfalls nach 1275, spätestens, aber auch am wahrscheinlichsten nach der gespaltenen Königswahl von 1314, wo Berchtolt die Partei Friedrichs von Österreich ergriff, das Kloster aber Ludwig den Bayern anerkannt haben dürfte.

Nicht erst die Aneignung des Einsiedeler Besitzes, auch schon die Ausübung der Vogtei bedeutete für das Geschlecht eine nicht unerhebliche Machtsteigerung, da mit derselben Einkünfte und wertvolle Frondienste sowie eine Vermehrung ihres Gefolges verbunden waren. Dies war dann sicher ein wesentlicher Grund für die Verlagerung seines Schwerpunktes in den Raum Illereichen, denn der ältere liegt in der Nähe von Laupheim, an der Rot: Adalbert, der 1128 und 1129 als erster von Aichheim genannt ist, scheint personengleich zu sein mit dem schon mehr als ein Jahrzehnt früher nach Bühl benannten Adalbert – von Rieden, nämlich Burgrieden, heißen seine Erben noch lang; die älteste Stammburg ist, ohne Nennung allerdings einer dort gesessenen Person, östlich oberhalb von Rot zu erkennen. Noch bei dem Rechtsgeschäft von 1275 geht es um Mietingen, den dortigen Vogtshof mit einem Drittel der Ortsherrschaft, woran die Hälfte Lehen ist von den Aichheimer Brüdern, die 1268 zudem in Maselheim als Lehenherren hervortreten. Der beidemal als Zeuge mitwirkende Cunrat von Bihlafingen ist offenbar ihr Gefolgsmann, und als Zeuge für die Schenkung ihres Vaters Eberhart ans Kloster Salem erscheint auch der Pfarrer von Schönebürg in der Kirche zu Aichheim (Altenstadt).

Der Bau einer neuen Burg dort setzt wohl den Besitz der Vogtei voraus, zwingend natürlich, wenn sie damit verbundenes Lehen war oder auch nur Klostergrund dafür mißbraucht wurde, was die vielleicht schon ursprüngliche Bezeichnung als »Mönchsburg« nahelegt. Doch läßt deren Anlage eine Datierung weit vor die Benennung Adalberts danach nicht zu, und damit wird es fraglich, ob er, ob sein Geschlecht die Vogtei seit langer Zeit, von Anfang an etwa schon ausgeübt haben kann. Von wem könnte sie dann überkommen sein?

16 *Luzifer, von Michael gestoßen zur Hölle fahrend. Aus der Figurengruppe im Giebelfeld des Hochaltars von Christoph Rodt, 1604*
17 *Flöteblasender Putto, aus dem Engelskonzert, das Mariens Krönung im Mittelstück des Hochaltars begleitet. Christoph Rodt, 1604*

Ortsherren im 11. Jahrhundert

Die Antwort mag sich in einem Ereignis finden, das die Zeitgenossen erregte und Jedesheim zum Schauplatz hat. Am 10. Januar 1108, nach anderen 1109 – in diesem Jahr wäre das ein Sonntag – oder schon 1107, erfocht da über den Grafen Rudolf von Bregenz Graf Hartman von Kirchberg einen äußerst blutigen Sieg; von mehr als fünfzig Gefallenen ist die Rede. Die Auseinandersetzung galt, so nimmt man Baumann folgend gewöhnlich an, dem Buchhorner Erbe, allein A. Mang hat noch andere Möglichkeiten ausgemalt – zurecht. Denn dieser Erbfall lag ja nicht nur zwei Jahrzehnte etwa zurück und war damals von Rudolfs Vater Udalrich nicht angefochten worden, dafür wäre auch Jedesheim, das davon gar nicht berührt war, nicht der gehörige Ort: Ein Streit darum hätte bei einem bedeutsamen Platz im Bodenseegebiet ausgetragen werden müssen.

Eine zunächst befremdliche Nachricht weist da wohl die richtige Spur. Nach der Kenntnis des Marchtaler Chronisten soll nämlich mit den Kirchbergern Gräfin Berchta von Kellmünz, Rudolfs Mutter, gekämpft und dabei selber mannhaft die Waffen geführt haben. Gewiß, für eine ältere fürstliche Dame wäre das ganz unpassend, es ist Sage, die sich in dem dazwischenliegenden Jahrhundert gebildet hatte, dennoch nicht bloße »Kuriosität« (so Mang). Denn Sage sucht die erzählbare, anschauliche Gestalt für sonst trockene Sachverhalte, und was hierdurch dargestellt wird, das ist unschwer zu erkennen: Graf Rudolf focht bei Jedesheim für die Durchsetzung von Ansprüchen, die seine Mutter, in ihrer Nachfolge er selbst, geltend machen konnte.

Über Gräfin Berchta von Bregenz, die schon in zeitgenössischen Quellen »von Kellmünz« genannt wird, offenbar ihrem Witwensitz, sind wir ungewöhnlich gut unterrichtet. In jungen Jahren verführte sie der jugendliche Graf Udalrich bei einem Besuch in Kellmünz und mußte sie daraufhin heiraten, was er bestimmt, trotzdem er seine frühere Verlobte teuer entschädigen mußte, nicht ungern tat in Anbetracht großer Mitgift, reichen zu erwartenden Erbes und der Steigerung seines Ansehens und Einflusses. Denn Berchta ist die Tochter des Schwabenherzogs Rudolf von Rheinfelden, Königs auch von 1077 bis zu seinem Tod 1080, und zwar, wie Immo Eberl schlüssig bewiesen hat, von dessen erster Gemahlin Mathilde, der Tochter Kaiser Heinrichs III., die schon nach höchstens einjähriger Ehe 1060 etwa fünfzehnjährig vermutlich infolge ihrer ersten Geburt starb. Deren ganzes Zubringen mußte dann – neben einem Erbteil vom Vater, der mehrere Kinder noch aus zweiter Ehe bekam – diesem einzigen Kind zufallen, eben Berchta.

Erweislich ist dies ein Anteil an Marchtal, mit Sicherheit auch Kellmünz, wo sie sich als junges Mädchen und nachher als Witwe aufhält, was beides durch ihre Enkelin Elisabeth an die Pfalzgrafen von Tübingen übergeht wie ebenso Babenhausen samt zugehörigen Orten. Über eine zweite Enkelin, die sich als Ehefrau Hartmans von Kirchberg-Balzheim freilich nur erschließen läßt und wahrscheinlich wieder den Namen Berchta trug, muß sich auf dessen wirtenbergische Nachkommen, zum kleineren Teil auch seinen Sohn Rudolf und dessen mit Gotfrid von Marstetten verehelichte Tochter Berchta – beide Filiationen sind ebenfalls nur erschließbar – und weiter deren wiederum Berchta genannte Tochter auf das Haus Nifen zu Weißenhorn ein anderer Teil ihres Besitzes vererbt haben, der sich aber wegen der Gemengelage mit frühem kirchbergischem Hausgut und dem Balzheimer Erbe, zudem mehrfacher wiederholter Einheirat in das Kirchberger Grafengeschlecht aus der hier tradierten Erbmasse nicht mehr aussondern läßt. Dazu kommt noch einiger Streubesitz, den Gräfin Berchta selber schon an mehrere Klöster vergabte.

Auf ihren Großvater Heinrich III., der diese Besitzungen allenfalls zu einem geringen Teil auch von seinem Vater Kaiser Conrat II., im wesentlichen jedoch wie Marchtal von seiner Mutter Gisela, der Tochter Herzog Hermans II. geerbt hatte, gehen dann auch die Ansprüche zurück, die ihr Sohn Rudolf bei Jedesheim verficht. Die konkurrierenden Ansprüche der Grafen von Kirchberg oder zumindest Hartmans, den zeitlich nähere Chronisten allein als Gegner Rudolfs kennen, müssen folglich aus der selben Quelle stammen, ohne daß vorerst ersichtlich wäre, wie sie ihnen vermittelt sein könnten. Denn bei den Vorfahren der Mutterseite, den Grafen von Buchhorn, ist eine Verbindung mit dem salischen Kaiserhaus und seiner nächsten Verwandtschaft, namentlich den Nachkommen Herzog Hermans II. nicht bekannt, und die der Vaterseite bleiben ja ohnehin im Dunkeln. Es wäre aber von da her auch gar nicht zu erklären, warum gerade gegen 1108 die beiderseitigen Ansprüche eine zum gewaltsamen Austrag drängende Aktualität gewinnen.

Somit wäre der Anlaß in einer jüngeren Eheverbindung zu suchen, und das hieße bei der Gattin des Grafen Hartman, der ja durchaus von ihr herrührende Ansprüche verteidigen könnte. Sie ist freilich nirgends genannt und daher unbekannt, doch scheint sie ins Haus Kirchberg den Namen Eberhart eingebracht zu haben, den ihr jüngerer Sohn, der 1127-1166 waltende Graf trägt. Eberhart ist dann wahrscheinlich der Name ihres Vaters, und er ist so kennzeichnend für das Haus Nellenburg und seinen Verwandtenkreis, daß dort zuerst nach diesem zu fahnden wäre.

Dabei ist wichtig, vorab festzustellen, daß dem Grafen Eberhart seit spätestens etwa 1150 Enkel geboren werden, er selber demnach allenfalls noch kurz nach der Jahrhundertwende zur Welt gekommen sein kann, daß aber sein älterer Bruder Hartman bereits 1116 zusammen mit dem Vater auftritt und dabei – die Nachrichten tröpfeln ja nur in großen Zeitabständen – nicht gerade mehr besonders jung sein dürfte. Graf Hartman selber, erst nach seinem jüngeren, schon 1087 noch ohne Grafentitel (zu dem ihm erst die Buchhorner Erbschaft verhalf) urkundlich faßbaren Bruder Otto bezeugt, kann kaum viel später als etwa 1060, seine Frau, sofern sie wirklich die einzige und Mutter beider Söhne ist, schwerlich noch nach 1070 geboren sein. Als ihr Vater käme dann im Haus Nellenburg, da Eberhart dem Seligen, dem Stifter des Klosters Allerheiligen in Schaffhausen, in dieser Zeit sicher längst keine Kinder mehr geboren werden, dessen gleichnamiger, 1075 an der Unstrut im königlichen Heer gegen die unbotmäßigen Sachsen gefallener Sohn in Betracht.

Dazu müßten sich nun die Kirchberger irgendwo wenigstens wahrscheinlich machen lassen als Besitznachfolger der Nellenburger. In deren Hauptgebiet um den westlichen Bodensee und im Thurgau hat sich darauf ein Hinweis bislang nicht gefunden, doch greift der nellenburgische Begüterungs- und Einflußbereich darüber weit hinaus. Insbesondere hat bald nach 1060 die gräflichen Amtseinkünfte im Haistergäu und wohl auch Rammachgäu vom unterelsäßischen Reichskloster Weißenburg, dem sie seit langem vom Herrscher überlassen waren, zu Lehen ein Graf Eberhart, der zweifellos ein Nellenburger ist und mit eben dem Sohn des Klosterstifters von Alfons Schäfer gleichgesetzt wird. Seinen wenig älteren Bruder Burchart erblickt dieser in dem 1058 neben dem Abt auftretenden »advocato«, Vogt anscheinend des Weißenburger Fernbesitzes in Schwaben. Dieser liegt aber zum guten Teil um Waldsee und um Laupheim, in den Gegenden also, wo Eberhart belehnt, möglicherweise also gemeinsam mit dem Bruder Vogt ist, und daß sein Lehen um das Jahr 1000 vorübergehend der »Zähringer« Bezzelin innehat, der Tochtermann einer »Nellenburgerin«, dürfte diese Vogtei als ein weiter zurückreichendes Recht der Nellenburger erweisen. Das setzt jedoch eine auf Eigenbesitz gegründete Machtbasis in der Nähe voraus, zusätzlich vielleicht die wenigstens zeitweilige Ausübung der Grafschaft in diesem Bereich.

War aber nicht gerade da, wahrscheinlich von 955 an für etwa zwei Jahrzehnte, eben der »Nellenburger« Gotfrid Graf gewesen? Und war nicht im Zusammenhang mit Irmelbrunnen die Frage aufgetaucht, ob derselbe etwa dieses samt weiteren Gütern seinen nellenburgischen Erben hinterlassen haben könnte? Unausgesprochen blieb dabei, daß diese Güter ja durchaus später als kirchbergischer Besitz erscheinen könnten – es werden sich davon einige gleich feststellen lassen. Schließlich dürften jene Leibeigenen in Lippertsweiler nah bei Waldsee, die 1129 Graf Eberhart von Kirchberg dem Kloster Ochsenhausen übermacht, speziell aus der nellenburgischen Vogtei oder dem Lehen des Grafen Eberhart herstammen. Denn Weißenburg scheint seine oberschwäbischen Besitzungen schon bald eingebüßt zu haben, vermutlich während des Investiturstreits – mindestens zum Teil sind sie im 12. Jahrhundert bereits welfisch geworden.

Ist von daher somit die Annahme einer Ehe Hartmans von Kirchberg mit der Tochter Eberharts von Nellenburg nicht ungerechtfertigt, so müßte nun noch gezeigt werden, daß diese ihm Anrechte vermitteln konnte, die Graf Rudolf von Bregenz gleichermaßen als Muttererbe zu beanspruchen fähig war, daß also deren Ahnenreihe mit jener der Gräfin Berchta von Kellmünz und ihres Großvaters Kaiser Heinrichs III. in einem gemeinsamen Vorfahrenpaar zusammentrifft. Tatsächlich ist auch Königsverwandtschaft der Nellenburger gesichert, indem um 1009 Graf Ebbo eine Nächstverwandte Heinrichs II. von dessen – zu dieser Zeit noch nicht kaiserlichem – Hof heimführt, aber ihr Name Hedwig weist sie doch mit Bestimmtheit der Vaterseite des letzten Herrschers aus der ottonischen Dynastie zu, wo sich erst weit zurück auch eine Verwandtschaft mit dem salischen Haus ergibt. Sie gilt als Mutter Eberharts des Seligen, wäre folglich die Urgroßmutter der Frau Hartmans von Kirchberg, doch auf ein noch um mehrere Generationen ferneres Ahnenpaar können die 1108 aufeinanderprallenden Ansprüche sich kaum mehr berufen: Dazu wäre eine viel engere Verwandtschaft mit Heinrich III. unbedingt erforderlich.

Dafür finden sich allerdings trotz vieler Bemühung, die der Stifterfamilie der Schaffhauser Klöster und einem der großen, einflußreichen Geschlechter Schwabens von jeher gegolten hat, immer noch Ansatzpunkte bei den Nellenburgern. So ist zunächst eine Frau Eberharts, des 1075 Gefallenen, überhaupt nicht bekannt, wiewohl er, bei seinem Tod mehr als vierzigjährig, zweifellos längst verheiratet war. Von seiner Mutter, der Frau Eberharts des Seligen und Stifterin von St. Agnes, ist zwar der Name Ita überliefert, über ihre Herkunft aber wird bisher nur gerätselt. Seit alter Zeit gilt sie als Gräfin von Kirchberg, was jedoch durch die feststellbaren Gegebenheiten widerlegt wird – es könnte dies wohl als eine in der mündlichen Überlieferung nicht ungewöhnliche Vermengung mit der dann wahrscheinlich gleichnamigen Enkelin und damit als Bestätigung der vermuteten Ehe des Grafen Hartman zu verstehen sein.

Nun fällt aber auf, daß Eberhart der Selige von Heinrich III. immer wieder außerordentlich begünstigt wird, daß sein Sohn Eberhart dann bei Heinrich IV. in hohem Ansehen steht und zu den engen Vertrauten und einflußreichsten Beratern des jungen Königs gehört. Darin müssen freilich sichere Anzeichen einer nahen Verwandtschaft gesehen werden, und wenn derselben nirgends, was ohnehin nur ausnahmsweise geschieht, ausdrücklich gedacht wird, so könnte das wenigstens beim Vater immerhin darauf deuten, daß die Verbindung zum Kaiserhaus durch dessen Ehefrau hergestellt war, eben Ita.

Vermittelt jedoch Gräfin Ita jene Anrechte, die sich von unmittelbaren Vorfahren Kaiser Heinrichs III. herleiten, dann ist auch erklärt, warum gerade gegen 1108 ein Streit darum geführt und schließlich bei Jedesheim entschieden wird. Denn da war kurz zuvor nicht nur Ita selbst, längst Meisterin in ihrem Kloster St. Agnes, aus dem Leben geschieden, sondern zudem in Burchart, dem etwas älteren Bruder Eberharts, der einzige Überlebende ihrer Söhne, 1105 letztmals urkundend, ohne Leibeserben gestorben, damit auch die eigentlichen Grafen von Nellenburg im Mannesstamm erloschen. Einen Anspruch der Tochter Eberharts auf die Hinterlassenschaft ihrer Großmutter konnten deren Anverwandte nun durchaus bestreiten, indem durch den vorzeitigen Tod ihres Vaters dessen Erbrecht auch für seine Nachkommen hinfällig geworden war, zumindest solang Geschwister das Erbe antreten und weitergeben konnten. Ob es aber nach Burcharts kinderlosem Tod aufleben würde oder Itas Zubringen nun an ihre erbberechtigte Verwandtschaft zurückfallen mußte, das war gewiß eine rechtliche Streitfrage – entschieden wurde sie nicht vor Gericht, sondern auf der Walstatt.

Natürlich waren dabei Interessen im Spiel, gewichtige, die eine friedliche Regelung nicht zuließen. Um was mochte es also gehen? Der Austragungsort Jedesheim läßt daran keinen Zweifel: Streitobjekt war die Vogtei über den Einsiedeler Besitz. Dieser ist zwar nicht übermäßig bedeutend, war aber seit seinem Übergang in die geistliche Hand der Zuständigkeit des Grafen entzogen, dessen Aufgaben nun im Auftrag des Abts eben der Vogt wahrzunehmen hatte. Dem Grafen Hartman mußte dann der Erbanspruch seiner Frau hoch willkommen sein, um die seiner Grafschaft verloren gegangenen Rechte nun in Gestalt der Vogtei zurückzuerlangen. Umgekehrt bot sich mit dem geforderten Rückfall von Itas Erbe dem Grafen Rudolf und seiner Mutter die Möglichkeit, ihren Herrschaftssitz Kellmünz zum gräflichen Machtzentrum auszubauen und dessen Einflußbereich durch die Einsiedeler Vogtei in das ursprünglich kirchbergische Gebiet hinein auszuweiten.

Allerdings scheint es doch fraglich, ob diese Vogtei zu der Zeit bereits als ein erbliches Recht betrachtet werden darf, oder ob sie nicht eher noch vom Abt nach Gutdünken, doch unter Berücksichtigung gewisser Anrechte, vergeben werden konnte. Zudem war sie ja erst mit den Güterschenkungen in dieser Gegend, namentlich die Hugos und Burkards, etwa ein halbes Jahrhundert zuvor entstanden und kann somit vom gemeinsamen Vorfahren noch gar nicht ausgeübt worden sein. Graf Burchart von Nellenburg war also bis dahin vielleicht sogar der einzige, allenfalls sein Vater erster Vogt des Einsiedeler Besitzes gewesen. Wenn daher der Abt alsbald die neuen Erwerbungen dem Schutz der Nellenburger unterstellte, so mag er wohl dabei auch deren alte, enge Verbindung mit dem Kloster in Rechnung gestellt haben, ausschlaggebend dafür kann jedoch nur gewesen sein, daß sie als die nächsten mächtigen Grundherren diesen Schutz am besten gewährleisten konnten – dies hat nichts, wie sich gleich zeigen wird, mit jenem alten Hausgut zu tun, auf das sich ihre Vogtei über den Weißenburger Besitz stützt. Und da die Inhaber anderer naher Machtzentren, Kirchberg oder Kellmünz – hier war es ja anfangs möglicherweise noch der Kaiser selbst, später wohl Herzog Rudolf – hierfür nicht herangezogen wurden, kann nur in Illertissen, dem »oppidum« mit der zugehörigen Grundherrschaft, solcher nellenburgische, durch Ita freilich erst eingebrachte Besitz gesucht werden. Aus dieser Grundherrschaft dürften jedoch die Einsiedeler Güter – die Nähe von Jedesheim, Hedistetten und Tiefenbach, vor allem aber der gleichwohl kleine Anteil an Illertissen selbst legen das nahe – mindestens teilweise herausgebrochen sein, und das gab dem Inhaber des herrschaftlichen Haupthofes sogar einen gewissen Rechtsanspruch auf die Ausübung der Vogtei. Um dieses Erbgut ging dann letztlich der bei Jedesheim ausgetragene Streit, doch die damit verbundene Vogtei hatte den höheren Wert.

Aber, so läßt sich einwenden, nachher ist ja nur Illertissen in der Hand des sieghaften Hartman, vielmehr seiner Nachkommen festzustellen, nicht aber die Einsiedeler Vogtei, die als ein von den Kirchbergern ganz unabhängiges Recht der Herren von Aichheim erscheint. Das sieht zunächst nach einem Kompromiß aus, nach einer infolge der für beide Seiten verlustreichen Schlacht doch noch erzielten gütlichen Einigung als Grundlage eines fürderhin guten nachbarschaftlichen und verwandtschaftlichen Zusammenwirkens beider Grafenhäuser, wie es dann auch mehrfach urkundlich bezeugt ist. Darauf könnte wohl der Abt von Einsiedeln, dem zur Sicherheit seines Klostergutes an friedlichen Verhältnissen gelegen sein mußte, maßgeblichen Einfluß genommen haben.

Indes zeichnet sich doch eine ganz andere Lösung ab, die dem eindeutigen Sieg des Grafen Hartman weit besser gerecht wird. Er kann ihn – bei der großen Zahl der Gefallenen und entsprechender Größe beider Heere – selbstverständlich nicht ohne Helfer errungen haben, wie ebenso der Bregenzer weitere Unterstützung fand: Dem Grafen Walther von Veringen, der dabei das Leben ließ, ist eigenes Interesse jedenfalls nicht nachzuweisen, gewiß auszuschließen bei Rudolf von Hochdorf, dem einzigen noch genannten Toten dieser Schlacht. Überlebende Mitstreiter finden sich nirgends erwähnt, aber wenn nachher die Aichheimer, damals noch nach den älteren Sitzen Bühl und Burgrieden benannt, im Besitz der Einsiedeler Vogtei sind und zudem das für deren wirksame Ausübung notwendige weltliche Zentrum Illertissen als kirchbergisches Lehen inhaben, dann müssen in ihnen wohl wichtige Verbündete das Grafen Hartman gesehen werden – ja, offenbar kämpften sie gemeinsam mit dem Kirchberger sogar um die Durchsetzung auch eigener Ansprüche.

Denn mit den Kirchbergern gemeinsam ist denen von Rieden/Aichheim ja auch der Name Eberhart, den sie als einzigen Leitnamen konsequent bis in die vorletzte Generation pflegen. Er begegnet schon bei der frühesten Erwähnung, die gewöhnlich auf etwa 1116 datiert wird, doch scheint dabei Adalbert sich als der länger hergebrachte Name auszuweisen, so daß der Name Eberhart – hier in der Kurzform Eppo – in die Familie wohl erst da und also nur wenig früher als bei den Kirchbergern Eingang gefunden hatte. Nimmt man nun hinzu, daß in Mietingen und Maselheim später die Aichheimer als Lehenherren und Grundeigentümer den Grafen von Kirchberg und von Wirtenberg/Grüningen/Landau völlig gleichgestellt erscheinen, dann ist nicht zu verkennen, daß Besitz und Name zusammengehören und in beiden Familien gleiche Herkunft haben: Auch bei denen von Rieden/Aichheim müßte beides durch eine Nellenburgerin eingebracht sein, am ehesten ebenfalls eine Tochter des 1075 gefallenen Eberhart, und daß es sogar die nämliche, vielleicht wieder Ita genannte sein könnte, die damit also erst in zweiter Ehe erst die zweite Frau des Grafen Hartman geworden wäre, dies läßt das um etwa ein Jahrzehnt spätere Auftreten Eberharts von Kirchberg und der wahrscheinlich noch größere Altersunterschied zu Eppo von Rieden durchaus vermuten. Es wäre sogar recht merkwürdig, wenn der weltgewandte Vater zwei Töchter derart engräumig verheiratet hätte.

Beide Seiten, die aichheimische und die kirchbergische, haben dann gleiches Erbrecht an der Grundherrschaft Illertissen, wohl auch weiteren Besitzungen, sowie Ansprüche auf die Vogtei über die Einsiedeler Güter, und sie können dieselben bei Jedesheim gemeinsam durchsetzen, wenngleich von den ohnehin wortkargen, zudem vielleicht so genau nicht informierten Chronisten Graf Hartman als Ranghöchster, Ältester und Anführer, der Vater und Stiefvater, insbesondere aber derzeitige Gemahl der eigentlichen Erbin, allein beachtet wird. Er müßte dann zunächst namens seiner Frau und auch für deren Kinder aus erster Ehe das blutig behauptete Erbe samt der Vogtei verwaltet haben, doch spätestens nach ihrem, vielleicht auch seinem Ableben – der Zeitpunkt ist bei beiden unbekannt – war die Teilung unumgänglich. Dabei erhielten die Kinder aus der Kirchberger Ehe jedenfalls Illertissen mit Zugehörungen, die Burgriedener Nachkommen doch wahrscheinlich den allodialen Grundstock der Herrschaft Aichheim, der möglicherweise dafür aus dem grundherrschaftlichen Verband mit Illertissen gelöst wurde, und dazu, wohl gemäß dem höheren Anrecht des Älteren, die Vogtei über die Einsiedeler Güter. Hier dürfte freilich der Abt ein entscheidendes Wort mitgeredet und dafür gesorgt haben, daß der für ihre Ausübung unerläßliche Zentralort Illertissen dem neuen Vogt wenigstens als Lehen eingeräumt, darüber aber auch der kirchbergische Lehenherr mit seiner größeren Macht in die Verpflichtung zum Schutz der Klostergüter eingebunden wurde – daß sich die Einzelteile später verselbständigen würden und der beabsichtigte Zusammenhalt sich damit verlieren, das war natürlich in diesem Augenblick nicht abzusehen.

Eine offene Frage dabei bleibt, warum dann zuerst Adalbert 1128 nach dem neuen Sitz Aichheim benannt und somit wohl Erbschaft und Vogtei in seiner Hand ist. Zu ihrer Beantwortung müßten seine bloß schattenhaft erkennbaren Verwandtschaftsverhältnisse, hauptsächlich das zu Eppo von Rieden, aber auch zu anderen Adalberten und namentlich denen von Birkenhard aufgehellt, außerdem die Generationenfolge der Edlen von Rieden/ Aichheim geklärt werden können. Sollten da etwa in Eberhart, Kůnrat und Helemwic von Rieden, die 1127 bei einem mehrschichtigen, auch von einem edlen Adalbert dem Augsburger Kloster St. Ulrich und Afra geschenkte Güter in Gögglingen berührenden Rechtsakt als davon gewiß persönlich betroffene Zeugen mitwirken, bereits Söhne Eppos zu sehen sein, an deren Stelle während der Zeit ihrer Unmündigkeit nach dem frühen Tod ihres Vaters der Nächstverwandte Adalbert nur vorübergehend in ihre Rechte eingetreten wäre?

Der Teilung unterworfen wurden selbstverständlich auch die von der mutmaßlichen Ita zugebrachten Güter im einstigen Rammachgäu, zumindest also Mietingen und Maselheim, und auf den ersten Blick scheinen sie ebenfalls, vielleicht als Mitgift unumstritten, zu jenem von der Großmutter Ita herrührenden Erbe zu gehören, dessen Herkunft aus der nächsten Verwandtschaft der Salier bestätigend. Denn im nahen Walpertshofen hat auch Graf Rudolf von Bregenz Besitz, den er 1127 an Eberhart von Kirchberg vertauscht und den F. L. Baumann seinem mütterlichen, also Berchtas von Kaiser Heinrich III. herstammendem Erbe zurechnet; zu ihm gesellen sich gerade in Maselheim und Mietingen, überdies in Sulmingen, die Grafen von Berg, deren bezeugte Blutsverwandtschaft mit dem salisch-staufischen Kaiserhaus Heinz Bühler überzeugend als direkte Abkunft von Heinrich III. über seine Tochter Sophia erklärt hat. Doch ihre Rechte hier erweisen sich bei genauem Hinsehen als nur mittelbar, abgeleitet aus der Herrschaft über ihre Ministerialen, die als die wirklichen Grundeigentümer ausdrücklich bezeichnet sind – lediglich an der Mühle zu Maselheim haben die Grafen selber das Eigentumsrecht.

Diese Besitzungen hängen dann nicht mit dem umkämpften Erbe Itas zusammen, sondern sind altes nellenburgisches Hausgut, auf dem die Vogtei des Weißenburger Besitzes beruht hatte. Indes fällt auf, daß der aichheimische Anteil, obschon er nicht insgesamt, sondern nur in zufälligen Stücken zutage tritt, selbst wenn man mitrechnet, was gegebenenfalls durch zwei Eheschlüsse noch an die Kirchberger übergegangen sein könnte, und Eigengut bergischer Ministerialen – die Verhältnisse am Mietinger Vogtshof machen es anschaulich – davon abgezweigt sein dürfte, doch merklich geringer ist als jener der kirchbergischen Seite, zu der ja auch Wirtenberg/Grüningen zählt. Die Kirchberger haben folglich hier zusätzlichen, schon althergebrachten Besitz, der dann auf ihre Herkunft aus dem Sippenkreis der »Hupaldinger« und der nellenburgischen Vorfahren zurückgeht. Und da mit denselben ebenso die Vorfahren der Bregenzer Grafen verflochten sind, ist auch Walpertshofen zweifellos Rudolfs väterliches, also »udalrichingisches« Erbgut, zumal solches unfern in Altheim ob Weihung und überdies nahe Leipheim in Echlishausen und Opferstetten erwiesen ist. Letztlich leitet sich diese ganze Besitzmasse – Heinz Bühler hat das in mehreren gründlichen Untersuchungen dargelegt – auf unterschiedlichen, zuweilen sich – wie hier widerum – kreuzenden Erbwegen vom alten alamannischen Herzogshaus her.

Zu diesem ehemaligen Herzogsbesitz gehört freilich auch Illertissen, doch nahm es seinen besonderen, von dem jener »udalrichingischen«, »hupaldingischen« und »nellenburgischen« Besitzungen abweichenden Erbgang, der indes keineswegs einzigartig und daher weitgehend gesichert ist. Denn obschon zukünftige Forschung erst noch klären muß, über welche benennbaren Personen – eine, höchstens zwei Generationen – er zu Ita weiterführt, der Gemahlin Eberharts des Seligen von Nellenburg: an Herzog Herman II., dem 1003, ein reichliches Jahrhundert vor der Jedesheimer Schlacht verstorbenen Großvater Kaiser Heinrichs III. und Urgroßvater der Gräfin Berchta, wird man nicht vorbeikommen. Auf ihn und seine Frau Gerberga, die Tochter König Konrads von Burgund und Enkelin der schwäbischen Herzogstochter Berchta, verweist aber noch eine zweite besitzgeschichtliche Linie.

18 *Evangelist Johannes, unter Muschelbaldachin, aus den Evangelistengruppen zwischen korinthischen Säulenpaaren, im Hochaltar von Christoph Rodt, 1604*
19 *Evangelist Matthäus, unter Muschelbaldachin, im Hochaltar von Christoph Rodt, 1604*

19/20

Der Anteil des Stifts Edelstetten

Erst 1323 tritt in den erhaltenen Schriftquellen ein Anteil auch des Frauenstifts Edelstetten an Illertissen hervor. Es ist vorerst allein die Pfarrkirche, zu deren Incorporation da die päpstliche Genehmigung erteilt wird, was voraussetzt, daß schon vorher der Kirchensatz dem Stift gehört hat. Doch bevor nun in dessen unmittelbares Eigentum die Güter und Einkünfte der Pfarrei übergeführt werden konnten, mußte sie der Pfarrherr, dem ihre Nutznießung durch die Investitur lebenslänglich übertragen war, freigeben, sei es durch sein Absterben, sei es auch durch Verzicht – zu letzterem fand sich Conrat von Gerenberg, vielbepfründeter Augsburger Domdekan und Bruder der damaligen Äbtissin, 1355 endlich bereit. Außer dem daher stammenden Besitz, namentlich je einem Widemhof in Illertissen und in Betlinshausen, dazu den Zehendrechten auf Illertissener, Betlishauser und Tiefenbacher Markung sowie auf einigen Äckern der Flur von Jedesheim, zeigt sich später eine weit umfangreichere Begüterung des Stifts: In Tiefenbach gehören ihm sechs Anwesen, in Illertissen der »untere Maierhof«, der »Hof auf dem Berg« – beide werden im 16. Jahrhundert wie ebenso der Widemhof von der Herrschaft bewirtschaftet – zwölf kleinere, als »Hueb« bezeichnete und einige noch geringere Betriebe, dazu Häuser, Gärten, einzelne Äcker und die Felder der damals schon abgegangenen Siedlung Hard, schließlich noch die untere Mühle. Von allen bäuerlichen Anwesen erhob die Herrschaft ebenfalls beträchtliche Abgaben als Vogtrecht und zudem die Steuer; 1553 konnte sie – damals Erhart Vöhlin – diesen Teil ganz erwerben.

Der schwierige und gerade an größeren Herrschaftssitzen nicht immer erfolgreiche Versuch, diese Anwesen in jüngeren Salbüchern und im Grundsteuerkataster zu identifizieren, damit ihren Standort und die Größe und Lage ihres Feldbesitzes zu ermitteln, ist noch nicht unternommen worden. Aber allein schon das Zahlenverhältnis von edelstettischen und herrschaftlichen Anwesen und die Höhe der jeweiligen Abgaben erweckt den Ein-

20 *Apostel Paulus, mit »geschraubten« Bartlocken, aus der lebensgroßen Apostelfürstengruppe zu Seiten des Retabels im Hochaltar von Christoph Rodt, 1604*
21 *Engel mit Baßgeige, aus dem Engelskonzert, das die Marienkrönung im Mittelstück des Hochaltars begleitet. Christoph Rodt, 1604*

druck, daß beide Anteile an Illertissen – vom Übergewicht, das Ortsherrschaft und Vogtei der einen Seite verleiht, abgesehen – etwa gleichwertig und aus einer ausgewogenen Teilung hervorgegangen sein müßten, wobei wie so häufig – an Vöhringen ist dabei zu erinnern – der einen Hälfte die Kirche, der anderen der Fronhof mit der Ortsherrschaft, »daz dorf mit aller ehafti« des landauischen Lehenverzeichnisses, zugeteilt worden war. Selbstverständlich erfolgte sie nicht zwischen Aichheimern, Kirchbergern oder ihren Vorfahren einerseits und dem Stift Edelstetten, ebensowenig zum Zweck der Übergabe des einen Teils an das Stift. Wie kam also Edelstetten zu diesem Besitz und von wem hat es ihn erhalten?

Die Frage hängt aufs engste zusammen mit dem nach wie vor ungelösten Problem der Gründung dieser geistlichen Anstalt. Denn daß zu deren sehr frühen Besitzungen gerade die in Illertissen und Tiefenbach gehören, das ist seit langem unbestritten und durch das darauf lastende Vogtrecht erwiesen. Anton Mang glaubt sogar gute Gründe zu finden für die Vermutung, daß sie einen wesentlichen Teil der Gründungsdotation darstellen, und dafür spricht in der Tat ihr erstaunlicher Umfang bei doch erheblicher Entfernung sowie der Umstand, daß hierzu – außer der in Edelstetten selbst – die einzige Kirche im Stiftsbesitz gehört, schließlich auch die Zähigkeit, mit der die geistlichen Frauen allen üblen Schikanen der begehrlichen Ortsherrschaft, nicht erst Erhart Vöhlins, zum Trotz diesen Besitz verteidigt haben. Der ganze einheitliche Güterbestand kann auch, mit Ausnahme allenfalls kleiner späterer Zuerwerbungen, nur aus einer Hand an das Stift gelangt sein, und bei dem Gewicht, das ihm im gesamten Stiftsbesitz zukommen mußte, kann dies kaum eine andere sein als eben die des Gründers, richtiger der Stifterin.

Als solche kennt die in jüngeren Aufzeichnungen nur greifbare Überlieferung der Stiftsdamen eine »Frau Gysela gräfin von Swabegk«. Aber weil sie sich in anderen, zeitgleichen Quellen nicht nachweisen läßt, wird zumeist bezweifelt, daß es sich bei ihr um eine historische Gestalt handelt, ihre Zurechnung zum Haus Schwabegg als nachträgliche Angleichung an die Gründungsgeschichte des nahen Klosters Ursberg erklärt. Anstößig wirkt zudem der Grafentitel, der den 1167 abgestorbenen Vögten des Augsburger Hochstifts nicht zukam, den ihnen indes weit verbreitet die späte Erinnerung zulegt, in der sie überdies mit jenem Hochadelsgeschlecht, das erst im Nachhinein, urkundlich jedoch nur ein einziges Mal von Balzhausen genannt und von ihnen lediglich beerbt wird, zu einem Grafenhaus von Balzhausen-Schwabegg (oder umgekehrt) zusammengefaßt weiterleben. Die Bezeichnung als Gräfin und der zuweilen auch auf Gisela angewandte Doppelname enthalten dann über die Person der Stifterin keinerlei Aussage.

Gerade das hat aber die bisherigen Bemühungen, sie ausfindig zu machen, nicht unwesentlich mitbestimmt. Beidem gerecht zu werden versucht allerdings nur A. Mang, und indem er außer Illertissen die ebenso wahrscheinlich zur Erstausstattung zählende knappe Hälfte des Dorfs Balzhausen in die Überlegungen einbezieht, kommt er zu dem Schluß, sie müsse eine frühe Kirchberger Grafentochter und Ehefrau eines Herrn von Balzhausen sein. Seine Prämisse freilich, daß Illertissen ursprünglicher Besitz der Grafen von Kirchberg sei, erweist sich nun als nicht haltbar. Dennoch ist er gewiß einer richtigen Spur gefolgt, doch das läßt sich auch den anderen Versuchen nicht absprechen.

Diese setzen bei der ältesten geschichtlich faßbaren Edelstetter Gestalt an, der Äbtissin Mächthilt. Gewählt wurde sie wahrscheinlich 1153, war aber erst nach einer dringlichen Ermahnung durch den Papst zur Übernahme des Amtes bereit. Sie starb dann schon 1160, und zwar in ihrem Heimatkloster Dießen am Ammersee, wo sie fortan als Selige Verehrung genoß. Ihr Vater ist Graf Berchtolt (IV.) von Andechs, damit auch ihre Schwester die Ehefrau Diepolts von Berg, der im Gebiet um Edelstetten die Grafschaft, zudem wahrscheinlich die Schutzvogtei über das Stift ausübte, und da sie den Namen Gisela trägt, glaubt Joseph Zeller, in ihr die – dann nur vermeintliche – Stifterin erkennen zu sollen. Dabei muß er sie jedoch zur einfachen Wohltäterin herabstufen, und das verträgt sich denn doch wenig mit dem Aufwand einer wöchentlichen Seelmesse zusätzlich zu ihrem Jahrtag, der am 25. April begangen wird – daß dieser nicht mit dem Todestag der Gräfin Gisela von Berg am 7. oder 8. April übereinstimmt, scheint Zeller mit der im Stift viel später erst aufgekommenen Unterscheidung von Todestag und »Oblei« erklären zu wollen.

Richtig daran ist allerdings, daß Gräfin Gisela, die von Andechs geborene, eine nahe Verwandte der gleichnamigen Stifterin sein muß. Denn anders läßt es sich kaum verstehen, daß ihre Schwester Mächthilt von außerhalb als Äbtissin begehrt wird und trotz ihrer Weigerung Bischof und Konvent auf dieser Wahl bestehen. Daher hat Gerhart Nebinger angeregt, in der Großmutter dieser Schwestern, der Mutter Berchtolts von Andechs, die auch schon Gisela heißt, die Edelstetter Stifterin zu sehen. Aber auch das ist nicht ganz unfragwürdig, da ein derart unmittelbares, nachkommenschaftliches Verhältnis der seligen Äbtissin zur Stifterin doch schwerlich hätte so völlig vergessen oder unterdrückt werden können. Vor allem aber widerspricht auch hier der Todestag der Gräfin Gisela von Andechs an einem 22. Februar dem Edelstetter Jahrzeittermin. So wird man die Stifterin doch als eigenständige, gleichwohl verwandtschaftlich zugehörige Persönlichkeit betrachten müssen.

Diese spielt angeblich auch in der Lauinger Überlieferung eine Rolle als Wohltäterin der Stadtgemeinde, zudem übrigens, doch eher nur hiervon abgeleitet, mehrerer Dörfer in der Umgebung. Auch hier gilt sie als »geborene Gräfin von Swabegk«, wird aber stets als Jungfrau oder Fräulein bezeichnet, worauf die zumeist gebrauchte Namensform Geislina wohl ebenso anspielt. Dem wird man jedoch, da ohnehin ihre Gestalt mit der Zeit reichlich sagenhafte Züge angenommen hat, kaum so viel historischen Wert beimessen dürfen, wie Reinhard H. Seitz es tut, der im übrigen kräftige Gründe findet für ihre Identität mit einer anzunehmenden Tochter Diepolts von Berg und der Gisela von Andechs, der seligen Mächthilt Schwester. Nachdem nun eben diese Tochter Gisela von Immo Eberl aufgezeigt werden konnte im Necrolog des Klosters Zwiefalten, dort eingetragen unter dem 14. Mai, ist dies freilich in Frage gestellt wiederum durch unterschiedliche Jahr- oder Todestags-Daten: In Lauingen feierte man großartig den Jahrtag der »Junckfraw Geysel« am 22. Februar, an dem Tag also, an dem Gräfin Gisela, die Mutter Berchtolts (IV.) von Andechs und Urgroßmutter der von Seitz ins Auge gefaßten Gisela, gestorben war. Wer dann die Lauinger Geiselina auch wirklich sein mag, zu einer Person mit der Edelstetter Stifterin wurde sie jedenfalls erst im Nachhinein verschmolzen, doch zweifellos wegen naher

Verwandtschaft, die beide gleichnamige Frauen aus zeitlichem Abstand ununterscheidbar werden ließ.

Ein verwandtschaftliches Umfeld der Stifterin zeichnet sich also recht deutlich ab, doch wer ist nun sie selber? Die Ungewißheit darüber ist freilich auch bedingt durch widersprüchliche Angaben über das Alter des Stifts Edelstetten. Dortselbst ist 1126 als Gründungsjahr festgehalten, wohingegen die Vita der seligen Mächthilt es den schon alten Stiften zurechnet. Deren Verfasser, der Zisterziensermönch Engelhard, schrieb allerdings erst etwa ein halbes Jahrhundert nach ihrem Tod und erweist sich als keineswegs besonders kenntnisreich, selbst über seine Heldin nur notdürftig unterrichtet und an biographischer Genauigkeit ganz uninteressiert. Die Schilderung der heruntergekommenen Zustände in Edelstetten kann so bloß als der in einer Erbauungsschrift unverzichtbare düstere Hintergrund gewertet werden, vor dem erst Heiligkeit blendend erstrahlen kann. Mögen dafür Auseinandersetzungen um die – für die Frühzeit ohnehin nicht bekannte – Klosterregel vielleicht den geschichtlichen, aber tendenziös verfälschten Anlaß gebildet haben, glaubwürdig für Sittenverfall ausgeben ließen sie sich jedenfalls nicht bei einem erst kurz bestehenden Institut.

Und doch erwähnt auch eine zuverlässige Quelle die »sanctimoniales de Otelinistetten« bereits vor 1126. Es ist ein Verzeichnis der geistlichen Gemeinschaften, mit denen das Schwarzwaldkloster St. Blasien Gebetsbrüderschaft vereinbart hatte. Da es auch die »seniores de monte sancti Petri in Bawaria« aufführt, das dort, auf dem Petersberg bei Eisenhofen, seit 1104 in der früheren Burg Glonneck angesiedelte Kloster jedoch um 1119 nach Scheyern verlegt wurde, kann es kaum noch viel nach 1120 abgefaßt sein, und diesen frühen Zeitansatz bestätigt die Benennung des Augsburger Klosters noch allein nach der Heiligen Afra, die bald darauf hinter dem heiligen Ulrich zurücktrat. Daß aber die ältesten, sozusagen Musterverträge schon 1077 und 1086/91 geschlossen wurden und die meisten der hier genannten Klöster und Stifte spätestens im 11. Jahrhundert entstanden, einige weit älter sind, beweist freilich noch nicht ein schon hohes Alter auch des Edelstetter Konvents. Denn ganz junge Gründungen lassen sich ebenfalls darin ausmachen, so das Kloster Prüfening bei Regensburg, das 1109 seinen Anfang nahm, vielleicht sogar – völlig sicher ist das nicht zu bestimmen – das 1125/27 erst vollendete, aber schon vor 1124 begonnene Kloster Petersberg bei Halle. Das Jahr 1126, das den Edelstetter Frauen im Gedächtnis blieb, könnte also sehr wohl den Abschluß eines über mehrere Jahre sich hinziehenden Stiftungsvorganges bezeichnen – sollte etwa St. Blasien, das ja schon Wiblingen beschickt und in Ochsenhausen ein Priorat errichtet hatte, zudem vom Hochadel dieser Gegend, gerade von Conrat von Balzhausen und weiter von Otgoz von Hairenbuch über seinen Treuhänder Wernher von Schwabegg, mit reichen Schenkungen bedacht wird, zum Aufbau des Edelstetter Konvents seine helfende Hand geboten haben?

Die Stifterin müßte dann jedenfalls diesem auf St. Blasien ausgerichteten Wohltäterkreis angehören, und damit gewinnt die Edelstetter Überlieferung, die sie dem Edelgeschlecht von Schwabegg zuweist, doch ein hohes Maß an Glaubwürdigkeit. Das Schweigen sonstiger Quellen ist dagegen kein gewichtiges Argument, umgekehrt aber läßt sich nun eines beiziehen, das jene Aussage noch kräftig stützt. Aufzeichnungen des Chorherrenstifts Wettenhausen nennen nämlich zum Jahr 1136 als Mutter Manegolts von Werd, des Klostervogts von Heiligkreuz in Donauwörth und Letzten seines Stammes, eine Mächthilt – auch hier »Gräfin« – von Schwabegg. In diesem Geschlecht vereinigen sich somit die selben zwei Namen, die auch bei den Andechser Schwestern Äbtissin Mächthilt und Gisela von Berg zusammentreffen: ein untrügliches Zeichen nächster Verwandtschaft, wie sie ja zwischen diesen und der Stifterin bestanden haben müßte. Von da her erweist sich also die Kenntnis der Edelstetter Frauen als recht zuverlässig.

Das dürfte dann gleichermaßen für jenen Punkt der Überlieferung gelten, der in eine mancherorts erzählte Sage eingekleidet historische Wirklichkeit überhaupt nicht wiederzugeben scheint. Ihr Bruder Wernher, so heißt es da, habe der Stifterin für ihr Vorhaben durch List ein ungeplant großes Stück Land überlassen müssen, indem sie, statt die Grenze mit einem richtigen Pflug eng zu umreißen, dieselbe mit einem kleinen, silbernen Pflug am Hals weiträumig umschritt. Zeitlich kann mit Wernher allein der Gründer des etwa gleichzeitig mit Edelstetten, 1119 als Kanoniker-Niederlassung entstandenen und 1125 dem Prämonstratenser-Orden übergebenen Klosters

Ursberg gemeint sein – die Sage könnte wohl die Lösung des Frauenstifts aus einer ursprünglich vorgesehenen oder von Wernher geforderten Abhängigkeit und unmittelbaren Zuordnung zu Ursberg umschreiben. Jedenfalls kann damit Gisela als Schwester des Ursberger Gründers gelten, und auch Mächthilt von Werd läßt sich nur da als weitere Schwester anreihen.

Das Hochadelsgeschlecht von Schwabegg ist freilich bloß ganz ungenügend bekannt, sicher bezeugt erst in den letzten zwei Generationen, eben der engsten Familie des Gründers von Ursberg. Bis dahin gibt es lediglich seit 980 einzelne Erwähnungen von Hochstiftsvögten mit den Namen Wernher und Adelgoz, die sich dann auch nach verschiedenen Sitzen benannt finden; Frauen und Töchter bleiben ebenso unkenntlich wie die familiären Verbindungen. Möglichkeiten für die Verwandtschaft mit den Grafen von Dießen-Andechs sind da also durchaus offen: Läßt eine sich wenigstens als Vermutung begründen?

Der Name Gisela ist ins Haus Andechs durch die Mutter Berchtolts (IV.) eingebracht, und wenn er hier in der Enkelgeneration ebenso wie bei denen von Schwabegg mit dem Namen Mächthilt gepaart erscheint, was gleiche Herkunft verrät, so liegt es nah, auf eben sie ihn auch bei den Schwabeggern zurückzuführen. Das wäre nur möglich über die Ehe einer Schwester Berchtolts mit dem Vater der Schwabegger Geschwister – es ist nicht einmal eindeutig, ob dieser in dem Hochstiftsvogt Adelgoz oder in dessen Bruder Wernher zu erkennen sei. Die Kinder Berchtolts von Andechs, der selber 1151 starb, leben jedoch in der Mehrzahl über 1170 zum Teil weit hinaus, sind folglich erst nach der Jahrhundertwende geboren. Hingegen ist Mächthilt von Werd 1136 eine ältere Frau und seit anderthalb Jahrzehnten Witwe, hat Gisela, ob unverheiratet oder vielleicht verwitwet, sich zweifellos nicht schon in jungen Jahren als Klosterstifterin betätigt, hat Wernher 1130 bereits zwei erwachsene Söhne. Die Geburtszeit dieser Geschwister wäre also zwischen etwa 1070/75 bis spätestens 1085 anzusetzen, sie scheinen daher eher mit Berchtolt von Andechs generationsgleich zu sein, und damit käme als ihre Mutter allenfalls eine Schwester der Gisela in Betracht.

Dies läßt sich aber wieder mit ziemlicher Sicherheit ausschließen. Denn Giselas Vater ist Otto von Schweinfurt, von 1148 bis zu seinem Tod 1157

Herzog in Schwaben, der unmittelbare Vorgänger Rudolfs von Rheinfelden. Seine Töchter und ihre Ehen sind hinlänglich bekannt: Da bleibt als einzige Möglichkeit Gisela selber. Doch sie hat erst in zweiter, offenbar recht später Ehe den gleichnamigen Vater Berchtolts von Andechs geheiratet und könnte zu der Zeit wohl eine schon mannbare Tochter gehabt haben, die nun in die neue Nachbarschaft verheiratet wurde. Diese wäre dann nur eine Halbschwester Berchtolts, die Tochter des sächsischen Grafen Wichman von Seeburg – sollte in der Vorstellung des 16. Jahrhunderts von einer sächsischen Herkunft der »Grafen von Schwabegg-Balzhausen« nicht die Erinnerung an eben diese Verbindung nachklingen?

Gisela hätte somit aus jeder ihrer Ehen ein Enkelinnenpaar mit den Namen Gisela und Mächthilt/Mathilde, die dann für sie eine große Bedeutung haben müssen, als Ausweis ungewöhnlich vornehmer Abkunft verstanden sind. Eben diese Rolle spielen sie jedoch bei den Nachkommen Herzog Hermans II. und seiner Frau Gerberga, die zwei Schwestern mit diesen Namen hat und beide Namen wiederum an zwei Töchter vergibt: Gerade als Namen-Paar können sie nur als sicherer Hinweis auf die Abkunft von diesen herausragenden Stammeltern gewertet werden. Indes hat sich eine solche für Otto von Schweinfurt bisher nicht nachweisen lassen, obwohl zudem noch seine Mutter den Namen Gerberga trägt und deshalb von Chr. Fr. Stälin kurzerhand zur Tochter Herzog Hermans und der Gerberga erklärt wird, wofür sich freilich keine Bestätigung gefunden hat. Trotzdem ist das Zusammentreffen aller drei Namen hier ein unmißverständliches Anzeichen einer genealogischen Verbindung, und daß Otto von Schweinfurt als einziger unter allen schwäbischen Herzögen nicht angeschlossen sein soll an jene Abstammungsgemeinschaft, in der sich offensichtlich eine Anwartschaft auf das Herzogtum forterbt, das konnte ohnehin noch nie befriedigen. Für abschließend geklärt darf diese Frage also keinesfalls gelten, bei künftigen Bemühungen werden die besitzgeschichtlichen Verhältnisse in Illertissen jedoch nicht außer Acht bleiben können.

Denn daß Stift Edelstetten seinen Anteil am Ort mit der Kirche als Ausstattung von der Stifterin Gisela von Schwabegg erhalten hat, das steht jetzt außer Zweifel. Und wiewohl hier so wenig wie bei der dem Fronhof zugeordneten Hälfte derzeit schon in jedem Schritt der Erbgang nachvollzogen werden kann: daß er in beiden Fällen mit großer Bestimmtheit auf Herzog Herman und Gerberga zurückführt, erweist die Zuverlässigkeit dieses Ergebnisses. Mithin war um die Jahrtausendwende Illertissen noch ungeteilt im Besitz dieses Paares, und jetzt – erst jetzt, nachdem dies den spärlichen Auskünften abgerungen ist – läßt sich dasselbe auch von der anderen Seite her glaubhaft aufzeigen.

Königliches Erbe

Die einzige ältere Nachricht über Illertissen ist aber nun eben die von dem – durch den heiligen Ulrich verhinderten – feindlichen Treffen Ottos des Großen mit seinem Sohn Liutolf. Daß dieses nicht zufällig gerade hier gesucht wurde, hat als einziger bisher Anton Mang erkannt, dem es freilich noch nicht gelingen konnte, eine präzise Vorstellung von der Bedeutung des Ortes für die Streitenden zu gewinnen. Da stehen dann neben dem Hinweis auf die Notwendigkeit zur Versorgung der Heere aus den Speichern des angenommenen Reichshofes weiträumig strategische Überlegungen, Spekulationen über Besitzverhältnisse und Beutegelüste der Königshelfer neben der Erwägung, daß spätestens hier der bedrängte Herzog den Zugang zu seiner Machtbasis dem Gegner habe verwehren müssen. Über eine Erklärung des Begegnungsortes als »notwendige Konsequenz der strategischen und politischen Lage« findet Mang nicht hinaus, er bleibt bei ihm letztlich doch vom Zufall der Kriegführung bestimmt.

Natürlich kann in einer so umfassenden Auseinandersetzung, ganz anders als in der 1108 bei Jedesheim um einen begrenzten Besitz geführten Fehde, der Austragungsort nur eine größere Gesamtheit repräsentieren, für die ein anderer Ort ebenso eintreten könnte, ist insofern doch bis zu einem gewissen Grad beliebig. Freilich, dafür taugt sicher nicht ein bloß unwichtiges, wenig bezeichnendes Stück dieses Ganzen – aber was ist das Ganze, worum geht es 954 bei Illertissen?

91

Entzündet hatte sich der Aufstand 953, soviel wir wissen, an dem übermächtigen Einfluß, den eine Hofpartei, namentlich Ottos bösartiger Bruder Heinrich, der Baiernherzog, und die ehrgeizige Adelheit, Ottos zweite Frau, auf die Regierungsgeschäfte gewonnen hatte, zum Nachteil des längst als Nachfolger offiziell designierten Königsohnes und noch anderer Fürsten. Es ging also zunächst um das Reich, und dementsprechend spielte sich der Bürgerkrieg an Orten ab, in denen das Reich sich manifestiert: Mainz, Regensburg, Augsburg. Dem anfangs in die Enge getriebenen König hatten sich jedoch Erzbischof Friedrich von Mainz und Herzog Konrat von Lothringen, Liutolfs Schwestermann, mittlerweile gebeugt, ums Leben gekommen war der baierische Pfalzgraf Arnulf. Nun allein gelassen ist Liutolfs Lage aussichtslos: Das Reich kann er auch im Fall seines Sieges keinesfalls mehr gewinnen, kaum hoffen, sich im Herzogtum zu behaupten. Allenfalls seinen Besitz und den seiner Anhänger, der von Rechts wegen dem König verfallen wäre, könnte er vielleicht damit noch retten. Genau das scheinen die Bischöfe Udalrich und Hartbert durch ihre Vermittlertätigkeit ohne Kampf erreicht zu haben, wurde jedenfalls im Dezember 954 auf einem Reichstag in Arnstadt, bei dem Liutolf und Konrat ihren Herzogtümern, Liutolf zudem der Thronfolge entsagten, öffentlich zugestanden.

Illertissen, in dessen Feldflur die Entscheidung darüber gesucht wird, müßte demnach ein hervorragender und im Ablauf der Heerzüge der nächstliegende Platz von Liutolfs Eigengut sein, das exemplarisch hier er verteidigt, der königliche Vater ihm abgesprochen hat. Indes bliebe das doch nicht mehr als eine mögliche, letztlich aber ungesicherte Deutung, wäre nicht der Ort später als Erbgut auch Herzog Hermans II., unter dessen Nachkommen, Töchtern oder spätestens Enkeln, er geteilt wird, erweisbar. Denn seit vor Kurzem Armin Wolf die Gleichsetzung von Hermans Vater und Vorgänger Konrat mit dem Grafen Kuno von Öhningen gelungen ist, dessen Frau Richlint wiederum, in der Welfenchronik verkürzend für eine Tochter Ottos des Großen ausgegeben, von Hansmartin Decker-Hauff als Tochter Liutolfs eingestuft wurde, seitdem erst ist zwischen beiden die genealogische Linie und der denkbar einfachste Erbgang aufgefunden: Liutolf ist Hermans Großvater mütterlicherseits.

Damit gehört Illertissen zu den gar nicht zahlreichen, dafür in der Geschichte Schwabens um so bedeutsameren Orten – Stuttgart ist hier insbesondere zu nennen – an denen sich der Besitzübergang von Liutolf auf Herman mit einiger Deutlichkeit aufzeigen läßt. Nicht gerade wenige sind es allerdings, die sich auf eben diese Weise vererbt haben müssen, bei denen dies aber nicht ganz so dicht belegbar ist, weil der kurz und unglücklich regierende Liutolf, der zudem schon 957 nach einem erfolgreichen Feldzug in Italien einem Fieber erlag, naturgemäß nur geringe Spuren hinterlassen hat, bei Herman aber durch seinen Eheschluß mit Gerberga Erbteile schon wieder zusammenfinden, die einerlei Herkunft haben.

Denn was Liutolf, der Königsohn aus sächsischem Haus, in Schwaben besitzt, das hat ihm, mindestens zum überwiegenden Teil, seine Frau Ita zugebracht, die einzige Tochter Herzog Hermans I., doch stammt dieser Besitz wiederum von ihrer Mutter Reginlint. Sie ist über ihre Tochter Berchta, die Gemahlin König Rudolfs von Burgund, auch die Urgroßmutter der Gerberga, zugleich übrigens – der mannigfachen Zusammenhänge wegen sei es erwähnt – Großmutter der Kaiserin Adelheid, Liutolfs Stiefmutter. Doch Berchta ist ein Kind aus ihrer früheren Ehe mit dem 926 in Italien umgekommenen Herzog Burchart, dem ersten, der nach zwei fehlgeschlagenen Versuchen – 911 seines Vaters Burchart sowie des Pfalzgrafen Erchanger 915 – seit 917 eine Herzogsherrschaft in Schwaben durchzusetzen vermochte. Dazu verschaffte ihm das reiche Erbe seiner Frau nicht nur die erweiterte Machtgrundlage, sondern auch die erhöhte Legitimation, da an Reginlint, Tochter der Karolinger-Nachkommin oder sogar nach Decker-Hauffs Vermutung selbst Karolingerin Gisela, nach dem Absterben des Königsgeschlechts in seinem deutschen Zweig 911 dessen Güter in Schwaben im Wesentlichen übergegangen waren.

Illertissen kann keinen abweichenden Erbgang genommen und keine andere Herkunft haben. Es ist dann gleich, wie dies für Waiblingen gezeigt werden kann und bei Stuttgart wahrscheinlich ist, sicher ebenso auf Ulm zutrifft, das jedoch als hervorgehobener Ort vermutlich mehrere Erben fand, Eigen des königlichen Hauses, nicht etwa Reichsgut, Fiskalbesitz, wie A. Mang annahm. Der Konfiskationsmasse von 730 oder 745, von der Zerschlagung des alamannischen Herzogtums, kann es damit nicht zugerechnet werden, sondern ist Teil des reichen Besitzes in Alamannien, den als Mitgift und Erbe die Königin Hildegart 771/72 in die Ehe mit Karl dem Großen einbrachte und ihren Nachkommen vermittelte.

So schließt sich Illertissen besitzgeschichtlich auch am engsten mit seiner Umgebung zusammen, in der »hupaldingische«, »udalrichingische« und »nellenburgische« Begüterung hervortritt. Denn Hildegarts Ahnenreihe führt Thegan, der kundige Biograph Ludwigs des Frommen, ihres Sohnes, über vier Generationen auf den Alamannenherzog Gotfrid zurück – von dessen Sohn Huoching, ihrem Urgroßvater, kann Heinz Bühler die »Hupaldinger« herleiten, als »Udalrichinger« werden die Nachkommen ihres Bruders Udalrich bezeichnet, und die Nellenburger gelten als Abkömmlinge von Ludwigs des Frommen Tochter Gisela, ihrer Enkelin. Insbesondere aber findet Bühler gerade im Ulmer Winkel zu den besitzgeschichtlichen Argumenten in Ortsnamen Anzeichen einer breiten Begüterung der Herzogssippe, und zwar, wie die zur Kennzeichnung der Siedlungen dienenden Namen frühester Ortsherren doch erkennen lassen, eben der Linie Huochings, die anscheinend frühzeitig mit den mächtigen Hausmaiern verbündet der Katastrophe des Herzogshauses entging. Mit Unterroth und dem nah dabei abgegangenen Heuchlingen umgreift die solchermaßen nachgewiesene Besitzlandschaft Illertissen, das sie samt den sicherlich schon früh zugehörigen Orten nunmehr ergänzt und vervollständigt.

22 *Puttengruppe, aus der Heiligen Schrift lesend, aus dem Engelskonzert in der Mittelgruppe des Hochaltars, Christoph Rodt, 1604*
23 *Totenschild des Carl Vöhlin v. Frickenhausen auf Illertissen (1562-1599), gemeinsam mit seinem Bruder regierend und (um 1585) Schöpfer der Ausstattung des Vorderen Schlosses*

Ecce Sacerdotum quatuor epithaphia fratrũ, Sanguine Mautz patrio fratres Cognome habebãt,
Illis Elvingen una fuit patria,   Æternam pacem da pie Christe, tuis.

Anno Dñi 1593 den 6 februarÿ obijt Ch̃o Rñdus, ac Doctus Dñs Martz
Mautz Aulæ Sacellanus, cuius anima Deo uiuat Hoc fraterni amoris, et
Gratitudinis ergo fieri curauit, M Ambrosius Mautz 1598

Kirchenheilige als Geschichtszeugen

Auf eine ausgedehnte und umfassende Grundherrschaft möglicherweise gerade von Huoching-Nachkommen könnte wohl auch eine Art kirchlicher Organisation weisen, die in ihrer besonderen Ausprägung nicht so häufig und jeweils nicht großflächig genug ist, um sie etwa dem Bischof oder der fränkischen Verwaltung, gar dem König zuschreiben zu können, die ihre Entstehung aber offensichtlich einem mächtigen und weitbegüterten Herrn verdankt. Sie besteht in einem meist mehrfachen System von zusammengehörigen Kirchen und Kapellen, das einer immer gleichen Vierergruppe von Heiligen geweiht ist, deren Zusammenstellung, obwohl sie einzeln alle große Bedeutung haben, auffällt. Als ungemein kenntnisreicher Patrozinienforscher hat Decker-Hauff sie aufgespürt und an mehreren Stellen vorgeführt, wo der Erbgang von Hildegart auf Reginlint erweisbar oder zumindest sehr wahrscheinlich ist. Er nennt sie, da ihre Namen – für germanisches Empfinden besonders einleuchtend – alle mit dem gleichen Laut anklingen, die vier M-Heiligen.

Martin ist einer von ihnen, der Patron der Illertisser Kirche. In der Regel wird der Reichsheilige der Franken ja nur allein beachtet, die Gründung ihm geweihter Kirchen auf fränkische Missions- oder Kolonisationstätigkeit zurückgeführt. Das trifft sicher in einzelnen Fällen, in gewissen Gegenden auch zu, ist aber so generell gewiß nicht haltbar. Denn welchem anderen Heiligen hätte der alamannische Adel sich wohl zuwenden sollen, nachdem er sich den überlegenen Franken hatte beugen und ihrem König unterordnen müssen, von ihnen daraufhin christliche Glaubensvorstellungen kennengelernt und allmählich angenommen hatte? Schon seit dem ausgehenden 6. Jahrhundert, so bemerkt Rainer Christlein, stellt er sich archäologisch als größtenteils christlich dar, was vorab für das Herzogsgeschlecht zu gelten hat. Benötigt wurden damit Priester und Kulträume, die zunächst zweifellos

24-25 Gemaltes Epitaph des aus Ehingen stammenden Illertisser Schloßkaplans Marx Mantz († 6. 2. 1593), gesetzt 1598 von seinem Bruder Ambrosius Mantz, Pfarrer in Vöhringen, dann in Illertissen. Detail: Vater und Mutter Johannes und Lucia Mantz, die Söhne Marx, vordem Pfarrer in Wullenstetten, zuvor als Pfarrer in Überlingen angeblich entlassen; Zacharias, Pfarrer in Illerzell

Eigenkirchen waren in oder bei den herrschaftlichen Hofsitzen. Als eine solche zu betrachten ist wohl die Martinskirche von Wittislingen, bei der um die Mitte des 7. Jahrhunderts bereits bestattet wird – der oben angeführten vielseitigen Parallelen wegen könnte dazu auch die Illertissener Martinskirche gehören, wofür allerdings der archäologische Nachweis erst noch erbracht werden müßte.

Zudem ist Martin ja nicht der einzige Titelheilige früher Kirchen, seien diese nun Hauskirchen des Adels oder bald ebenfalls schon angelegte Kultzentren für die Bevölkerung. Selbst die fränkische Militärkolonie Heidenheim, das nach der römischen Trümmerstatt so nur von christlichen Siedlern benannt sein kann, gab zweifellos schon im 6. Jahrhundert ihrem Gotteshaus als Schutzpatron nicht den Reichsheiligen, sondern den streitbaren Apostelfürsten Petrus, dem etwa gleichzeitig auch die alamannische Adelskirche in Lahr-Burgheim geweiht wurde. Das Gründungsjahr 600 kennt, durchaus glaubhaft, die mittelalterliche Überlieferung für die ehemalige Ulmer Pfarrkirche »ennet velds«, deren Marienpatrozinium offenbar dem der kurz zuvor eingerichteten Bischofskirche in Konstanz nachgebildet ist. Der Märtyrer Laurentius ist unter den gar nicht so zahlreichen Kirchen, die für das 7. Jahrhundert durch Grabungsbefunde gesichert sind, mehrfach vertreten, einmal wenigstens, gewiß zufällig nur, der Erzengel Michael, als Totengeleiter und Überwinder des Bösen bedeutsam, in der Hofkirche des alamannischen Herrensitzes von Burgfelden auf der Balinger Alb – bloß vermuten läßt sich bislang auch der Protomärtyrer Stephanus als Patron so weit zurückreichender Kirchen. Es sind, neben weiteren, nicht eben spezifisch fränkische, dennoch auch bei den Franken hoch angesehene Heilige.

Über die ohnehin bekannte Zugehörigkeit Alamanniens zum Frankenreich hinaus Genaueres lassen dann diese Heiligen einschließlich Martins für sich allein – anders als solche, die später wie beispielsweise Meinrad den Einfluß ganz bestimmter Klöster oder Bischofssitze klar anzeigen – in Wahrheit nicht erkennen. Aussagefähig sind sie hingegen, wo nach offenbar einheitlichem Plan sie in kleinen oder größeren, doch immer gleichen Gruppen benachbarten und ursprünglich zumeist, wie manchmal noch sehr lang, zusammengehörigen Gotteshäusern als Titelheilige zugeteilt erscheinen.

Darin wird man wohl eine Frühform der Pfarr-Organisation erblicken und vielleicht annehmen dürfen, daß nach dem Vorbild alter Bischofsstädte den einzelnen Andachtsstätten unterschiedliche Funktionen zugedacht, diese zugleich untereinander – wichtig für eine jüngst und erst äußerlich bekehrte Bevölkerung! – durch beeindruckende Prozessionen rituell verbunden waren. Mehrere Anzeichen sprechen dafür, daß diese ganz grundherrschaftlich bestimmte Form kirchlicher Organisation bereits ins 8. Jahrhundert, aber noch vor die Beseitigung des selbständigen alamannischen Herzogtums im Jahr 746 zu datieren sei, ungefähr in die Zeit also, da weitreichende Bestimmungen zum Schutz und zum Nutzen der Kirche in die letzte, die überlieferte Fassung des alamannischen Volksrechts eingearbeitet wurden.

Eine solche feste Gruppe von neun Heiligen, zu der außer Laurentius alle bisher schon genannten, dazu Johannes der Täufer, der Apostel Jacobus der Ältere und der ritterliche Georg gehören, fand Decker-Hauff jeweils im Umkreis römischer Kastelle – an Reste antiken Christentums darf da natürlich nicht gedacht werden, zumal dort, wo um 260 die Alamannen noch kaum Spuren davon antreffen konnten. Nach gängiger Auffassung wurden die Kastelle mit ihrem zugehörigen Bezirk bei der Unterwerfung der Alamannen als ehedem römisches Staatsland in fränkischen Königsbesitz übergeführt, dann zur Verwaltung dem Herzog übergeben, der schließlich bei erlahmender Königsmacht sie als Eigengut behandelte. Der alamannische Herzog, vielleicht Lantfrid, der 730 dem Hausmaier Karl Martell erlag und dem die kirchenfreundliche Umarbeitung der Lex Alamannorum zugeschrieben wird, vielleicht aber auch schon sein Vater Gotfrid, müßte also diese Herrschaftsbezirke, seine zentralen Machtpositionen, kirchlich organisiert und in ihnen das System der neun Heiligtümer aufgerichtet haben. Daß es bei Kastellen außerhalb der Grenzen des Herzogtums nicht festgestellt werden kann, wenngleich selbstverständlich von diesen doch allgemein geschätzten Heiligen einige sich im Umkreis einstiger Kastelle immer wieder zusammenfinden, kann dafür wohl als Bestätigung gewertet werden. Den Kern dieser Gruppe der »Kastell-Heiligen« aber bilden die auch sonst, und wie es scheint stets ebenfalls in Besitztümern der herzoglichen Sippe gemeinsam auftretenden »vier M-Heiligen«.

Mit Martin verbinden sich dabei Michael und Maria, beide bereits aufgeführt, und als vierter, bemerkenswertester, Mauritius. Vom unteren Wallis aus, der Stätte seines Martyriums als Kommandant der thebäischen Legion, Saint Maurice, verbreitete nach der Einbeziehung Burgunds ins Frankenreich sich sein Kult auch dort, ohne jedoch sich in gleicher Dichte wie bei den anderen dreien und namentlich Martin in Kirchenpatrozinien niederzuschlagen. Hier freilich dürfte er auf unmittelbare Beziehungen zu Burgund zurückgehen, da die alamannischen Herzöge als Agilolfinger, was Erich Zöllner überzeugend dargetan hat, burgundischer Herkunft, vielleicht sogar aus dem alten Königshaus hervorgegangen sind, das in Mauritius seinen Schutzpatron verehrt hatte; auch in Baiern wurde durch die agilolfingischen Herzöge der Mauritiuskult gefördert, wohl überhaupt erst eingeführt, wirkten unter ihrer Protektion burgundische Missionare.

Dabei erscheint nun Martin vielfach, keineswegs jedoch ausschließlich und regelmäßig, in dieser Vierergruppe als Anführer, als Titelheiliger am bedeutendsten Ort, offenbar als Patron der Hauptkirche, vielleicht der eigentlichen Pfarrkirche, die auch nicht selten ein Viertel ihrer Zehendeinkünfte, die sogenannte Quart, zum Unterhalt des bischöflichen Hofes beisteuern mußte. Ob nun die Quartpflicht wirklich, wie man lange geglaubt hat, Kennzeichen besonders alter, vermeintlicher Ur-Pfarreien ist oder zum Zeitpunkt ihrer Einführung unter ganz anderem Gesichtspunkt ausgewählten, immer aus ihrer Umgebung herausragenden Pfarreien auferlegt wurde, jedenfalls hat es durchaus den Anschein, daß solche Vierersysteme nicht nur neu angelegt, sondern öfters auch an bereits bestehende, mit Vorliebe an Martinskirchen angeschlossen wurden.

Die Martinskirche von Illertissen, wo der Augsburger Bischof die Quart zu beanspruchen hatte, ist zunächst als Teil eines solchen Vierersystems nicht zu erkennen. Das könnte allerdings am Mangel einer konsequent historisch orientierten Erfassung der Kirchen- und Altarheiligen liegen, wie sie für das Gebiet des ehemaligen Königreichs Württemberg vorbildlich, gleichwohl ergänzungs- und stellenweise korrekturbedürftig Gustav Hoffmann erstellt hat. Nur eingeschränkt ersetzt ihn hier, im Bereich des alten Dekanats Weißenhorn und über dessen Grenzen hinaus, Joseph Matzke, der in verschiedenen Arbeiten Patrozinien berücksichtigt, untersucht und verwertet hat, ohne doch dabei, wie noch weniger Steichele und Schröder in der gerade für die westlichen Landkapitel der Diözese unvollendet gebliebenen Beschreibung des Bistums Augsburg, methodisch gleich Hoffmann historische Vollständigkeit anzustreben.

Denn allein gegenwärtig gültige Patrozinien zu befragen genügt ja dafür nicht, war doch Heiligenverehrung immer lebendig und lebensnah, damit wandelbar, abhängig ebenso von Heilshoffnungen des Volkes wie von Interessen der Kirche und Anordnungen weltlicher oder geistlicher Herren, von gelenkter Propaganda nicht weniger als von argloser Reliquiengläubigkeit. Daß mit einem Besitzerwechsel, namentlich dem Übergang in Klosterbesitz, der Austausch des Titelheiligen einer Kirche einhergeht, läßt sich schon früh beobachten, Reformbewegungen und kirchliche Auseinandersetzungen rückten programmatische Heilige oder Themen in den Blickpunkt, einen aktuelleren Heiligen an die Spitze zu setzen Gelegenheit gab mitunter die Wiederweihe nach einem Neubau. Darin verfährt freilich die Neuzeit oft rigoroser als das Mittelalter, wo eine noch naive Vorstellung von der real wirksamen Macht eines Heiligen dessen völlige Entrechtung nicht zuließ: Wenigstens als Conpatron auf dem Hauptaltar, auf einem Seitenaltar, übertragen in eine eigene Kapelle mußte er weiterhin die gebührende Verehrung genießen und so seine Hintansetzung verschmerzen können. Da aber Patrozinien-Nennungen spärlich, meist zufällig und in der Regel erst ziemlich spät begegnen, ist es geboten, sämtliche erreichbaren Quellen auch weltlichen Inhalts nach einschlägigen Auskünften, wie etwa in den sehr konservativen Flurnamen, abzusuchen – selbst Hoffmann hat dies nur zum Teil leisten können – wobei geringste und scheinbar abwegige Spuren zuweilen die interessantesten Aufschlüsse bieten.

Die Möglichkeit eines Patrozinienwechsels hat gerade Matzke immer wieder eindrücklich herausgestellt. So macht er darauf aufmerksam, daß die Titelheiligen der Bellenberger Kirche, Petrus und Paulus, dort nicht, wie es normal wäre, auf dem Hauptaltar, aber auch auf keinem Nebenaltar vorkommen, daher als Patrone eines vorgeordneten Peter- und Paulsklosters Geltung auch für diese Kirche erlangt haben müssen – er vermutet jenen geistlichen Kirchenherrn im Kloster Weißenburg, doch läßt sich dies aus der jungen, vor das Jahr 1362 nicht zurückreichenden herrschaftlichen Verbindung mit Laupheim kaum ernsthaft begründen. Unter den Heiligen des Hochaltars erscheint jedoch an erster Stelle die Mutter Gottes, was den Schluß zuläßt, daß es sich hier ursprünglich um eine Marienkirche handeln könne.

Eine ursprüngliche Marienkirche möchte Matzke freilich auch in Illertissen erkennen, zweifellos zu unrecht. Denn wenn im 16. Jahrhundert vor Martin Unsere Liebe Frau als Patronin genannt wird, so ist dies doch eher als Ausfluß der im Spätmittelalter alles überwuchernden Marienverehrung zu werten, und die Marienkrönung als zentrale Darstellung im Hochaltar ist unverkennbar das Thema der Gegenreformation, von der das ganze Bildprogramm dieses Werkes aus dem Jahr 1604 geprägt ist. Der alte Kirchenpatron Sankt Martin hatte deshalb als – immerhin wohl stattliche – Reiterfigur nur in einer Randposition noch Platz finden können, war aber längere Zeit vor 1830 schon, dem Zeitgeschmack entsprechend, dem der figurenreiche Altaraufbau als überladen galt, abgenommen und schließlich zu Brennholz verarbeitet worden. Ihm entgegengestellt war auf der anderen Seite ein zweiter Reiterheiliger, der Überlieferung zufolge Georg – sollte etwa Mauritius damit gemeint gewesen sein?

Unübersehbar ist die Änderung des Patroziniums auch, wie bereits erwähnt, in Jedesheim, was jedoch wiederum erst Matzke aufgefallen ist. Er begründet das damit, daß zwischen Illertissen und Kellmünz alle, auch kleinere und einander nähere Orte schon früh mit eigenen Kirchen und Pfarrstellen versorgt sind, der große Ort Jedesheim also davon keine Ausnahme gemacht und seine Meinradskirche erst nach der Mitte des 11. Jahrhunderts, nach seiner Übereignung ans Kloster Einsiedeln, erhalten haben kann. Die frühere Zugehörigkeit zur angenommenen Urpfarrei Illertissen schien indessen verbürgt durch den einst von Bildstöcken gesäumten »Kirchenweg« und mit der Ausdehnung des Pfarrsprengels im Norden übereinzustimmen. Seit aber unter der Kirche von Betlinshausen die Fundamente eines frühen Vorgängerbaues zutage kamen, zudem dort ein Widemhof, das untrügliche Kennzeichen einer örtlichen Pfarrstelle, nachgewiesen werden konnte, dessen Vogtei nicht einmal mit Illertissen verbunden, sondern Zubehör der Herrschaft Brandenburg war, sind die Verhältnisse hier als Ergebnis einer spätmittelalterlichen Notzeit zu verstehen, am ehesten der verheerenden Pestepidemie von 1348/49, in deren Folge zahlreiche Pfarreien auf dem entvölkerten Land für lange Zeit verwaist und derweil dem Bezirk einer noch besetzten Pfarrstelle zugeteilt waren. Nach der Rückkehr normaler Zustände waren dann deren Pfarrherren oft nicht mehr bereit, die vermeintlich rechtmäßigen Zuständigkeiten und hauptsächlich Einkünfte wieder herauszugeben – Matzke hat diesen Vorgang mehrfach aufgezeigt, so etwa für die Pfarreien Aufheim und Pfaffenhofen, denen Illertissen sich damit anreiht. Auch der »Kirchenweg« nach Jedesheim ist dann höchstwahrscheinlich erst im Dreißigjährigen Krieg so benannt worden, als während einer jahrzehntelangen Vakatur die überbliebenen Einwohner auf die Kirche des Herrschaftssitzes verwiesen waren.

Auf den früheren Kirchenpatron von Jedesheim sind irgendwelche Hinweise derzeit nicht bekannt. Damit ist aber zumindest die Möglichkeit offen, daß auch die Illertissener Martinskirche zu einem System der vier M-Heiligen gehört haben könnte: Maria wäre dabei in Bellenberg, Michael möglicherweise in Jedesheim zu suchen, Mauritius vielleicht in dem früh abgegangenen Ort Altheim, den A. Mang aus der im 15. Jahrhundert noch für die Jedesheimer Mühle üblichen Benennung als »Mühle von Altheim« erschließt, dem er sogar ein Reihengräberfeld zuordnen kann – Fehldeutung ist freilich, wenn er hierin die Vorgängersiedlung von Jedesheim sieht und den doch bei blühenden Dörfern keineswegs seltenen Ortsnamen als Bezeichnung erst des verlassenen Wohnplatzes versteht. Die ohnehin nicht zahlreichen Bewohner könnten sich ebensogut, mindestens – wofür die nahe Markungsgrenze spricht – zum Teil, auch Illertissen angegliedert haben, der Heilige ihres Gotteshauses, wohl nur einer Kapelle, daraufhin in die Pfarrkirche übertragen worden sein, diese sei nun in Jedesheim, wofür keinerlei Anzeichen sprechen, oder in Illertissen, wo immerhin mit der zweiten verlorenen Reiterfigur Mauritius dargestellt gewesen sein könnte. Als Taufkirche wäre dem wohl wenig später noch die Johannes dem Täufer geweihte Kirche von Betlinshausen angefügt worden.

Gewiß, dies ist Vermutung, Hypothese, die vor allem zur Suche nach verwertbaren Nachrichten anregen soll und künftig ebenso widerlegt wie bestätigt werden kann. Daß sie nicht einfach aus der Luft gegriffen ist, lehrt indes der Blick in die Nachbarschaft.

Eine vollständige Vierergruppe findet sich da zunächst jenseits der Iller: In Dietenheim, das ebenfalls, doch dem Konstanzer Bischof quartpflichtig war, Martin, Mauritius in Unterbalzheim – Oberbalzheim entstand ohnehin erst nach 1100 als Burgweiler – in Wain Michael, Maria vermutlich in der scheinbar unmotiviert im Feld westlich von Dietenheim gelegenen, daher sicher sehr alten Lindenkapelle – sie könnte vielleicht zu dem abgegangenen, auf der Dietenheimer Flur bis jetzt nicht lokalisierbaren Ort Andradingen gehört haben. Unsere Liebe Frau wird allerdings auch stets genannt als Patronin der Kapelle und früheren, noch 1353 rechtlich bestehenden Pfarrkirche von Sießen (Magdalena bei Hoffmann ist offensichtlich Irrtum), und hier das zugehörige Marienpatrozinium zu sehen wäre wohl möglich, wenn wirklich sie und die vorauszusetzende Ansiedlung als so alt betrachtet werden dürfte. Widerum etwas später trat auch hier Johannes der Täufer hinzu in Regglisweiler, das der Ortsname als Gründung des sich neigenden 8. Jahrhunderts ausweist.

Wenigstens drei von diesen Heiligen reihen sich ebenso östlich von Illertissen aneinander: Martin in Obenhausen, Mauritius in Gannertshofen und Michael in Bubenhausen – Maria ist hierzu derzeit nicht aufzufinden. Als Hauptkirche erscheint dabei die von Gannertshofen, wo die Quart wieder vom Augsburger Bischof erhoben wurde und das auch geographisch die Mitte bildet. Rothabwärts dürfte dann wieder die Martinskirche der Quartpfarrei Pfaffenhofen als Mittelpunkt eines Vierersystems zu betrachten sein, wiewohl dort weniger klare Verhältnisse die eindeutige Zuordnung nicht gestatten. Sicher scheint da nur Michael in Remmeltshofen, oder nach Matzkes Vermutung ursprünglich in Kadeltshofen; beide Orte waren wohl von jeher nach Pfaffenhofen eingepfarrt. Maria könnte dann in Roth gefunden werden, sofern die 1507 von der Gemeinde erbaute Kapelle auf eine nicht nachweisbare Vorgängerin zurückgeht, vielleicht eher und damit schon recht weiträumig in Straß, für dessen Pfarrkirche 1225 das Marienpatrozinium bezeugt ist. In diesem Falle würde die Vierergruppe zweifelfrei von Mauritius in Großkissendorf vervollständigt, und auch eine jüngere Täufer-Kirche, für die sich Anzeichen finden zwischen Kadeltshofen und Straß bei der ehemaligen Siedlung Altmannsweiler – abermals einem Weiler-Ort! – gehörte hier wieder dazu. Indes erscheinen dichter bei Pfaffenhofen Mauritius auch, zusammen mit Unserer Lieben Frau und Katharina, auf dem Hochaltar der Pfarrkirche von Wallenhausen, Michael in der Kapelle von Balmertshofen, das im Sprengel der alten Pfarrkirche von Anhofen liegt, wo wiederum das sichtlich junge Patrozinium der Unbefleckten Empfängnis die Gottesmutter vielleicht doch als schon hergebrachte Titelheilige zum Thema hat. Eine Martinskirche zu dieser jedenfalls nicht unwahrscheinlichen Dreiergruppe ist – außer etwa im nahen Pfaffenhofen – nicht zu entdecken, denn Waldstetten auf der anderen Seite ist nicht nur weiter entfernt, es ist überdies durch einen breiten, heute noch kaum gelichteten Waldgürtel davon geschieden. Zudem liegt hier näher und durch offenes Gäu erreichbar eine weitere Morizkirche in Rieden an der Kötz, ohne daß sich dazu, wie überhaupt südlich und östlich von Günzburg, ein Vierersystem auch nur andeutete.

Ein vollständiges schließt hingegen nördlich an das um Illertissen vermutete an, das ebenfalls ergänzt wird durch eine Johanneskirche in Aufheim – sie erhielt später den Evangelisten noch als Mitpatron. Martin beherrscht es hochgelegen in Illerberg, abermals einer Quartpfarrei, in Vöhringen findet Michael, bezeichnenderweise am Wasser wie übrigens auch in Wain, seine Heimstatt, Maria die ihre in Wullenstetten. Mauritius scheint zunächst zu fehlen, wird aber in der Sankt Wolfgangs-Kapelle zu Gerlenhofen unter den Patronen des Hochaltars genannt. Da es nun nicht wahrscheinlich ist, daß der frühere, durch einen Widemhof ausgewiesene Pfarrort erst nach der Mitte des 11.Jahrhunderts, als durch Papst Leo IX. der 994 verstorbene Regensburger Bischof heilig gesprochen war, sein erstes Gotteshaus erhielt, dem heiligen Ulrich vielmehr 973 bei seiner Rast hier gewiß mindestens eine Kapelle, eher schon die Pfarrkirche zur Verfügung stand, könnte wohl als deren ursprünglicher Titelheiliger Mauritius gelten – die Lage der Taufkirche zwischen Wullenstetten und Gerlenhofen spricht dafür.

Die Siedlung Gerlenhofen, nach einem Gerold benannt, wäre damit älter, als bisher angenommen wurde, da sie doch Voraussetzung ist für den Bau der Mauritius-Kirche und Karl der Große die Kirchengruppen der vier M-Heiligen offensichtlich im Zubringen seiner Frau Hildegart bereits angetroffen hat. Sie müßten folglich vom ersten Gerold, Karls Schwiegervater und Gemahl der Huoching-Enkelin Imma, in deren alamannischen Erbgütern nach etwa 750 angelegt worden sein, doch zwingend ist dieser Schluß durchaus nicht. Denn es ist nicht die einzige Möglichkeit, ja vielleicht nicht einmal die Regel, daß der Name des Orts-Gründers zum bestimmenden Teil des endgültigen Orts-Namens wurde – des ersten Siedlers ohnehin nicht, sondern des Grundherrn: Hier kann sehr wohl auch der Name eines späteren Besitzers festgehalten sein, wie das J. Matzke für Remmeltshofen wahrscheinlich gemacht hat. »Gerilehova« könnte dann so erst etwa von denen genannt worden sein, die es nach 799 als Erbstück vom Baiernpräfekten Gerold empfingen, dem Bruder der Königin Hildegart, für den der Kosename Gerilo 778 tatsächlich einmal bezeugt ist. Die Ansiedlung selber kann dann lang vorher schon bestanden haben und samt ihrer Mauritius-Kirche in die Zeit der letzten Alamannenherzoge zurückreichen. Gerlenhofen widerlegt daher nicht den vermuteten Zeitansatz der Vier-M-Kirchensysteme.

Solche scheinen jedenfalls im Ulmer Winkel, gerade da also, wo für ausgedehnten Grundbesitz der Herzogsfamilie und namentlich der Linie Huochings starke Anzeichen sprechen, dazu bei Dietenheim noch über die Iller hinweggreifend, ziemlich flächendeckend, somit planmäßig und gleichzeitig angelegt zu sein. Von ihnen ist der Bereich Illertissen auf drei Seiten umschlossen, das macht die Zugehörigkeit der dortigen Martinskirche zu einer ebensolchen Vierergruppe sehr wahrscheinlich – unbedingt notwendig ist sie dennoch nicht. Die hervorgehobene Bedeutung von Illertissen, eine Sonderstellung seiner Kirche könnte sich ja eben darin ausdrücken, daß sie einem solchen System nicht eingegliedert wurde, vielleicht als übergeordnete Kirche galt. Das dürfte dann aber wieder so zu verstehen sein, daß sie schon weit früher etwa als Hauskirche des Herzogsgeschlechts in einem seiner Hofsitze, wenigstens einem zentralen Hof für einen vielleicht adeligen Beauftragten erbaut wurde.

Merowingisches Königsgut oder herzogliche Gründung?

Von vornherein ganz ausschließen läßt sich freilich auch nicht ein anderer Anlaß, ein anderer Urheber. Hans Jänichen hat, von Borgolte hierin nicht wirklich widerlegt, in den Huntaren des alamannischen Neckarraumes, der Alb und des oberen Donaugebiets Bezirke fränkischer Militärkolonisation gesehen und sie in Beziehung gesetzt einerseits zu den Baaren, Bereichen ungebrochener Herrschaft des einheimischen Adels, andererseits zu Straßen meist römischen Ursprungs, die von der fränkischen Königsmacht um 600 zur Wiedergewinnung ihres Einflusses in Süddeutschland instandgesetzt und mit Centenen, Hundertschaften militärisch organisierter Siedler, gesichert wurden. Ebenso konnte Gerhard Wein wahrscheinlich machen, daß Dagobert I., der als letzter König aus dem Merowingergeschlecht von 623 bis 639 machtvoll regierte, die Straße von Konstanz, genauer, da der See zu Schiff überquert wurde, Meersburg nach Ulm – er nennt sie »Meersburger Straße« – teils auf römischer Trasse verlaufend, teils neu angelegt, absichern ließ von schwerbewaffneten Reitern im Königsdienst, deren Siedlungen sowohl in der Sozialstruktur wie in der Organisationsform als »Dörfer« von der hergebrachten Siedlungsweise abwichen und vielfach mit einer Martinskirche ausgestattet sind.

Die enge Kette von Martinskirchen zu beiden Seiten der Iller, die schon immer wieder Erklärungsversuche herausgefordert hat, könnte wohl in einem solchen Zusammenhang gesehen werden, wobei die alte Römerstraße nun begleitet wäre von einer zweiten Linie links der Iller, eben jener Abzweigung vom urtümlichen Höhenweg, die beim Hof Wochenau und wiederum bei der älteren Brandenburg zum Gerthof ins Tal niedersteigt – auf parallel geführten Straßen ließen Heeresbewegungen sich ja wesentlich rascher vollziehen. Allerdings fehlen hier – mit Ausnahme von Kirchdorf, wo ausgerechnet jedoch das Martinspatrozinium ausfällt – die charakteristischen Dorf-Siedlungen. An deren Stelle könnten allenfalls die sicher um einiges älteren Heim-Orte treten, von denen links des Flusses doch die Mehrzahl eine Martinskirche aufweist, rechts davon aber nur Steinheim

– Kellmünz käme hinzu mit seinem vordeutschen Namen, als spätrömischer Kastellort, wie man annimmt, alsbald zum fränkischen Krongut eingezogen, und eben Illertissen. Dieses wäre dann im ausgehenden 6. oder frühen 7. Jahrhundert als merowingischer Königsbesitz zu betrachten und später erst vom verwaltenden Herzog als Hausgut vereinnahmt worden.

Aber die angesprochenen Unstimmigkeiten einer solchen Annahme lassen sich noch vermehren. Zunächst wäre die nordsüdlich verlaufende Illertalstraße für die Ziele der fränkischen Politik von geringem Wert, denn hier geht es um die Wiedererlangung der Herrschaft über die Bajuwaren, um Auseinandersetzungen mit den Langobarden in Oberitalien und um die Abwehr der von Osten andrängenden Awaren, später die Bekämpfung des von Samo unter den Slawen zu bedrohlicher Stärke aufgebauten Großreiches. Demgemäß streben die dafür benötigten Aufmarschwege aus den zentralen Gebieten des Frankenreiches in östlicher oder, von Burgund aus, nordöstlicher Richtung – die Donaustraße und die »Meersburger Straße« – sowie auf Alpenpässe gerichtet südostwärts: Davon wird das Illertal tatsächlich berührt, aber nicht in ganzer Länge benützt. Jene Straße nämlich, die durch drei Huntaren geschützt vom Oberrhein über Pforzheim, den Schönbuch, Münsingen und Ehingen zielstrebig und insgesamt erstaunlich gradlinig den Fernpaß ansteuert, nimmt ihren weiteren Verlauf über Laupheim, Schwendi und Weitenbühl nach Kirchberg und überschreitet die Iller erst bei Kellmünz, wahrscheinlich mit einem zweiten Illerübergang bei Egelsee, wodurch ein Rückstau durch die langsamere Flußüberquerung sich weitgehend vermeiden ließ. Erst von da an benützt sie die römische Trasse über Kempten und Pfronten zur alten Via Claudia. Bestenfalls die Martinspatrozinien von Kirchberg und Kellmünz talauf, die sich auch nach derzeitiger Kenntnis nicht in Vierergruppen einfügen, könnten also in diesen Zusammenhang gehören.

Zudem sind aber die Dorf-Siedlungen entlang der »Meersburger Straße« so wenig später in Herzogsbesitz übergegangen wie die Huntaren: Die dort

26 Mariä Verkündigung und Christi Geburt. Gemäldemedaillon unter der Apostelfigur S. Jacobus maior, um 1760. Pfarrkirche St. Martin (Figuren der zwölf Apostel von Ferdinand Glötter)

eingewiesenen Einheiten unterstanden nach Jänichens Vorstellung dem Kommando eines Tribuns, der in Arbon seinen Sitz hatte, und blieben auf Dauer dem Gebot des Herzogs entzogen, was G. Wein auch von den Reiterkriegern an der »Meersburger Straße« annimmt. Daß Illertissen samt seiner weiteren Umgebung zumindest im frühen 8. Jahrhundert als Hausgut des alamannischen Herzogsgeschlechts erscheint, wäre damit also gar nicht in Einklang zu bringen, und das macht die Herkunft aus merowingischem Königsgut überhaupt unwahrscheinlich – das Martinspatrozinium allein, auch wenn es hier vielleicht nicht zu einer Gruppe der vier M-Heiligen gehört und möglicherweise weit älter ist als bei den umliegenden Kirchen, ist dafür jedenfalls kein Indiz.

Somit dürfte Illertissen doch von Anbeginn herzoglicher Besitz gewesen sein, und das scheinen nun die Namen zweier Nachbarorte wirklich zu bestätigen. Für die burgundische Herkunft der baierischen wie alamannischen Herzogsfamilie zieht Zöllner nämlich den Namen Fara heran, durch den eine vornehme Sippe aus burgundischem Hochadel gekennzeichnet und der auch bei den Agilolfingern bezeugt ist, ja für diese selbst, vielleicht in einem weiteren, über die eigentliche Herzogslinie hinausreichenden Sinn, ebenso zur Kennzeichnung dient, indem 750 Herzog Tassilo als handelndes Haupt der »Feringa« genannten Sippe auftritt. In Vöhringen saßen dann offenbar Abhängige eines eben dieser Sippe angehörigen Fara. Auch Dieto, dessen Name für Dietenheim bestimmend wurde, trägt einen Agilolfingernamen, der in dieser einstämmigen Kurzform dort zu Beginn des 8. Jahrhunderts bei Herzog Theodo, sonst als Teil zweigliedriger Namen vorkommt, wie etwa auch beim Alamannenherzog Dietbald. Da zudem der Stamm »Bald« bei der Namenbildung der Agilolfinger traditionell verwendet wird, in den bekannten Namen allerdings stets als zweites Namensglied, könnte in Balzheim – Baldisheim – vielleicht ein weiteres Zeugnis für die Erschließung der Gegend beiderseits der Iller durch die herzogliche Sippe zu erkennen sein.

27-28 Christus Salvator (Nachschöpfung) und drei (von ursprünglich vier) Evangelistenfiguren vom Kanzelkorb, um 1685, um 1928 aus Kimratshofen erworben, von Haugg gefaßt.
29 »Nachlaß der Sünden«. Gemäldemedaillon unter der Apostelfigur St. Andreas, um 1760. Schöpfer der Apostelfiguren Ferdinand Glötter, Maler noch anonym. Pfarrkirche St. Martin

Denn die alamannische Besiedelung des Talstreifens westlich, außerhalb der römischen Reichsgrenze, erfolgte zweifellos – auch Richard Dertsch hat das so gesehen – erst gleichzeitig mit der Inbesitznahme der rechten Talseite. Hier weisen Funde aus dem Gräberfeld von Vöhringen, das 1862 beim Eisenbahnbau zerstört wurde, auf einen Siedlungsbeginn um 500 hin, was mit den zuverlässigen Ergebnissen von sorgfältig erforschten Ortsfriedhöfen zwischen Iller und Lech vollkommen übereinstimmt. Sicher zurecht bringt Christlein die Überschreitung der bis dahin respektierten Reichsgrenze und das plötzliche Einsetzen einer alamannischen Aufsiedelung der fast menschenleeren Provinz Raetia gerade zu diesem Zeitpunkt in Verbindung mit der Niederlage gegen die Franken und dem Verlust der Nordhälfte des Stammesgebiets im Jahr 496. Indes wird man den Vorgang eines allmählich voranschreitenden Landesausbaues von nur einer herrschaftlich geprägten Siedlungszelle aus, wie er sich im mittleren Mindeltal beobachten läßt, nicht ohne weiteres auf das Illertal übertragen dürfen: Der Nähe wegen zum längst bewohnten Land ist hier doch gewiß gleich beim ersten Anlauf das Tal in seiner ganzen Länge besetzt und auf seinen leicht nutzbaren Flächen durch Ansiedlungen erschlossen worden. Die gleichmäßig darüber verteilten Ingen-Orte von Vöhringen bis Woringen einerseits und von dem in Dietenheim aufgegangenen Andradingen bis Opfingen jenseits des Flusses scheinen auch planvoll in einem Zug angelegt zu sein, bald ergänzt durch die Heim-Siedlungen – Ortsnamenbildungen auf -stetten, -berg, -hofen und -hausen künden dann von einer auflebenden Ausbautätigkeit im 7. und frühen 8. Jahrhundert, die mit -bach und -weiler sich noch länger fortsetzt.

Wie weiter südlich für Pleß und Boos, deren Namen aus diesem Rahmen herausfallen, ein hohes Alter angenommen wird, so müßte auch die Siedlung Tussa von ihrer Lage her doch jenen frühesten zugerechnet werden. Über die Mitte des 6. Jahrhunderts reicht allerdings nicht zurück, was an Fundgut aus dem zugehörigen Ortsfriedhof bekannt ist. Ob aber aus dessen ältestem Teil Funde überhaupt erhalten sind, ob der Ausgangspunkt seiner Belegung von der Zerstörung wirklich schon betroffen ist, das scheint doch fraglich. Viel zu früh, um die Mitte des 19. Jahrhunderts, wurde er ja von der Überbauung erreicht, nur ein Teil der entdeckten Grabstellen unter mehr oder weniger wissenschaftlicher (was so ehemals eben heißen konnte) Aufsicht geöffnet und vollständig erfaßt, eine größere Anzahl vermutlich kaum beachtet und allenfalls Fundstücke ihrer Kostbarkeit wegen oder als Kuriosität aufgesammelt und hernach verscherbelt. Weniges, selbst von dem durch bewußte Ausgrabung Geborgenen nur ein Teil, gelangte in Museen, dort zwar zugänglich, doch aus dem originalen Zusammenhang herausgerissen, nurmehr »Alterthümer«, höchstens sehr eingeschränkt aussagefähig.

Alles, was einem Gräberfeld heutzutage an Erkenntnissen, nicht erst mit der dadurch verfeinerten modernen Grabungstechnik, auch älteren, gewissenhaft dokumentierten Ausgrabungen, abgewonnen werden kann über den Belegungsablauf, die Verteilung unterschiedlich ausgestatteter Gräber und ihre frühe Beraubung, über die Sozialstruktur der zugehörigen Siedlung, deren Größe und Entwicklung, auch die Anwesenheit besonderer Personengruppen oder etwa den Zeitpunkt irgendwelcher Veränderungen: das alles scheint für Illertissen unwiderbringlich verloren. Oder sollte sich vielleicht eine brauchbare Aussage aus den nach wie vor ungestörten Restflächen doch noch retten lassen? Dazu bedürfte es freilich eines weitreichenden Verständnisses und großer Opferbereitschaft vor allem seitens der betroffenen Bürger. Es könnte sich jedoch lohnen.

Was nämlich, so wenig und unzulänglich es sein mag, von dem Gräberfeld bekannt ist, das vermag doch eine gewisse Vorstellung zu vermitteln, wie viel an wichtiger Information über die Anfänge von Illertissen daraus hätte erhoben werden können. Allein seine ungewöhnliche Ausdehnung stellt es den bedeutendsten im Land an die Seite: Hundertfünfzig Meter von der Memminger Straße an entlang der Apothekerstraße nennen als Länge übereinstimmend Kanz und Mang, letzterer mit dem Zusatz »mindestens«, die Breite wird von Kanz 1911 mit durchschnittlich vierzig Metern, zwei Jahrzehnte danach von Mang mit jeweils vierzig Metern zu beiden Seiten der Apothekerstraße angegeben. Mit tausend oder noch mehr Bestattungen wird man da schon rechnen dürfen, wenn bereits Kanz die Zahl von achthundert ableitet aus der von ihm beobachteten Belegungsdichte, die jedoch gerade in großflächigen Friedhöfen erfahrungsgemäß ziemlich schwankt, weshalb dies doch wohl zu hoch gegriffen erscheint – weit überzogen ist jedenfalls seine Berechnung der Bevölkerungszahl im Ort, die mit Vorbehalt auf etwa zweihundert geschätzt werden könnte. Auch das übersteigt weit die Größe einer gewöhnlichen Bauernsiedlung, und daß da alle Bewohner bloß in der Landwirtschaft tätig waren, ist dann doch fraglich: Hinweise auf gewerbliche Beschäftigung, die der Güterversorgung eines größeren Umkreises diente, hätten sich wohl in sorgfältig beachteten Beigabeninventaren, könnten vielleicht sich noch finden lassen.

Mit aller gebotenen Vorsicht wird man also der Siedlung Tussa, durchaus passend zu ihrer Lage an einer Römerstraße und deren Kreuzung mit zwei nun erst Bedeutung gewinnenden Fernwegen, wohl doch zentralörtliche Funktion zuschreiben und dabei annehmen müssen, daß sie hauptsächlich im 7. Jahrhundert einen kräftigen Aufschwung nahm: Erst seit dieser Zeit wird ja nach Ausweis der Ortsnamen das Umland, an Roth und Biber sowohl wie an der Weihung, aber auch im Illertal selbst, dichter besiedelt und steigert damit seinen Bedarf an Waren, die nur am Zentralort hergestellt oder durch Handel von diesem vermittelt werden können. Solche Plätze waren aber, so viel zu erkennen ist, fest unter herrschaftlicher Kontrolle und in der Regel wohl an einen Adelshof gebunden.

Nicht ganz unberechtigt scheint daher die Vorstellung, Illertissen könne vielleicht als Hofgruppe um einen herzoglichen Haupthof gegründet und durch Ansiedelung von Gewerbetreibenden allmählich stark gewachsen sein. Daß anscheinend ziemlich regelmäßig die zweischneidige Spatha – aus der von Mang beschriebenen Lage der Waffe zu schließen – als Grabbeigabe angetroffen wurde, dazu mehrfach Lanze und Schild, bezeugt auch, trotz ungenügender Beachtung des weiteren Grabinventars, einen gewissen Wohlstand, dem hier, im Vergleich mit entsprechenden Orten in altbesiedelten Gebieten, verständlicherweise Grenzen gesetzt waren durch die über mehrere Generationen noch bescheidenen Verhältnisse der Neusiedler im Umland. Ob die von Kanz erwähnten beigabenlosen Gräber eine immer vorhandene, zahlenmäßig insgesamt überwiegende, mittellose Bevölkerungsschicht kennzeichnen oder jener Spätzeit der Reihengräberfriedhöfe angehören, in der – noch bevor in den Jahrzehnten um 700 die Sepultur bei der Kirche allgemein üblich wurde – die Sitte der Grabbeigaben unter christlichem Einfluß in Verruf geriet und abkam, das hätte sich nur entscheiden lassen, wenn bei ermitteltem Belegungsablauf im Gräberfeld ihre Lage festgestellt wäre. Damals konnte ihre Fundleere freilich nur enttäuschen.

Daneben gibt es jedoch wenige, aber sichere Anzeichen für die Anwesenheit mindestens einer ungewöhnlich vermögenden, dadurch hervorgehobenen und sicher maßgeblichen Familie. Hierzu zählen eine silbervergoldete S-Fibel und vielleicht Halsketten von Amethyst- und Bernsteinperlen, sofern diese nicht aus Frauengräbern schon des 6. Jahrhunderts stammen, als vorübergehend solche Materialien wohlfeil und auch weniger wohlhabenden Alamanninnen zugänglich waren. Insbesondere aber steht dafür ein prächtiger, flechtwerkgeschmückter Goldfingerring, der trotz nicht ganz eindeutiger Fundortangabe nur dem Illertissener Hauptgräberfeld zugewiesen werden kann, anscheinend freilich in Privatbesitz und lediglich von Lichtbildern bekannt ist. Das ist wohl als Hinweis zu verstehen auf weitere Kostbarkeiten, die unbemerkt verschwanden und weltweit verstreut wurden – gerüchtweise war schon von Fundstücken im Britischen Museum die Rede. Zudem muß noch zeitgenössischer Grabraub in Rechnung gestellt werden, der oft bald nach der Beisetzung gezielt bei reich ausgestatteten Toten ansetzte, wobei aber mit christlichen Symbolen verzierte Wertsachen, ebenso Fingerringe, Halsketten und die Lanze stets unberührt blieben oder ins Grab zurückgeworfen wurden, dem heutigen Archäologen Rückschlüsse auf Qualität und Zusammensetzung des ursprünglichen Beigabeninventars gestattend.

Für die Lage der zugehörigen Siedlung, von Tussa also, bietet den einzigen Anhaltspunkt die Kirche, deren Standort gewiß nie verändert wurde, war er doch geweihter Boden. Da sie wahrscheinlich auf dem Gelände des herrschaftlichen Hofes errichtet wurde, wäre wenigstens er, wenngleich noch recht ungenau, damit lokalisiert. Wie sich ihm, vielleicht in respektvollem Abstand, die weiteren Höfe, Häuser und Werkstätten anschlossen, bleibt offen: Siedlungsspuren wurden bisher nicht entdeckt, sind doch selbst die etwa einen Meter eingetieften kleinen Grubenhäuser, die bei gewerblicher Tätigkeit reichlich zu erwarten wären, viel mehr noch die Pfostenlöcher oberirdischer Bauten leicht zu übersehen.

Früher glaubte man, die Ursiedlung in den Höfen »Auf der Spöck«, hier die alte Dorfstraße erkennen zu sollen. Dafür spräche, daß sich darin offenbar ein Stück des Ortsverbindungsweges von Tiefenbach nach Illertissen und weiter nach Jedesheim erhalten hat, eben jenes Weges, dem der Einsiedeler Verwalter beim Einsammeln der Abgaben auf seiner dritten Fahrt folgte. Mit Recht sind Mang da schließlich Bedenken gekommen, weil ja der altüberlieferte Straßenname auf eine Wegbefestigung mit Holzknüppeln oder Reisigbündeln deutet, womit an dieser Stelle feuchter Untergrund befahrbar gemacht war: Er wurde sicher nicht zuallererst als Siedlungsplatz für geeignet befunden. Tatsächlich dürfte die Bebauung hier überhaupt erst auf das 15. Jahrhundert zurückgehen, auf die willkürliche Planung des Marktortes, die ältere Siedlungsstrukturen grundlegend verändert und unkenntlich gemacht hat.

Etliche Eingrenzungen einer möglichen Ortslage lassen sich dennoch vornehmen. Durchgangsverkehr nämlich, so scheint es, schätzten die Alamannen nicht in ihren Wohngebieten, die – so weit Sicheres da überhaupt festzustellen ist – stets etwas abseits der Fernwege liegen, selbst wenn diese für die örtliche Wirtschaft wichtig waren. So dürfte auch Tussa weder die römische Illertalstraße berührt noch den Weg vom Illerübergang zur Steig überschritten haben, und für letzteres spricht auch die Lage des Friedhofs, der in der Regel in einiger, meist sogar größerer Entfernung vom Wohnplatz angelegt wurde. Auch der erst nachträgliche – setzt er doch die bestehenden Siedlungen voraus – Ortsverbindungsweg von Jedesheim und nach Tiefenbach hat offenbar, ebenso wie er an Betlinshausen knapp vorbeizieht, Tussa nur randlich gestreift: Sollte da etwa die heutige Hauptstraße, deren Verlauf als Achse des Marktortes, wie noch gezeigt werden kann, merkwürdig und nicht recht verständlich ist, die Linie der ehemaligen Dorfgasse festhalten?

Kein Raum bleibt jedenfalls daneben für eine gesonderte Siedlung Westerheim – den Namen behauptet Kanz zu kennen für den Westert, die neuzeitliche Siedlungs-Spitze des Marktes zum Postweg hin – in der Mang glaubte, des Namens wegen und eines vermeintlichen, darauf zu beziehenden Bestattungsplatzes eine zweite Keimzelle der Stadt erkennen zu müssen. Sprachlich läßt sich indes »Westert« keinesfalls aus »Westerheim« herleiten, viel eher als »West-Ort« deuten – »Ort« dabei in seiner ursprünglichen Bedeutung als »Spitze« verstanden – und ohnehin entfällt die Notwendigkeit zur Suche nach einer weiteren Ursiedlung, nachdem längst die ehedem für alamannische Grabbeigaben gehaltenen Gefäße, auf die Mang seine Annahme stützte, als urnenfelderzeitlich eingestuft und damit dem vorzeitlichen Totenplatz zugeordnet werden konnten, in dem sie gefunden sind.

Von diesem Brandgräberfeld, das zwischen Bahnlinie und Bundesstraße wenig nördlich vom Westert durch eine Kiesgrube fast unbemerkt abgetragen wurde, aber durch einige gerettete Stücke, namentlich das bronzene Dreiwulstschwert, sowie Nachrichten von Bronze- und Goldschmuck-Funden eine nicht unbedeutende Siedlung im letzten Viertel des zweiten vorchristlichen Jahrtausends bezeugt: von diesem angeblichen Ur-Tissen eine geschichtliche Verbindung zum heutigen, dem letztlich alamannischen Ort zu finden, ja eine Kontinuität zu konstruieren haben sich Kanz und mehr noch Mang mit viel Phantasie bemüht – umsonst. Aus einer Zwischenzeit von anderthalb Jahrtausenden ist kein Fund bekannt, und selbst wenn das eine oder andere Stück unbeachtet zutage gefördert oder noch im Boden verborgen wäre, könnte davon nicht auf eine ununterbrochene, eine dauerhafte Anwesenheit von Menschen geschlossen werden: Die wenigen Menschengruppen, die zu diesen Zeiten in der Gegend weilten, gaben anderen Aufenthaltsorten den Vorzug.

Mit dem heutigen Illertissen hat jene längst vergangene Siedlung und ihre frühkeltische Bevölkerung also nichts zu tun und nicht mehr gemein als den geographischen Rahmen, sie gehört der Vor-Geschichte im eigentlichen Sinne an. Und wenn damals die gleichen Flächen angebaut, vielleicht sogar, was nicht ganz auszuschließen ist, an der gleichen Stelle die Wohnstätten aufgeschlagen waren, dann sind es da, wie später wieder, die gleichen Bedürfnisse, die sich die landschaftlichen Gegebenheiten völlig unabhängig voneinander auf die gleiche Weise nutzbar zu machen verstanden. Das untermauert dann noch weiter die Annahme, daß die Alamannen bei der Besetzung des Illertales gerade diesen Ort nicht ausgespart haben können, sondern alsbald und gleichzeitig mit Vöhringen, in dessen Markung ebenfalls urnenfelderzeitliche Bestattungsplätze angeschnitten wurden, die von ihnen erst Tussa genannte Siedlung angelegt haben. Mit diesem Vorgang aber beginnt die Geschichte von Illertissen.

Königlicher Wirtschaftshof und alter Markt

Nocheinmal sei es betont: Damit wurde versucht, allzu dürftige Spuren, die sich von diesem Beginn und der Frühzeit Illertissens bis zur Gegenwart erhalten haben, mit den Mitteln und von den Kenntnissen her, über die wir zur Zeit verfügen, vorsichtig zu einem Bild zu ergänzen, das auch die folgende, nur wenig deutlichere Geschichte begründen und weiter erhellen kann. Denn wenn 771 der königliche Freier um die alamannische Fürstentochter Hildegart als Mitgift – unter anderem – gerade diesen Ort einforderte, möglicherweise auch erst 799 als Erbteil von ihrem gefallenen Bruder Gerold seinen Söhnen zusprechen ließ, und ihn daraufhin zum Vorort einer organisierten Grundherrschaft machte, dann setzt das doch zweifellos seine bereits bestehende, ja feststehende zentrale Bedeutung voraus. Und wenn vordem der Herzogssohn Huoching, wonach es ja aussieht, von seinem Vater Gotfrid zum Erbe – unter anderem – Illertissen mit dem ganzen Ulmer Winkel und dem Dietenheimer Kirchspiel als geschlossenen Besitz erhielt, dann kann das doch nur so gedeutet werden, daß alles von Anfang an zusammengehörte und, da ein anderer Ort mit vergleichbarem und gleich früh erkennbarem Zentralitätswert hier nicht zu finden ist, von Illertissen aus verwaltet wurde. Jene führende Familie, die dort im Gräberfeld ihre Toten beisetzte, mag dann im Auftrag der herzoglichen Sippe nicht nur im Ort selber die Aufsicht geführt, sondern in diesem ganzen Gebiet die Herrschaft ausgeübt und die weitere Erschließung des Landes geleitet haben.

So straff und hierarchisch gegliedert wie nachher in karolingischer Zeit darf man sich freilich die Herrschaft der alamannischen Herzogssippe keinesfalls vorstellen. Denn die höchst effektive Organisationsform der Villikation, bei der einem übergeordneten Hof andere Maierhöfe, diesen weitere

Höfe, denen wiederum Huben und schließlich, zumindest in der weiteren Entwicklung, noch Selden unterstellt waren, die dann jeweils gegenüber der nächsthöheren Stufe zu Abgaben und samt ihren Untergebenen zu Fronarbeit verpflichtet waren: sie wurde im Westteil des Frankenreiches mit seiner ungebrochenen römischen Tradition entwickelt und im Osten, auch in Alamannien, erst vom König und seinen weltlichen, vor allem aber kirchlichen Helfern zur Ertragssteigerung, durch genauere Abgabeneintreibung ebenso wie durch fortschrittliche Wirtschaftsweise und verbesserte Anbaumethoden, insbesondere die Dreifelderwirtschaft, zunächst in den Ländereien praktiziert, in denen sie unmittelbar gebieten konnten. Erst die karolingischen Herrscher, Karl der Große, der Gemahl, und die Nachkommen der alamannischen Herzogs-Erbin Hildegart haben dann – dabei aber lang vorgebildete Verhältnisse fortentwickelnd – Illertissen die zentralörtliche Kompetenz zuweisen können, die bis ins hohe Mittelalter Geltung hatte und gegen Ende des 10. Jahrhunderts den Ulrich-Biographen Gerhard dazu berechtigte, den Ort als »oppidum« hervorzuheben.

Was im einzelnen zu dieser königlichen Grundherrschaft gehörte und dem Fronhof in Illertissen untergeordnet war, das läßt sich mit einer Ausnahme nicht mehr sicher feststellen: zu spärlich sind die Nachrichten aus dieser Zeit, zu gering die Möglichkeiten, die Besitzgeschichte der meisten Orte in der Umgebung so weit zurück oder von ihrem erschließbaren Beginn aus weiter zu verfolgen. Wohl aber läßt sich der Bereich umreißen, in dem diese Güter lagen.

Das Kloster Kempten hatte nämlich, zum Teil noch bis in die frühe Neuzeit, Besitzungen und Rechte in Unterroth, wo auch seine Schutzpatrone Gordian und Epimachus als Titelheilige der Kirche erscheinen, in Dietershofen, Biberach, Happach bei Anhofen sowie in Senden, und es ist – Heinz Bühlers Überlegungen zufolge – sehr wahrscheinlich, daß dieselben dem Kloster von Karl dem Großen, der es auf Wunsch seiner Gemahlin 773 in königlichen Schutz nahm und reich dotierte, von Hildegart selbst oder spätestens von Ludwig dem Frommen, seinem eifrigen Förderer, geschenkt wurden. Sicher gehörten sie also zu dem mit Illertissen, das sie ja ringförmig einschließen, an die Königsfamilie gelangten und von dort aus verwalteten

Güterbestand, doch bezeichnen sie zweifellos eine Randzone, in der sie abgelegen und organisatorisch nur schwer zu erfassen waren, was ihre Hingabe verständlich macht. Das gilt dann wohl ebenso für die später Remmeltshofen genannten zwei Huben an der Roth, die 898 Kaiser Arnulf dem Grafen Sigihart, seinem Verwandten, überließ und die bis dahin zum Lehen eines »Präfekten« Adalgoz gehört hatten. Damit ist aber zugleich im wesentlichen der Bereich umschrieben, der geschlossen Besitz Huochings gewesen sein müßte, und wiewohl er nicht insgesamt in königliche Hand übergegangen sein kann, da offenbar auch die Brüder der Königin, vielleicht zuvor schon Verwandte ihrer Mutter Imma, Anteile daran erhalten hatten, wird dadurch auch diese Annahme nocheinmal gestützt.

Daß mit der Leitung des Illertissener Fronhofverbands die bisher hier führende und wahrscheinlich im ehemaligen Herzogs- und nunmehrigen Königshof gesessene Familie betraut wurde, ist zwar nicht völlig ausgeschlossen, aber doch nicht recht vorstellbar. Dazu war, vor allem für seinen Aufbau, wohl doch ein mit Organisationsform und neuartiger Wirtschaftsweise vertrauter Fachmann aus dem Westen nötig, der vermutlich mit Dienstgut und einem Anteil an den Einkünften belehnt war. Sollte etwa er, sollte der Fronhofverwalter mit dem erwähnten »Präfekten« gemeint sein? Aber für ihn scheint dieser Titel, trotz seiner nicht gerade unbedeutenden Stellung – hatte er doch über die ihm untergebenen Abhängigen, die »familia«, auch gerichtliche Befugnisse – denn doch zu anspruchsvoll.

Ihm übergeordnet war als Vertreter des Königs ein Graf, der freilich nur einmal und spät in den überkommenen Quellen genannt wird, eben 898 für Remmeltshofen zuständig: Es ist Arnulf, für den sich ein großer, vom Rand der Schwäbischen Alb bis an die Grenze des Kemptener Immunitätsbezirks südlich von Memmingen reichender Amtssprengel erschließen läßt. Möglicherweise war seine Funktion überhaupt auf die unmittelbar königlicher Gewalt unterworfenen Güter beschränkt, Hausgut ebenso wie Fiskalbesitz, doch kann sie sich auf den in Illertissen gipfelnden Fronhofverband immer nur insgesamt erstreckt haben. Damit wäre dann erklärt, warum die Amtsbefugnis des – wie vermutet werden kann – im Illergäu amtierenden Grafen zumindest in Remmeltshofen, wahrscheinlich jedoch aus den späteren Verhältnissen zu schließen, umfassender, auf die Landschaft Duria übergreifen konnte, die im übrigen anderen Grafen unterstand.

Verständlich ist dann auch, daß gerade in Illertissen das Grafengericht zusammentrat, war doch ohnehin darauf die königliche Grundherrschaft ausgerichtet. Doch auch damit dürfte eine schon weiter zurückreichende Tradition lediglich fortgeführt sein, da doch wohl schon der alamannische Herzog und dann seine Nachkommen als Gebietsherren oder ihre hier ansässigen Beauftragten an diesem Zentralort zu Gericht gesessen waren. Das wird auch durch die Lage des Gerichtsplatzes, der Dingstätte bestätigt, die zwar durch keine Schriftquelle und keine Überlieferung ausgewiesen, trotzdem aber an sicheren Merkmalen zuverlässig erkennbar ist.

Nur zwei Plätze konnte sich Mang dafür vorstellen: die Kirche und den von ihm postulierten Reichshof, den er an der Stelle des spätmittelalterlichen Bauhofs annahm, die heute von Rathaus und Schranne bezeichnet wird. Zu suchen wäre sie indes zuallererst an der Straße, genauer »an offner des riches strauß«, wie spätmittelalterliche Urkunden das ausdrücken, und zwar in möglichster Nähe der alten Kreuzung. Dort beiderseits unfern fallen in den ältesten Plänen schon platzartige Erweiterungen der ehemaligen Römerstraße auf: die eine, auf der die Sebastianskapelle stand, die heutige Hirschkreuzung, deutlich durch die Abzweigung der Hauptstraße, der Markt-Achse bedingt, die andere langgestreckt und scheinbar unmotiviert dort, wo die Apothekerstraße einmündet. Hier aber, in der alten Löwenwirtschaft, mußten von jeher alle öffentlich wirksamen Verträge wie Liegenschaftsverkäufe und Heiraten abgeschlossen, zudem Amtshandlungen, beispielsweise die Rechnungsabhör, vorgenommen werden – warum gerade da, weit außerhalb des Marktes? Zweifellos doch, weil dies seit alters der dafür gehörige Ort war, anfangs und lange Zeit natürlich noch unter freiem Himmel, und das wird durch ein weiteres Zusammentreffen zusätzlich unterstrichen: mit dem gleich anstoßenden Totenfeld.

Die Verstorbenen dachte man sich ja bei der Gerichtsversammlung gegenwärtig als Garanten des immer uralten, lang tradierten und von ihnen überkommenen Rechts, mit ihrem unfehlbaren Rat die richtige Entscheidung herbeiführend. Ihre Nähe wurde daher vielfach gesucht, gerade frühe Ge-

Bildlegenden 30-62 der folgenden Bildseiten

30   Hochaltar des Christoph Rodt, 1604, in Zustand und Fassung von 1890 bis 1941, mit 1890 neu (bis 1941) aufgestelltem Tabernakel und Antependienreliefs aus der Werkstätte Karl Port, Augsburg

31   Schloß Illertissen von Osten und die alte Bebauung der »Steig« (heute Vöhlinstraße) mit Söldanwesen und Leerhäusern (Gnadenhäuser ohne Gemeinderecht). Foto um 1925

32   Schloß Illertissen. Ehemalige Wohnräume im Zweiten Stock des Hinteren Schlosses mit prächtigen Kassettendecken aus der Erbauungszeit im 16. Jahrhundert

33-34   Schloß Illertissen. Ehemalige Wohnräume des Carl Vöhlin, um 1585, im Vorderen Schloß, mit Kassettendecke des 16. Jahrhunderts, bei Einrichtung des Bienenmuseums wiederaufgedeckt. Stuck mit aufgesetztem Modelstuck und Wappen des Carl Vöhlin (1562-1599) und seiner Gemahlin Maria Roth von Bußmannshausen († 1618)

Stuckdecken im Ersten Stock (Beletage) des Hinteren Schlosses, 1722 (Abbildungen 35-62)

35-36   Vier Jahreszeiten an der Decke des Vorplatzes
37   Allegorie auf die glückliche Allianz Vöhlin/v. Gravenegg. Putten mit Teilen der Wappen des Paares umfliegen das Stuckbild: Urteil des Paris (Raum 3)
38-39   Urteil des Paris, mit Stukkatorsignatur »J. A. V. F.« (Johann Andreas Vogel fecit?) und Datierung
40-41   Apollo als Sonnengott vor Leto (?), die Stuckansicht des Illertisser Schlosses bescheinend (Raum 4, südliche Deckenhälfte gegen Vorplatz)
42-43   Juno (Hera), Gattin des Jupiter (Zeus), und Bacchus (Dionysos) als Gott des Weines
44-45   Darstellung des Juno-Kultes. Weibliche Allegorien mit Spiegel und Laute (Raum 5)
46-47   Putten raffen Baldachine und geben den Blick frei auf sphingengestützte Reliefbilder mit Darstellungen: Juno vor dem Spiegel, Venus kämmt Amor (Raum 4)
48-49   Stuckdecke mit Darstellung des Juno-Kultes: weibliche Allegorien mit Papagei und Schlange (links), mit Rose (rechts) (Raum 5)
50   Stuckbild Urteil des Paris: seitliches Medaillon mit Neptun (Dreizack) (Raum 3)
51   Stuckdecke mit Apollo-Darstellung: sphingengestütztes Medaillon: Venus kämmt Amor (Raum 4)
52   Urteil des Paris: seitliche Reliefs mit Cäsarenkopf; Putten mit aufgelöstem Vöhlinwappen (Raum 3)
53   Urteil des Paris, seitliches Relief: Kybele (Raum 3)
54-55   Urteil des Paris (Raum 3). Seitliche Reliefs: Juno und Vulkan
56-57   Urteil des Paris (Raum 3). Putten mit den Emblemen der glücklichen Allianz Vöhlin/v. Gravenegg
58-59   Urteil des Paris (Raum 3). Putten mit Emblemen der Allianz Vöhlin/v. Gravenegg. Initialen Johann Joseph Christoph Vöhlin (links) und Teile des erweiterten Vöhlinwappens
60-61   Stuckdecke (Raum 5). Venus mit Amor (rechts) und Maske (links)
62   Urteil des Paris (Raum 3). Embleme der Allianz Vöhlin/v. Gravenegg: Putto mit Initialen der Schloßherrin Maria Louise v. Gravenegg

30
Hochaltar des Christoph Rodt, 1604, in Zustand und Fassung von 1890 bis 1941, mit 1890 neu (bis 1941) aufgestelltem Tabernakel und Antependienreliefs aus der Werkstätte Karl Port, Augsburg

31 Schloß Illertissen von Osten und die alte Bebauung der »Steig« (heute Vöhlinstraße) mit Söldanwesen und Leerhäusern (Gnadenhäuser ohne Gemeinderecht). Foto um 1925

32 Schloß Illertissen. Ehemalige Wohnräume im Zweiten Stock des Hinteren Schlosses mit prächtigen Kassettendecken aus der Erbauungszeit im 16. Jahrhundert

33-34
Schloß Illertissen. Ehemalige Wohnräume des Carl Vöhlin, um 1585, im Vorderen Schloß, mit Kassettendecke des 16. Jahrhunderts, bei Einrichtung des Bienenmuseums wiederaufgedeckt. Stuck mit aufgesetztem Modelstuck und Wappen des Carl Vöhlin (1562-1599) und seiner Gemahlin Maria Roth von Bußmannshausen († 1618)

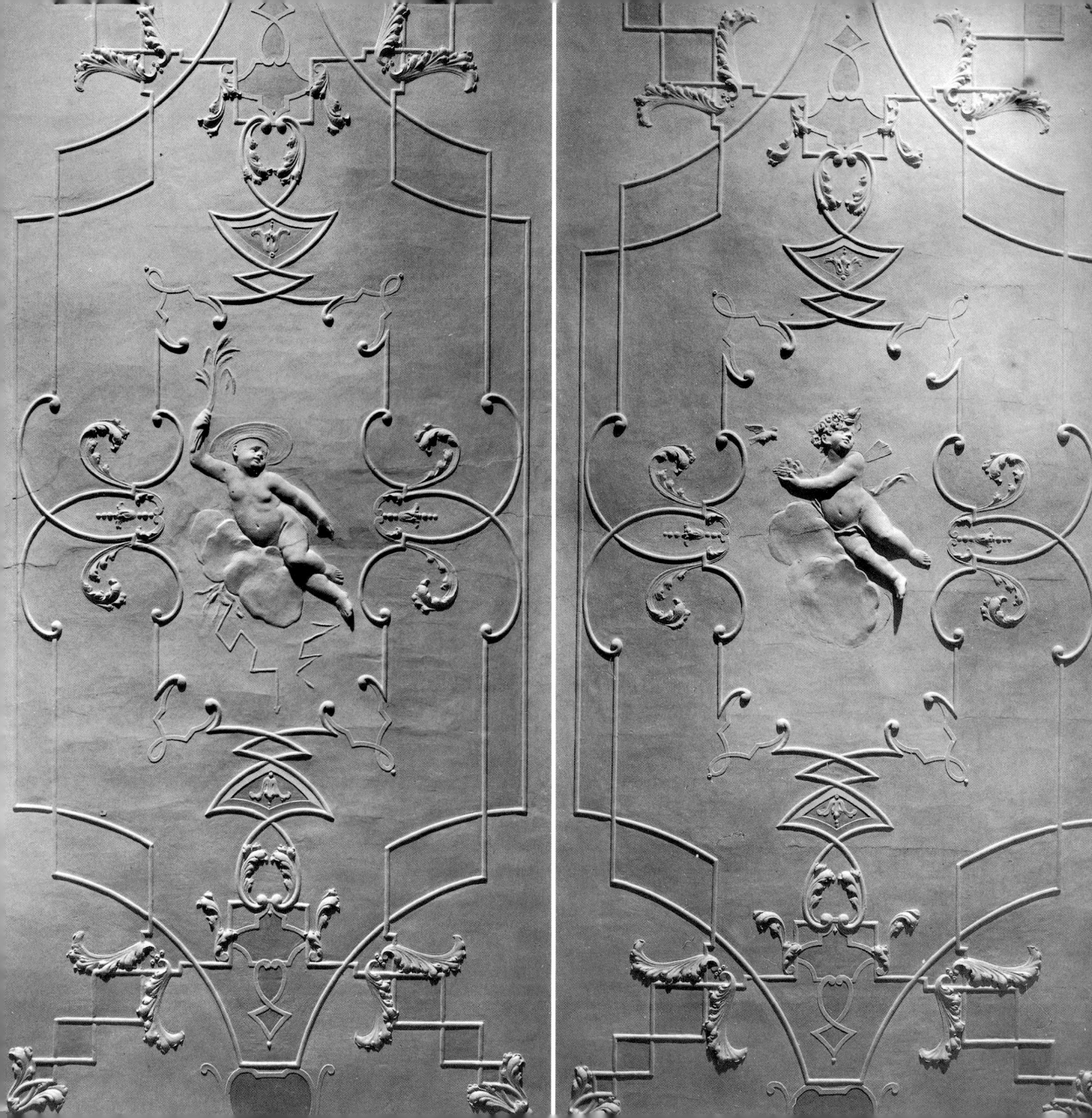

35–37

38-39 Schloß Illertissen. Stuckdecken in der Beletage des Hinteren Schlosses, 1722: Urteil des Paris, mit Stukkatorsignatur »J. A. V. F.« (Johann Andreas Vogel fecit?) und Datierung

40-41 Schloß Illertissen. Stuckdecken in der Beletage des Hinteren Schlosses, 1722: Apollo als Sonnengott vor Leto (?), die Stuckansicht des Illertisser Schlosses bescheinend (Raum 4, südliche Deckenhälfte gegen Vorplatz)

42-43 Schloß Illertissen. Stuckdecken in der Beletage des Hinteren Schlosses, 1722: Juno (Hera), Gattin des Jupiter (Zeus), und Bacchus (Dionysos) als Gott des Weines (Raum 5)

44-45 Schloß Illertissen. Stuckdecken in der Beletage des Hinteren Schlosses, 1722: Darstellung des Juno-Kultes. Weibliche Allegorien mit Spiegel und Laute (Raum 5)

46-47　Schloß Illertissen. Stuckdecken in der Beletage des Hinteren Schlosses, 1722: Putten raffen Baldachine und geben den Blick frei auf sphingengestützte Reliefbilder mit Darstellungen: Juno vor dem Spiegel, Venus kämmt Amor (Raum 4)

48-49 Schloß Illertissen. Stuckdecken in der Beletage des Hinteren Schlosses, 1722: Stuckdecke mit Darstellung des Juno-Kultes: weibliche Allegorien mit Papagei und Schlange (links), mit Rose (rechts) (Raum 5)

50
Schloß Illertissen.
Stuckdecken in der Beletage des
Hinteren Schlosses, 1722:
Stuckbild Urteil des Paris:
seitliches Medaillon mit
Neptun (Dreizack) (Raum 3)

51
Stuckdecke mit Apollo-
Darstellung: sphingengestütztes
Medaillon: Venus kämmt Amor
(Raum 4)

52 Schloß Illertissen. Stuckdecken in der Beletage des Hinteren Schlosses, 1722:
Urteil des Paris; seitliche Reliefs mit Cäsarenkopf; Putten mit aufgelöstem Völhinwappen (Raum 3)
53 Urteil des Paris, seitliches Relief: Kybele (Raum 3)

54-55
Schloß Illertissen. Stuckdecken in der Beletage des Hinteren Schlosses, 1722: Urteil des Paris (Raum 3). Seitliche Reliefs: Juno und Vulkan

56-57 Schloß Illertissen. Stuckdecken in der Beletage des Hinteren Schlosses, 1722: Urteil des Paris (Raum 3): Putten mit den Emblemen der glücklichen Allianz Vöhlin/v. Gravenegg

58-59 Schloß Illertissen. Stuckdecken in der Beletage des Hinteren Schlosses, 1722: Urteil des Paris (Raum 3). Putten mit Emblemen der Allianz Vöhlin/v. Gravenegg. Initialen Johann Joseph Christoph Vöhlin (links) und Teile des erweiterten Vöhlinwappens

60-61 Schloß Illertissen. Stuckdecken in der Beletage des Hinteren Schlosses, 1722: Stuckdecke (Raum 5): Venus mit Amor (rechts) und Maske (links)

62
Schloß Illertissen. Stuckdecken in der Beletage des Hinteren Schlosses, 1722: Urteil des Paris (Raum 3). Embleme der Allianz Vöhlin/v. Gravenegg: Putto mit Initialen der Schloßherrin Maria Louise v. Gravenegg

63
Schloß Illertissen. Nordöstlicher Eckturm des Französischen Baues. Fenster und Stichbogenblenden, gegliedert durch geknickte Pilaster und Hermenatlanten, um 1720. Ehemals Nebenräume zum 1862 aufgelassenen Festsaal im Französischen Bau

64 Schloß Illertissen, Schloßkapelle: Bronzeputto an der Eichentür, um 1751
65 Bildnisse des Schloßherrn und des Malers: Johann Joseph Vöhlin (1709-1785), letzter Schloßherr (1754 nach Neuburg an der Kammel übersiedelt). Freskomaler Franz Martin Kuen (1719–1771)

66
St. Johann von Nepomuk. Stuckgerahmte und von Putten assistierte Figur des 1729 heiliggesprochenen Mitpatrons der Familie Vöhlin; am Sockel: Beichte der Königin und Moldausturz des verschwiegenen Beichtvaters, als Reliefdarstellung

67
Schloß Illertissen, Schloßkapelle mit Rokokoausstattung von 1751

Bildlegenden 63-68 der vorstehenden Bildseiten

63 *Schloß Illertissen. Nordöstlicher Eckturm des Französischen Baues. Fenster und Stichbogenblenden, gegliedert durch geknickte Pilaster und Hermenatlanten, um 1720. Ehemals Nebenräume zum 1862 aufgelassenen Festsaal im Französischen Bau*
64 *Schloß Illertissen, Schloßkapelle: Bronzeputto an der Eichentür, um 1751*
65 *Schloß Illertissen, Schloßkapelle: Johann Joseph Vöhlin (1709-1785). Porträt des letzten Schloßherrn von Illertissen (1754 nach Neuburg a. K. übersiedelt) mit Selbstbildnis des Freskomalers Franz Martin Kuen, 1751*
66 *St. Johann von Nepomuk. Stuckgerahmte und von Putten assistierte Figur des 1729 heiliggesprochenen Mitpatrons der Familie Vöhlin; am Sockel: Beichte der Königin und Moldausturz des verschwiegenen Beichtvaters, als Reliefdarstellung*
67 *Schloß Illertissen, Schloßkapelle mit Rokokoausstattung von 1751*
68 *Schloß Illertissen, Schloßkapelle. Rokokodecke mit Fresko: Himmelfahrt und Krönung Mariens, Apostel-Zwickelbilder und Wappenfolgen der Vöhlin-Allianzen, von Franz Martin Kuen, Weißenhorn, 1751*

richtsplätze mit Vorliebe auf alte Grabhügel gelegt – freilich auch aus ganz praktischen Gründen, weil ein erhöhter Platz für den Vorsitzenden und eine gut sichtbare Rechtshandlung da vorgegeben war – mitunter einzelne, wohl besonders rechtskundige Personen am Gerichtsplatz bestattet. Da dies aber doch heidnische Vorstellungen sind, ist – obwohl sie noch lang in christliche Zeit nachwirken – durch diese Beziehung zum Begräbnisplatz die frühzeitige Entstehung der Illertissener Dingstätte äußerst wahrscheinlich – wirklich gesichert wäre sie, wenn der Ausgangspunkt für die Belegung des Friedhofs gleich dabei noch festzustellen wäre.

Knüpfte somit der neue königliche Herr im wesentlichen an längst bestehende Verhältnisse an, führte er vielfach althergebrachte Einrichtungen in angepaßter Form weiter, so hat sich doch sicher nun eines geändert: Läßt sich nämlich wenigstens vermuten, daß früher Mitglieder der herzoglichen Sippe, der Herzog selber auch ab und zu hier verweilten oder gar den Herrschaftshof eine Zeit lang bewohnten: für einen Aufenthalt des Königs war er sicher nicht geeignet und wurde dazu niemals ausgebaut. Allenfalls eine Nachtrast wäre vielleicht möglich gewesen, doch gehört die Illertalstraße nie zu denen, die von den Herrschern regelmäßig bei ihren Umritten bereist oder für Heerzüge häufig benötigt wurden, und Karl der Große selber hat bekanntlich alamannischen Boden so gut wie nie betreten. Damit dürften die Abgaben, die – wohl stets und vor allem anfänglich noch eher karg – im Fronhof einliefen und da in Speichern und Kellern gelagert wurden, nur selten an Ort und Stelle aufgezehrt worden sein. Zumindest seit um die Mitte des 9. Jahrhunderts der Königshof Ulm großartig ausgebaut war und immer wieder bei Königsbesuchen und Hoftagen reichlichen Bedarf hatte, wird daher der nahe Wirtschaftshof in Illertissen seine Vorräte dorthin abgeliefert haben. Doch könnten wohl gelegentlich Königsboten mit ihrem Gefolge oder andere in hohem Auftrag Reisende hier beherbergt und verköstigt worden sein.

Dies war freilich ebenso und mehr noch Aufgabe des Fiskalguts und der Reichsklöster, die vor allem davon zu diesem Zweck üppig ausgestattet worden waren. Hausgut hingegen behielt der König lieber in der eigenen Hand, und daß dazu die Grundherrschaft Illertissen gehörte, zeigt sich dann auch daran, daß sie offenbar doch in der Hauptsache beisammengehalten wurde – wie hätte sonst Gerhard noch den Ort als »oppidum« bezeichnen, Liutolf gerade hier exemplarisch sich um sein Eigen wehren können? Außer den bereits erwähnten, randlich gelegenen Besitzungen könnten allenfalls Pfaffenhofen, ebenfalls weit entfernt, das lediglich an seinem Namen als ehedem kirchlicher Besitz zu erkennen ist, und die wegen ihrer – möglicherweise aber doch recht jungen – Peter und Paul-Patrozinien als solcher erschließbaren Kirchen von Bellenberg und Untereichen mit zugehörigem Gut vergabt worden sein. Aber es ist keineswegs sicher und nicht mehr feststellbar, ob sie jemals Königsbesitz und dem Illertissener Fronhofverband eingegliedert waren.

Ausstrahlung und Anziehungskraft des königlichen Wirtschaftshofes und der gräflichen Dingstätte mußte notwendigerweise, wiederum bereits vorgebildete Strukturen dabei nur verstärkend, über die zugeordnete Grundherrschaft weit hinauswirken und auch das nicht unmittelbar dem König unterstehende Umland auf Illertissen ausrichten, erst recht falls schon in karolingischer Zeit der Graf seine hoheitlichen Aufgaben allgemein im ganzen Illergäu, wie es ja der Vorgang von 1128 zumindest für die Folgezeit belegen dürfte, von hier aus wahrgenommen hat. Daß dann damals schon – auch hiermit ältere Wurzeln weiterentwickelnd – Markt gehalten wurde, wäre wohl denkbar, ja naheliegend, zumal solche frühen, noch ländlichen Märkte, die den Anschluß nicht fanden an die städtische Markt-Wirtschaft des hohen Mittelalters und deshalb abkamen, sich immer wieder feststellen lassen. Die Erinnerung daran blieb örtlich meist lebendig, wenigstens in Flurnamen festgehalten, die dann ihre Lage etwas abseits der Ortschaften an Fernstraßen bei wichtigen Kreuzungspunkten anzeigen.

Ein so früher, älterer Markt-Platz in Illertissen, wo seit der Marktrechtsverleihung im 15. Jahrhundert nach dem Vorbild der Städte innerhalb der dafür angelegten und befestigten Siedlung Wochenmarkt im Erdgeschoß des Rathauses, später in der Schranne, Jahrmärkte ebenda in den geräumig gehaltenen Gassen stattfanden, müßte demnach an der aus römischer Zeit überkommenen Straße in möglichster Nähe zur Kreuzung mit den alten Fernwegen liegen. Seine Verbindung mit der Dingstätte wäre da um so eher zu vermuten, als der gerichtliche Schutz und die obrigkeitliche Kontrolle des Marktgeschehens hier doch der Graf als Vertreter des königlichen Marktherrn ausgeübt haben müßte: Erst damit erklärt sich die langgestreckte Form und für eine Gerichtsversammlung überflüssige, sogar ungünstige Weitläufigkeit des Platzes. Erklärbar wird erst nun und von da her auch der Flurname »Hinterm Markt«, der einst die Äcker um die heutige Anton Kanz-Straße bezeichnete, hier aber auf die spätmittelalterliche Marktsiedlung bezogen ganz unverständlich bliebe: Er erhält seinen Sinn nur von diesem früheren Marktplatz her, der dadurch gesichert ist und sein hohes Alter durch die – in den ältesten Plänen noch angedeutete, im Süden offenbar nachträglich gekappte – Gestalt als linsenförmige Straßenerweiterung verrät.

Dem Grafen Eberhart von Kirchberg könnte, als er 1430 für sein Dorf Tüssen ein Marktprivileg von König Sigmund erbat und erhielt, durchaus bewußt gewesen sein, daß er damit ein früher schon ausgeübtes, längst erloschenes Recht wieder aufleben lassen wollte, er könnte vielleicht den Hinweis darauf seinem Begehren unterstützend angefügt haben. Die Gewährungsurkunde geht darauf freilich mit keinem Wort ein, denn dies konnte kein Gesichtspunkt, keine Begründung sein für den König, der mit der Marktrechtsverleihung Neues schaffend in lang bestehende Verhältnisse eingriff, die sich seit karolingischer Zeit grundlegend geändert hatten.

Hochmittelalterlicher Strukturwandel

Zum einen war die frühere, ganz agrarische Wirtschafts- und Produktionsstruktur, die im wesentlichen angelegt war auf die Selbstversorgung eines begrenzten ländlichen Raumes, seit dem 12. Jahrhundert in stürmisch verlaufener Entwicklung überlagert und abgelöst worden von städtisch bestimmter Wirtschaftsaktivität, bei der ein gut organisierter Fernhandel hochwertige, von zunehmend spezialisierten Handwerken an Ort und Stelle erzeugte Waren wie auch die – dadurch wiederum angeregten – Überschüsse des Umlandes, neben Korn hauptsächlich Gewebe, anderswo abzusetzen und gleichzeitig diesem Umland etwa benötigte fremde Produkte zu vermitteln in der Lage war. Zwischen den anfänglich wenigen, besonders verkehrsgünstig gelegenen Handelsplätzen in königlicher oder fürstlicher Hand, hier namentlich Ulm und Memmingen, das eine staufisch, das andere zunächst noch welfisch wie wahrscheinlich ebenso Biberach, die sich rasch zu maßgeblichen Wirtschaftszentren aufgeschwungen hatten, waren mit königlicher Gunst Märkte und Städte für einen engeren Einzugsbereich – maximal zwei Meilen galten anscheinend dafür als Regel – angelegt worden, fast stets bei einem Adelssitz für das zugehörige Gebiet, dessen Wirtschaftstätigkeit dadurch gefördert, gleichzeitig herrschaftlicher Kontrolle und Nutzbarkeit unterworfen werden sollte – in gewisser Weise davon eine Ausnahme könnte, seit etwa 1170 am neuen, verbindlichen Handelsweg zwischen Ulm und Memmingen als Rastplatz notwendig, Dietenheim bilden. Es wird gleich Weißenhorn früh als Stadt erkennbar, und auch Babenhausen, gerade zwei Meilen von Illertissen, hatte im 14. Jahrhundert Stadtrecht. Märkte gab es innerhalb dieses Umkreises noch bei der Grafenburg Oberkirchberg, beim – inzwischen rechbergischen – Herrschaftssitz Aichheim im heutigen Altenstadt sowie in Kellmünz, dem älteren Stützpunkt der Rechberger, wenig außerhalb zudem in Krumbach, in Neuburg, das auch Stadt genannt wird, in Waldstetten und in Ichenhausen. Die königliche Urkunde enthält deshalb die ausdrückliche Weisung, das Illertissen zugestandene Marktrecht dürfe den älteren Märkten in seinem potentiellen Einzugsbereich nicht nachteilig gebraucht werden – dies sollte noch einmal entscheidende Bedeutung gewinnen.

Völlig verändert waren zum anderen die Besitz- und Machtstrukturen – das ist ja im einzelnen bereits gründlich erörtert, doch können in der Zusammenschau erst Linien hervortreten und Konturen sich abzeichnen, einige Aspekte noch schärfer beleuchtet und gewisse Vorgänge richtig ins Auge gefaßt werden. Insbesondere läßt sich dabei nun genauer verfolgen, wie die zentralörtliche Bedeutung von Illertissen sich entwickelt, richtiger im Wandel der äußeren Bedingungen sich behauptet oder reduziert und allmählich nahezu verloren hat.

Das macht es ja nicht allein, daß nun der Ort längst nicht mehr Königsbesitz war: überhaupt kann von einer Präsenz der Reichsgewalt keine Rede mehr sein. Was nach der blindwütigen Zerschlagung der Staufermacht als neuer anerkannter König Rudolf von Habsburg an Reichsrechten und als Reichsgut wieder zuhanden gebracht und einem Landvogt zur Verwaltung übergeben hatte, das war von seinen Nachfolgern – hauptsächlich nach der zwiespältigen Wahl von 1314, um damit Anhänger zu gewinnen oder zu binden, anderes um dafür immer reichlicher benötigte Geldmittel zu bekommen – lehen- oder pfandweise regionalen und lokalen Herrschaftsträgern, wozu auch die Reichsstädte geworden waren, wieder überlassen worden. Nicht anders hielten es mächtige Reichsfürsten mit ihren Besitzungen in der Gegend, Österreich mit den Herrschaften Brandenburg und Pfaffenhofen, mit der Herrschaft Weißenhorn Bayern. Die Grafen von Kirchberg, seit 1339/43 wieder Herren von Illertissen, hatten ihre früher beherrschende Stellung durch Besitzteilungen, Aufteilung auch der Grafschaftsrechte und nachfolgende Entfremdung weitgehend eingebüßt, zumal ein Großteil der verbliebenen Besitzungen als Lehen, auf die ihre Inhaber einen erblichen und verkäuflichen Rechtsanspruch erlangt hatten, mittlerweile in den Händen der führenden Ulmer Geschlechter ihnen nur noch sehr bedingt zur eigenen Machtentfaltung verfügbar war. So fehlt im einstigen Einzugsbereich von Illertissen in dieser Zeit die bestimmende Macht, die durch ihr politisches Gewicht einem Ort erhöhte, über seine nächste Umgebung hinausreichende Zentralität verschaffen könnte.

Darin eine unmittelbare oder auch nur notwendige Folge des Übergangs von Illertissen aus königlichem in sogenannten Privatbesitz zu sehen, wäre freilich unberechtigt. Denn Privatleute waren diese Erben ja nicht, sondern gerade auch mit Hilfe dieses Erbes als Herzöge, als provinziale Zwischeninstanz, an die Stelle des Königs getreten – wofern nicht der Herzog über den Ort, meist als Frauengut oder Muttererbe, selber verfügte, gehörte er nächsten Verwandten: Die Karolingernachkommin Reginlint brachte ihn den zwei ersten Herzögen Burchart und Herman zu, ihre Tochter Ita in die Ehe mit Liutolf, dem dritten Herzog. Nun müßte er wohl zunächst an den Sohn Otto übergegangen sein, der 973 das Herzogtum erhielt, nachdem

Burchart II., der unmittelbare Nachfolger seines Vaters und Sohn der Reginlint aus ihrer ersten Ehe, gestorben war, so daß erst nach seinem frühen, kinderlosen Ableben im Jahr 982 seine Schwester Richlint den Besitz übernehmen und wiederum dem folgenden Herzog Konrad zuführen konnte. Ebenso ist anzunehmen, daß nach Hermans II. Tod 1003 dieses Erbe vorerst dem Sohn und Nachfolger Herman III. vorbehalten blieb, der freilich noch im Kindesalter unter Vormundschaft regierte und unvermählt 1012 starb.

Ob nun das Gut Illertissen insgesamt nur einer seiner Schwestern zugesprochen und dann unter deren Töchter, ob es alsbald unter zwei Schwestern aufgeteilt wurde, das muß zukünftige Forschung unter Berücksichtigung der hiesigen Verhältnisse noch klären; jedenfalls aber blieb es Besitz nächster Angehöriger auch der kommenden Herzöge, eines Ehemannes und dreier Söhne der Schwester Gisela. Nachdem dann in dem kurz, 1045-1048 regierenden Herzog Otto II. einmal ein weniger nah Verwandter an die Reihe gekommen war, hatte Otto von Schweinfurt als nächster Herzog sogar wieder – das hat ja die Untersuchung der edelstettischen Besitzungen ergeben – eigenen Anteil an Illertissen, zu dessen Inhabern danach die Verwandtschaft der Herzöge weitläufiger wird. Zwar konnte auch Rudolf von Rheinfelden noch seiner Tochter Berchta, der Gräfin von Kellmünz, Ansprüche darauf vermitteln, doch gehen sie über seine erste, nur kurzzeitige Gemahlin Mathilde auf Kaiser Heinrich III. zurück, eben einen Sohn der Gisela und selber 1038-1045 Herzog. Das erinnert daran, daß durch die gemeinsame Abstammung von Herzog Herman II. auch zum salischen Kaiserhaus eine verwandtschaftliche Nähe gegeben war.

Eine Minderung des zentralörtlichen Gewichts von Illertissen ist unter diesen Bedingungen nicht zu erwarten und nicht anzunehmen. Im Gegenteil: Das »oppidum« müßte sogar eine beträchtliche Aufwertung erfahren haben, indem aus der karolingischen Erbmasse der alles überragende Platz Ulm nicht oder nur zu einem ungenügenden Teil in die Hand der Reginlint gelangt war und damit den Herzögen als herkömmlicher Ort königlicher, nun herzoglicher Machtausübung nicht zur Verfügung stand. Diese Funktion konnte Illertissen zwar nicht übernehmen, denn dazu fehlte hier die Legitimation durch eine längere, schon königliche Tradition, aber als wesentlichen Stützpunkt der Herzogsmacht im östlichen Schwaben wird man ihn doch betrachten müssen – nicht der amtlichen, die sich auf die Gewalt über Reichsgut und Reichskirchengut gründete, sondern der persönlichen, die zur Übernahme und wirkungsvollen Wahrnehmung des Herzogsamtes erst befähigte. Nur von da her wird dann auch voll verständlich, warum gerade hier König Otto den aufständischen Sohn an der Wurzel zu treffen, Herzog Liutolf gerade hier die Grundlagen seiner fürstlichen Existenz zu retten sucht. Obschon bloß aus diesem Anlaß eine Anwesenheit des Herzogs, und trotz der ganz außergewöhnlichen, ja dramatischen Situation sogar lediglich wegen des segensreichen Eingreifens des heiligen Bischofs allein von Gerhard – Herman der Lahme übernimmt die Nachricht von ihm – überliefert ist, dürfte Illertissen in dieser Zeit nicht ganz selten aufgesucht und vielleicht gelegentlich zu längeren Aufenthalten genutzt worden sein.

Ein Bedeutungsschwund, in dem der zukünftige Zentralitätsverlust bereits angelegt ist, ergab sich dann aber aus veränderten Bedingungen im weiteren Umkreis. Da hatte zunächst Herzog Herman II. das reiche Erbe Berchtolts von Marchtal angetreten und dadurch einen Herrschaftsschwerpunkt in günstiger Lage gewonnen – ob damit, wie behauptet wird, Kellmünz samt bedeutenden Zugehörungen verbunden war, was ja später zusammen mit Marchtal durch eine Enkelin der Gräfin Berchta an die Pfalzgrafen von Tübingen übergeht, das muß hier unerörtert bleiben. Sodann könnte ihm auch seine Frau Gerberga zu bereits besessenen weitere Anteile am ehemaligen Königshof Ulm zugebracht haben, die diesen Platz für ihn aufwerteten und in der Hand der Tochter Gisela 917 sich mit solchen des Saliers Konrad zusammenfügen zu der nunmehr, nach seiner Krönung 924 wieder brauchbaren Königspfalz.

Die Unterordnung unter den Pfalzort Ulm, wie er in karolingischer Zeit sich aus der Hierarchie der königlichen Besitzungen ergibt, kam zwar nun nicht mehr in Frage, da Illertissen wohl schon zu dieser Zeit andere Besitzer gefunden hatte – daß sie, nahe Verwandte der Kaiserin, bei Bedarf den Hof belieferten, gegen Entgelt vielleicht, ist natürlich nicht auszuschließen. Aber ohne Rückwirkung auf die Stellung von Illertissen konnte das Wiedererstehen des königlichen Vorortes selbstverständlich nicht bleiben, mußte zwangsläufig seine Bedeutung überlagern und seinen Einflußbereich schmälern. Zeichen der gesunkenen Wertschätzung ist die nun vorgenommene Teilung des Ortes, offensichtlich auch der zugehörigen Grundherrschaft. Da nämlich der ansehnliche Besitz des Stift Edelstetten in Tiefenbach nur gleich und zusammen mit der einen Hälfte an Illertissen zur Gründungsdotation aus der Hand der Stifterin Gisela gehören kann, der restliche Ort aber herrschaftliches, quellenmäßig belegbar aichheimisches Eigen, der darin enthaltene einstige Besitz des Klosters Einsiedeln mit einem Ertrag von nicht mehr als zehn Schillingen – dem nächstniedrigen vor Illertissen – jedoch unbedeutend war, ist hier eine entsprechende, deshalb sicher gleichzeitige Teilung zu erkennen. Tiefenbach ist damit der einzige Ort, dessen Zugehörigkeit zum Illertissener Fronhofverband feststeht.

Gewiß stellen die edelstettischen Besitzungen nur noch einen Rest, das Kernstück des einen Halbteils dar, wie andererseits auch die beim Fronhof verbliebene Hälfte nicht insgesamt an die Nellenburger gelangt sein kann – als Vögte des Einsiedeler Besitzes dürften sie zumindest die geringen Güter in Tüssen und Tiefenbach noch dazugegeben haben, wahrscheinlich aber mehr, wobei an die Klostergüter in Gannertshofen, Bubenhausen und Weißenhorn durchaus zu denken wäre. Daß ihnen als Inhabern des Illertissener Fronhofes die Vogtei vor allem wohl deshalb übertragen wurde, weil der reiche Grundstock der klösterlichen Grundherrschaft, Jedesheim, Reggliesweiler und Oberhausen ursprünglich in den Fronhofverband gehört hatte, ist schon bemerkt; seine Schenker, die Hochadeligen Hugo und Burchart, müßten somit als Teilhaber an dem Illertissener Erbe ebenfalls zur Verwandtschaft zählen.

Kurz nach 1180 erhält dann Kloster Ottobeuren einige Huben in Grafertshofen von Rupert von Werd, keinem Nachkommen, doch anscheinend über seine Mutter Besitznachfolger Manegolts von Werd, dessen Mutter Mächhilt die Schwester der Edelstetter Stifterin und also an dem mit Illertissen zusammenhängenden Erbe beteiligt gewesen sein müßte. Bereits vor 1120 finden sich aber nach einem Sitz in Grafertshofen die Brüder Heinrich und Manegolt benannt, zweifellos Angehörige der Familie von Sulmetingen/Nifen wie kurze Zeit später Liutfrid, der nun schon von dem neu geschaffenen

Burgsitz Weißenhorn genannt ist – die aus dem Welfenkloster Rottenbuch stammenden Zeugnisse sind Hans-Martin Maurer bei seiner grundlegenden Untersuchung der hochadeligen Herren von Neuffen und von Sperberseck ebenso entgangen wie die Zugehörigkeit Luitfrids und Manegolts von Billenhausen 1099 in der Ochsenhauser Urkunde. Seine Annahme, die Herrschaft Weißenhorn sei insgesamt erst vom jüngeren Liutfrid als Erbe der Herren von Roggenburg erheiratet worden, ist daher nicht haltbar, aber wenn Heinz Bühler deshalb die sulmetingische Begüterung hier nicht weniger pauschal auf die Abstammung von der Familie des heiligen Ulrich zurückführt, was dann auf den werdischen Besitz genauso zutreffen könnte, ist das gleichfalls fragwürdig: Ganz dem allmählichen Zusammenkommen des kirchbergischen Herrschaftsgebiets entsprechend dürfte auch die Herrschaft Weißenhorn aus Bestandteilen unterschiedlicher – letztlich doch wieder einerlei – Herkunft durch Heirat, Tausch, vielleicht zudem Kauf, Aneignung von Vogteirechten, Übernahme von Lehen und Lehenauftrag erst im Lauf der Zeit zusammengefügt worden sein. Sollte etwa der Name Heinrich als Hinweis auf Abkunft von Heinrich von Schweinfurt, dem 1017 verstorbenen Vater Herzog Ottos, somit Teilhaber an dem vermutlich durch dessen Frau Gerberga vermittelten Anteil an den ursprünglich dem »oppidum« Tussa zugeordneten Gütern zu verstehen sein?

Die Aufteilung mehr noch als des Ortes selbst der vom Fronhof abhängigen Grundherrschaft und ihre nachfolgende Zersplitterung führten natürlich zu einer empfindlichen Einbuße an zentralörtlicher Kompetenz: Als »oppidum« hätte Gerhard Illertissen nun schwerlich noch bezeichnet und Herman der Lahme ersetzt um die Mitte des 11. Jahrhunderts bei der Darstellung der Vorgänge von 954 diesen Ausdruck auch durch das gewöhnliche »villa«. Noch aber blieb die gräfliche Dingstätte, noch blieb zweifelsohne zudem der Markt, der als Königsrecht und seiner räumlichen Verbindung mit dem Gerichtsplatz wegen weiterhin nur dem Grafen unterstellt sein konnte, von Teilung und Besitzerwechsel der Ortschaft also nicht berührt war. Beide Funktionen hatten jedoch, an den öffentlichen Grund der Reichsstraße gebunden und abseits der Siedlung, mit dieser unmittelbar nichts zu tun, wenn ihr gleich und ihren Grundherren daraus durchaus auch Nutzen erwachsen sein dürfte. Eine Stärkung der Stellung des Orts mußte es dann doch bedeuten, als er samt umliegenden Gütern und der Vogtei über die Einsiedeler Besitzungen nach 1105 wieder in die Hand des Grafen kam – vorübergehend.

Entscheidend für den Fortgang war jedoch nicht die bald wieder notwendige Aufteilung des opferreich behaupteten nellenburgischen Erbes unter Kirchberger und Aichheimer, die zu den verwandtschaftlichen noch durch Lehensbande einander zugetan blieben, fürs erste wenigstens. Vielmehr leitete ein äußeres, reichsgeschichtliches Ereignis den Umschwung ein: die Wahl des sächsischen Herzogs Lothar von Supplinburg 1125 zum Nachfolger Kaiser Heinrichs V., des letzten Saliers, und die daraus folgende jahrelange Auseinandersetzung mit dessen Schwestersöhnen, den Staufern, von denen der Schwabenherzog Friderich bei der Königswahl arglistig ausgeschaltet worden war. Seit 1129 galten die Angriffe der Königspartei immer wieder der staufisch gewordenen Pfalz Ulm, die 1134 gründlich zerstört wurde, nachdem im Umland zugehörige Siedlungen und die Besitzungen staufischer Anhänger bereits mehrfach verwüstet worden waren. Umgekehrt brannte Herzog Friderich 1129 auch Memmingen nieder, ein Herrschaftszentrum des Welfen Heinrich des Stolzen, Herzogs in Bayern und als Tochtermann König Lothars dessen mächtigsten Verbündeten.

Daß in diesem Konflikt die Grafen von Kirchberg, ebenso Graf Rudolf von Bregenz und die Brüder von Rieden, die aichheimischen Verwandten also, auf Seiten der Staufer standen, belegt jene Aufzeichnung aus dem Kloster St. Ulrich und Afra von 1127, in der es auch um Güter in Gögglingen geht und die als vornehmsten Zeugen Konrad, den Bruder Herzog Friderichs aufführt. Spätestens jetzt müßte auf dem höheren und für Burgenbau besser geeigneten Westrand des Illertales, zumal wenn der Angriff von Osten zu erwarten war und überdies damals wichtige Fernwege von dort aus kontrolliert werden konnten, auf dem Altenberg die erste Brandenburg erbaut worden sein – ob sie in diesem Zusammenhang auch bald wieder zerstört wurde, könnten nur mit wissenschaftlicher Sorgfalt durchgeführte Ausgrabungen klären. Eine Verlagerung des Schwerpunkts gräflicher Herrschaft auf die andere Illerseite kündigt sich damit zumindest an.

Zerstört wurde möglicherweise damals auch die Stammburg Kirchberg, die ältere, gegen 1090 errichtete Anlage auf dem Alten Schloßberg: Ein nur noch angefangener zweiter Graben vor der Kernburg könnte ein derartiges Ende andeuten. Indes ist unbekannt, wann eigentlich ein gewaltiger Hangrutsch einen Teil des Burgareals in die Tiefe riß, unklar zudem, ob die zweite Burganlage dort, die sich nach äußeren Merkmalen durchaus in die Zeit um 1140 datieren ließe und nach der Jahrhundertmitte noch mit dem damals neuartigen Bergfried ausgebaut wurde, nicht doch an die noch bestehende frühere angeschlossen wurde.

Unzweifelhaft Folge dieser Parteinahme ist jedoch der Verlust der bisher als Buchhorner Erbe ingehabten Grafschaft auf dem Bodensee-Nordufer, offenbar vom Kaiser wegen Verletzung der Lehenpflicht aberkannt – seit 1135 ist im Linzgau Heinrich von Heiligenberg als Graf bezeugt. Müßte das dann nicht auch für die angestammte Grafschaft gelten? Wohl wäre dies vermutlich gar nicht feststellbar, wenn sie hier schon bald, nach der 1135 erfolgten Unterwerfung und Aussöhnung der Staufer oder als 1138 nach Lothars plötzlichem Tod Konrad als erster staufischer Herrscher die Krone erhalten hatte, in ihre Rechte wieder eingesetzt worden wären. Wahrscheinlicher ist freilich, daß die Kirchberger hier – übrigens ganz passend zu Borgoltes These von der Beschränkung der gräflichen Funktion auf Königsgut in karolingischer Zeit – die Grafschaft weitgehend aus eigenem Recht auf ihrem zielbewußt vermehrten Allod ausübten. Solches scheint auch der Vorgang von 1128 anzudeuten, wo das in Illertissen zusammengetretene Gericht nach erledigtem Rechtsgeschäft weiterzieht, um noch am selben Tag bei der Burg Kellmünz unter dem Vorsitz des Grafen Rudolf von Bregenz dessen Herrschaftsgebiet berührende Besitzveränderungen in Kraft zu setzen. Dem König lehenbare Reichsrechte, die den Kirchbergern entzogen werden konnten, dürften also nur einen unwesentlichen Teil ihrer Grafschaft ausgemacht haben: Die Verfügung über die Dingstätte und die Aufsicht über den Markt Illertissen müßten davon jedoch betroffen gewesen sein.

Doch welchem zuverlässigen Anhänger, der auch die Macht hatte sie wahrzunehmen und insbesondere den Markt zu schützen, hätte diese Rechte der Kaiser nun verleihen sollen? Allenfalls kam dafür der Welfe, kam

Heinrich der Stolze in Frage, doch konnte er, dem der Wiederaufbau seines Hofes in Memmingen und die Wiederbelebung des dabei längst entstandenen Marktes zuerst wichtig sein mußte, daran überhaupt ein Interesse haben? Ohnehin starb er dann schon 1139, seiner Herzogtümer entsetzt, und auch solche vordem kirchbergischen Rechte, so sie ihm denn wirklich übertragen waren, dürfte ihm der neue König wieder abgenommen und den früheren Inhabern, die sie ja um seinetwillen eingebüßt hatten, wieder zugestellt haben, wofern diesen daran überhaupt noch gelegen war.

Gewiß, das sind keine gesicherten, durch Quellen belegten Vorgänge, sondern Überlegungen, wie aus bekannten Verhältnissen und berichteten Ereignissen die danach eingetretenen Veränderungen vielleicht erklärt und von dem bis dahin Vorfindlichen die Überleitung zu einer neuartigen Entwicklung gedacht werden könnte. Der Markt nämlich, dessen Überdauern bis in diese Zeit freilich nur zu vermuten ist, muß spätestens jetzt in Abgang gekommen sein, weil anders wohl der Rand des Platzes noch bebaut und eine Marktsiedlung hier entstanden wäre. Doch kann überdies als Anzeichen dafür gewertet werden, daß die unerhörte Weitläufigkeit der Vorburg zur jüngeren Wehranlage auf dem Alten Schloßberg nur verständlich ist, wenn sie einen Marktort aufnehmen sollte, wie er nachher als Vorburg der neuen Stammburg auf dem Hohenberg, in Oberkirchberg also, tatsächlich, nur in geringeren Ausmaßen entstand und dann wahrscheinlich hier bereits bestanden hatte. Daran wie ebenso an Oberkirchberg knapp vorüber verlief zudem jener Fernweg, den auch die Brandenburg auf ein gutes Stück und gerade bei der mühsamen Überwindung des Talhanges überwachen konnte und der wahrscheinlich damals erhöhte Bedeutung gewonnen hatte, indem die ursprüngliche Römerstraße auf der anderen Illerseite streckenweise unpassierbar geworden war: Dies gab ja wohl wenig später den Anstoß zum Bau der neuen, nun ganz anders geführten Reichsstraße. Aber noch ehe es dadurch endgültig vom Fernverkehr abgehängt war, dürfte Illertissen aus eben diesem Grund als Markt-Standort uninteressant geworden sein.

Der Verlegung des Marktes – denn danach sieht es ja aus – zur Grafenburg scheint die Verlagerung der gräflichen Herrschaftsausübung in solche festen Plätze zu entsprechen, in Burgen als Mittelpunkten neuer Verwaltungseinheiten, in denen so weit wie möglich alle Rechte, insbesondere das Grundeigentum oder doch wenigstens über fremdes die Vogtei den Grafen zustand. Nichts ist jedenfalls später mehr zu erkennen von einer übergreifenden Zuständigkeit des Illertissener Gerichtsplatzes, der doch seine Geltung, wie noch lang die Bindung obrigkeitlicher Handlungen an die Löwenwirtschaft beweist, für einen beschränkten Umkreis behielt. Unmittelbar machen die nun eher noch weniger gesprächigen Quellen dazu zwar keine Aussage, aber ein unmißverständliches Anzeichen dafür sind die nunmehr einsetzenden Teilungen der Grafschaft.

Schon um 1150 stattete Graf Eberhart seine beiden Söhne Otto und Hartman bei ihrer Verehelichung mit eigenen, gewiß nicht unbeträchtlichen Herrschaftsgebieten aus – Hartman wohl sogleich mit dem Muttererbe Oberbalzheim – und überließ ihnen dort offensichtlich auch die Grafenrechte, da beide 1160 neben ihm mit dem Grafentitel auftreten. Ebenso verfahren später sie, die nach des Vaters Tod Besitz und Grafschaft förmlich geteilt hatten, gegenüber ihren älteren Söhnen, die jedoch durch vorzeitigen Tod selber samt ihren Nachkommen vom übrigen Erbe ausgeschlossen bleiben: Ottos wahrscheinlich 1183 umgekommener Sohn Eberhart erhielt die Brandenburg mit Zugehörungen, auf Hartmans bis 1192 beurkundeten Sohn Rudolf geht über seine Tochter Berchta der Grafentitel zurück, den deren Ehemann Gotfrid von Marstetten 1195 noch nicht, aber nachweisbar seit kurz nach 1200 führt – wo er Grafenrechte ausübte, bleibt undeutlich, da die viel jüngere Einrichtung des Landgerichts Marstetten damit kaum viel mehr als der Name verbindet.

Besitzungen indes, die sich auf diesem Weg vererbt haben, lassen sich wenigstens in Einzelfällen feststellen. Ganz eindeutig ist da freilich nur ein Hof in Illertissen, den 1239 Gräfin Berchta selber unter Beistand ihres Gatten an das Kloster Kaisheim vergabt – schon 1319 wird er allerdings unter den Klostergütern nicht mehr aufgeführt, doch ob er in den Besitz der Aichheimer oder des Stifts Edelstetten überging, ist unermittelt. Was hingegen mit den beiden Töchtern an Berchtolt von Nifen, der nun den Titel eines Grafen von Marstetten weiterführt, und an Graf Otto von Kirchberg-Brandenburg übergeht, das ist meist nicht mehr auszusondern, weil es sich mit anderem Besitz gleicher Herkunft zusammenschließt. So könnte vom Zubehör der Herrschaft Weißenhorn im mittleren Rothtal einiges erst durch diese Heirat ihr zugewachsen sein, weiteres später sich wohl auch in der Hand Berchtolts von Aichheim zeigen, dessen Mutter eine Tochter Berchtolts von Nifen zu sein scheint. Lediglich bei dem, was an die Brandenburger Grafen kam, findet sich ein Kriterium, das einige Stücke – nicht das Ganze – zu identifizieren erlaubt.

Die auf Brandenburg verwiesenen Nachkommen des jung verstorbenen Eberhart konnten nämlich 1220 doch noch das nunmehr frei gewordene Erbe Ottos antreten und teilten, dabei sich in die Zweige Brandenburg und Kirchberg spaltend, die Eigengüter, behielten aber gemeinsam die Herrschaft über Lehenleute und Dienstmannschaft – Mietingen scheint allerdings davon eine Ausnahme zu machen. Wo daher der brandenburgische Zweig allein als Lehenherr erscheint, müßte es sich um nachträglich erst erworbenen, erheirateten Besitz handeln, und wenn dieser mit gemeinsam ausgeübter Lehenherrschaft, somit Erbe vom Urahn Otto, oder mit anderen, auf dessen Bruder Hartman zurückgehenden Rechten zusammentrifft, ist kein anderer Erbgang denkbar, als eben der über Gotfrid von Marstetten. Das ist der Fall in Sulmingen, wo Güter samt einem Teil der Ortsherrschaft der Lehenmann Heinrich von Sulmingen 1298 dem Kloster Heggbach verkauft, dem dies daraufhin der bereits todwunde Graf Hartman von Brandenburg und sein Vetter Otto vom Neuen Haus als Lehenherren eignen, schon 1290 aber die Vertreter des Gesamthauses gemeinsam gegenüber dem selben Kloster auf ihre lehenherrlichen Rechte am anderen Teil der Ortsherrschaft mit hierzu gehörigem Gut verzichtet haben – daß diesen Teil sie wiederum vom Reich zu Lehen hatten, kann dann nur auf einen erst nach der Teilung zwischen den Brüdern Otto und Hartman erfolgten Lehenauftrag zurückgehen.

Nach 1298 zog König Albrecht, ein Habsburger, den Besitz des Grafen Hartman, der als sein Gegner zu Tod gekommen war, zum Reich ein, dabei die berechtigten Ansprüche der Grafen vom Neuen Haus und von Kirchberg grob zurücksetzend, und vereinigte ihn mit seinem Hausgut. Vorher brandenburgische Lehen müssen also von nun an als österreichische erscheinen, sind da aber, indem Österreich gleich darauf auch die Markgrafschaft Burgau und die Grafschaft Holzheim, etwas später noch den Besitz der Herren von Waldsee mit Warthausen und Laupheim, schließlich die Grafschaft Berg erwirbt, nur schwer auszuscheiden – viele dürften es freilich ohnehin nicht sein. Vermutlich gehört dazu ein Hof in Humlangen, das sonst, im engsten Umkreis der Burg Kirchberg und ältesten Begüterungsbereich des Grafengeschlechts gelegen, im wesentlichen kirchbergisch ist. Sicher gehört dazu jedoch Betlinshausen.

Dort versetzen 1343 drei Brüder von Elrbach, zu dieser Zeit erst Pfandinhaber der habsburgisch gewordenen Herrschaft Brandenburg, den größten Teil der Güter, eigene sowohl wie solche, die Lehen sind vom Haus Österreich, an den Ulmer Bürger Hans Gässler, dessen Nachkommen, 1412 auch als Gerichtsherren des Orts bezeugt, den Besitz 1451 an Graf Eberhart von Kirchberg weiterveräußern. Dabei zeigt sich, daß er aus vier Höfen, zwei Halbhöfen und einigen Selden besteht, doch wenn der daraufhin ausgesprochene Verzicht Herzog Sigmunds von Österreich auf seine lehenherrlichen Rechte auf den Flecken Betlinshausen insgesamt lautet, dann kann das nur heißen, daß davon der wichtigere Teil, daß vor allem der Haupthof mit der daran hängenden Orts- und Gerichtsherrschaft zu dem Lehen gehört hatte. Es kann nur auf eben die Weise wie Sulmingen, über Gotfrid von Marstetten an die Brandenburger Grafen und von ihnen an Österreich gelangt sein.

Der eigene Anteil der Elrbacher muß jedoch einen anderen Erbgang genommen haben, denn auf sie kam er, gleich Vöhringen, von Hartman, dem Bruder jenes Grafen Otto, der erst die Marstetterin geheiratet hatte. Er wird noch ergänzt durch die 1343 zurückbehaltene Vogtei über den – 1412 bereits edelstettischen – Widumhof, die noch 1447 samt zwanzig Jauchert Ackerland, einem Wiesmahd und Holzmarken als Zubehör der Herrschaft Brandenburg aufgeführt ist und vermutlich erst nach 1553 an Erhart Vöhlin abgetreten wurde. Ursprünglich, solange Betlinshausen eine eigene Pfarrstelle hatte, war sie Bestandteil des Kirchensatzes, und damit zeigt sich hier nocheinmal die selbe, beliebte Art der Teilung, wie sie schon bei Vöhringen und Illertissen beobachtet werden konnte. Wann sie jedoch vorgenommen wurde, ob schon um 1170 zwischen den Brüdern Otto »von Hohenberg« und Hartman »von Balzheim«, oder erst eine Generation später, noch bei Lebzeiten Hartmans zwischen dessen Sohn Rudolf und seiner mit dem Grafen Ludwig von Wirtenberg vermählten Schwester Willibirg, das ist nicht mehr sicher zu entscheiden.

Im einen Fall wäre diese eigene Hälfte an Betlinshausen väterliches Erbgut des Grafen Hartman von Kirchberg-Brandenburg, im anderen wie Vöhringen ihm von seiner Frau zugebracht, einer Wirtenbergerin, Schwester Ulrichs des Stifters. Denn durch Willibirg, die als einziges erbfähiges Kind ihren Vater anscheinend überlebte, ging ja dessen Erbe auf ihren Sohn Hartman von Wirtenberg über, der seinem Sohn Herman, eben Ulrichs des Stifters Vater, oder dessen Kindern zwar einzelne Besitzungen davon zuwendet – Vöhringen und möglicherweise das gleichermaßen aufgeteilte Kirchdorf, jedenfalls eine Hälfte am nahen Kirchberg und vielleicht also diesen Teil von Betlinshausen – es in der Hauptsache aber und namentlich die Burg Oberbalzheim mit den Grafschaftsrechten seinen von Grüningen, dann von Laudau genannten Nachkommen weiterreicht. Mit dem Verkauf des Grafensitzes 1281 wieder an die Kirchberger entgleitet ihnen freilich die Herrschaft über die zurückbehaltenen Lehen, und nur der Treue Berchtolts von Aichheim ist es zu verdanken, daß Illertissen, nachträglich noch das, was seinem Vetter Hug geliehen war, noch einige Zeit als solches erhalten bleibt. Auch der Besitz der wirtembergischen Vettern gerät ja fast durchweg schon bald in andere Hände.

Daß unter solchen Bedingungen, bei derart kleinteiliger Aufsplitterung des Besitzes, Verzettelung der Rechte, Auflösung aller flächenhaften Strukturen und häufigem Wechsel der Zugehörigkeit zu einem Herrschaftskomplex Illertissen – von der zusätzlichen Beeinträchtigung durch die Umlenkung des wesentlichen Verkehrs dabei noch abgesehen – die frühere, hervorgehobene Stellung nicht länger, ja kein Ort überhaupt eine über den engen, herrschaftlich damit verbundenen Umkreis hinauswirkende Zentralität behaupten konnte, ist verständlich. Eine gewisse Bedeutung behielt es im Rahmen des aichheimischen Herrschaftsgebiets, doch als vermutlich erst Berchtolt im frühen 14. Jahrhundert dafür einen Markt zu errichten für nötig hielt, ließ er das Privileg seinem Herrschaftssitz Obereichen erteilen.

Durch eine Besonderheit war Illertissen jedoch ausgezeichnet: eine Burg in unmittelbar herrschaftlichem Besitz. An sie knüpft die weitere, neue und auf die nun einmal gegebenen Bedingungen aufbauende, nun wieder aufwärts gerichtete Entwicklung an.

Burg und Herrschaft

Erstmals von einer Burg in Illertissen melden die überkommenen Quellen, als 1330 über den Nachlaß Berchtolts von Aichheim genaue Vereinbarungen getroffen werden mußten, hauptsächlich um den Anteil der Witwe und die Versorgung der noch kleinen Tochter Anna sowie die Rechte eines möglicherweise doch noch zu erwartenden männlichen Erben sicherzustellen. Damit steht jedenfalls soviel fest, daß sie von den Aichheimern angelegt worden ist, aber zu welcher Zeit das geschah, darüber gibt es bis jetzt nur unbegründete Vermutungen. Könnten sich aber dafür nicht doch einige Anhaltspunkte finden lassen?

Zu suchen wären sie vorab in der Burganlage selbst. Aber ist diese nicht durch die Schloßbauten des 16. Jahrhunderts so grundlegend überformt, daß von der Burg des 15. Jahrhunderts, die sicher zu Teilen wenigstens bereits in Backstein ausgebaut war, kaum etwas, erst recht dann nichts von der ursprünglichen, wohl ganz aus Holz errichteten Burg noch kenntlich sein kann? An Vorhandenes schließt jedoch jede Neugestaltung an, und gewisse Merkmale lassen sich nun einmal ganz spurlos nicht beseitigen – ein Beispiel dafür ist der ehemalige Hauptgraben der Burg Oberkirchberg, der zur Erweiterung der barocken Schloßanlage zugeschüttet dennoch dem aufmerksamen Blick bis heute erkennbar blieb.

Der Halsgraben ist es auch, in dem sich von der alten Illertissener Burg ein wesentliches Grundelement bis zur Gegenwart erhalten hat. Das Ansteigen der darüber hinwegführenden Bogenbrücke macht zudem die Erhöhung des Burgareals gegenüber dem Vorgelände spürbar: ein ehemaliger, mit dem Grabenaushub künstlich aufgeworfener Burghügel, nicht vergleichbar allerdings so gewaltigen Aufschüttungen aus der Zeit um 1100, wie sie etwa auf der Burghalde von Oberbalzheim und dem Erolzheimer Kapellenberg noch in Erstaunen versetzen – die bemerkenswerteste von ihnen, für die Burg Rieden mitten im breiten Talgrund der Rot bei den Bürghöfen aufgetürmt, wurde leider vor einem guten Jahrhundert beim Eisenbahnbau zur Materialgewinnung mißbraucht und gänzlich abgetragen. Die andere, etwas jüngere Stammburg der Aichheimer, die »Mönchsburg«, begnügt sich dann schon, trotz ebenfalls beträchtlichen Erdbewegungen, mit einer geringeren Überhöhung, die der in etwa der Burg Illertissen entspricht.

Daß hier nämlich das Bodenniveau immer gleich geblieben ist, das macht die Kapelle klar, die auf eben dieses Niveau vor 1470 in die bis dahin sicher nie durchgreifend veränderte Burg hineingebaut worden ist. Sie markiert auch die mindeste Erstreckung der ehemaligen Kernburgfläche, die aber wahrscheinlich noch etwas weiter, vom Graben aus wohl an die vierzig Meter, vor gereicht hat. Die steile Böschung des Burghügels in diesem Bereich bezeugen Nachrichten vom Bau des »Hinteren Schlosses«, wonach dessen mächtige Fundamentmauern aus einem tiefer liegenden Burgteil, der als Schloßgarten bezeichnet wird, zur Höhe des heutigen Hofes aufgeführt, dessen leicht geneigte Fläche erst durch Einfüllung gewonnen und auch außen durch Verkleidung des hohen Unterbaues mit Erde ein scheinbarer Berghang geschaffen wurde.

In diesem abgesetzten »Schloßgarten« dürfe wohl die eigentliche Vorburg zu erkennen sein. Denn südlich, außerhalb des Halsgrabens ist keinerlei Andeutung einer ehemaligen Befestigung zu entdecken: Gärten und Wirtschaftsgebäude können dort erst seit dem Schloßbau entstanden sein. Der Zugang war dann nicht ursprünglich vom oberen Ende der Steig und über den Graben, somit unvermittelt in die Hauptburg, sondern – näher und natürlicher – von ihrem Anfang, von der Siedlung, dann dem befestigten Marktort her direkt über den damals noch sanft auslaufenden Bergsporn, damit durch die – deshalb ja so genannte – Vorburg geführt; davon kann freilich wegen der künstlichen Neugestaltung des Berghanges nichts mehr zu erkennen sein. Der Torturm, trotz der noch gotischen Bogenform sicher erst in seinem quadratischen Teil dem Umbau Erhard Vöhlins von 1523 an zugehörig, könnte dann, wofern seine unterirdischen Teile noch mittelalterlich wären, auf dem Sockel eines früheren Bergfrieds errichtet sein.

Anlagen dieser Ausrichtung, bei denen die erhöhte Kernburg mit dem davor liegenden Graben die Bedeckung gegenüber dem rückwärtigen Vorfeld, der Angriffsseite übernimmt, sind in der Gegend überaus selten und auffallend. Gewöhnlich ist hier der Burghügel über dem Steilabfall aufgeschüttet, ihm gegen die Angriffsseite die Vorburg vorgelagert. Nur die beiden Burgen der Herren von Balzheim, beide noch aus dem 11. Jahrhundert, und die von dem verwandten Geschlecht von Eberstall wenig später auf dem Allerheiligenberg bei Scheppach erbaute Burg kennen diese umgekehrte Anordnung, zudem noch – eine viel jüngere Burgengeneration – die dritte, um 1250 bei der Illerbrücke errichtete Brandenburg. Welche von ihnen könnte der Illertissener Burg als Vorbild gedient oder wenigstens einer zeitgleichen Vorstellung von der zweckmäßigsten Einrichtung eines wehrhaften Herrensitzes entsprochen haben?

Schon um oder kurz nach 1100 müßte sie wohl von Chuno von Balzheim angelegt und – als Möglichkeit wurde das ja einmal ins Auge gefaßt – auf den Tochtermann Eberhart von Kirchberg, über dessen Sohn Hartman schließlich auf die Grafen von Landau vererbt worden sein. Deren Lehenverzeichnis nennt zwar nur »daz dorf ze Tussent mit aller ehafti« als Lehengut Berchtolts von Aichheim, doch ihre nur noch ungenaue Vorstellung von den verliehenen Besitzungen schließt nicht aus, daß zum Burgbau lehenbarer, vielleicht als Waldhang in Gemeindenutzung stehender Grund verwendet wurde. Auszuschließen ist dann allerdings, daß schon früh, sozusagen immer eine Burg hier stand: Sie kann dann erst erbaut worden sein, als die Landauer bereits den Überblick über ihre Lehen verloren hatten. Ganz ausschließen läßt sich freilich auch nicht, daß bevogtetes Gut, wohl eher vom Kloster Einsiedeln als vom Stift Edelstetten, über dessen Besitz die Vogtei doch wohl mit der Ortsherrschaft verbunden und somit im Lehen einbegriffen war, dafür herangezogen wurde, noch weniger, daß die Burg auf Eigen errichtet war, das die Aichheimer bei der Erbteilung mit den Kirchbergern von der gemeinsamen nellenburgischen Mutter ebensogut erhalten haben können, wie nachmals ein Hof unabhängig von dem verliehenen Fronhof mit der daran gebundenen Ortsherrschaft als kirchbergisches Erbe an Gräfin Berchta von Marstetten überging. In diesem Fall könnte freilich die Burg erweisbar nicht aus dem Besitz Chunos von Balzheim herstammen, da dieser ja erst eine Generation später allein der kirchbergischen Seite zugebracht wird.

Ohnehin hat ja die Untersuchung der Besitzgeschichte von Illertissen keinerlei Anhaltspunkt dafür erbracht, daß auch das Balzheimer Herrengeschlecht daran Anteil gehabt haben könnte, wiewohl selbstverständlich dabei nur solche Erbstränge verfolgt sind, auf die sich in den vorhandenen Quellen Hinweise finden. Aber die soeben durchdachten Möglichkeiten weisen gleichermaßen auf eine andere Herkunft des Baugrundes und ein jüngeres Entstehen der Burg, die ihrer späten Erwähnung entspricht und überdies dadurch bestätigt wird, daß in der Zeit noch offener Zubenennung, im 12. Jahrhundert, weder ein Adeliger, ein Angehöriger also des Geschlechts von Aichheim, noch auch ein zur Burghut hier eingesetzter Ministeriale jemals nach einem Burgsitz in Tüssen genannt ist. Somit müßte die Burg wohl zu ähnlicher Zeit angelegt worden sein wie die Brandenburg.

Da zeigt sich dann auch ein Anlaß für ihre Errichtung, ein doppelter sogar. Zum einen gibt es nämlich damals in der Familie von Aichheim nebeneinander zwei weltlich gebliebene, erwachsene Männer, was zuletzt bis 1181 etwa zwei Jahrzehnte lang bei den Brüdern Eberhart und Swigger vorgekommen war. Ihnen stand aber noch die alte Stammburg in Burgrieden zur Verfügung, wonach auch beide mitunter genannt wurden. Wiederum sind es nun zwei Brüder, Eberhart und Ulrich, der eine schon 1240 zusammen mit dem gleichnamigen, bis 1255 noch nachweisbaren Vater bezeugt, der andere offenbar beträchtlich jünger und wahrscheinlich Kind aus einer zweiten Ehe, da er erst seit 1259 auftritt, aber den Bruder auch um ein Vierteljahrhundert überlebt, so daß dessen mutmaßlicher Sohn Hugo erst 1304 als Vertreter, als Haupt des Hauses einmal urkundlich in Erscheinung treten kann, eh ihn bald sein jüngerer Vetter Berchtolt, der Sohn Ulrichs, beerbt. Da dieser schon vorher das landauische Lehen in Illertissen besitzt, hat sicher ihm auch die Burg gehört, beides zuvor seinem Vater Ulrich. Ob aber dieser erst nach der Teilung mit dem Bruder sich hier einen Sitz erbaut hat, ob er schon um 1240 für den älteren Eberhart geschaffen wurde, der nachher die Stammburg übernommen und den Nebensitz dem Nachgeborenen überlassen hätte, das ist allein von da her nicht zu entscheiden.

Es kommt jedoch, zum andern, der bereits angesprochene politische Gegensatz hinzu, der weit näher Verwandte entzweite, als es der Nachbar jenseits der Iller, Graf Otto von Brandenburg noch war: Sogar dessen kirchbergische Vettern gehörten wie die Aichheimer zur Partei der Staufer-Gegner, während er weiterhin zu den Staufern hielt zusammen mit seinen mutterseitigen Verwandten Markgraf Heinrich von Burgau und Graf Ulrich von Berg sowie dem Schwestermann seiner Frau, Berchtholt von Nifen, dem Grafen von Marstetten und seinerseits wiederum Schwager Eberharts von Kirchberg. Die Vogtei über Reggliweiler riß wohl bei dieser Gelegenheit der Brandenburger an sich, und es mag sein, daß er versucht hat, sie über den gesamten Einsiedeler Besitz in seine Hand zu bringen, existenzbedrohend für die Aichheimer. Daß sie zur Sicherung ihrer Position damals in Illertissen die Veste errichteten, wäre wohl das nächstliegende.

Diese Aufgabe verlor freilich bald an Bedeutung, indem nach dem raschen Hinscheiden König Konrads IV. 1254 in Italien trotz vielerlei gewalttätigen Auseinandersetzungen der Parteienkampf allmählich nachließ – 1262 erscheint unter anderen bisher erbitterten Staufergegnern Graf Eberhart von Kirchberg an der Seite des Grafen von Marstetten wieder bei Hoftagen des jungen Konradin. Aber auch als Sitz einer Nebenlinie brauchte sie nicht lang zu dienen, da nach dem Ableben des Vetters Hug um 1305 Berchtolt wieder den ganzen Hausbesitz vereinen und in die Stammburg einziehen konnte. Die Illertissener Burg mag er nun vielleicht schon einem Vogt anvertraut haben, wie dies nachmals Graf Wilhalm von Kirchberg tat, als er sie 1339 zur Hälfte erheiratet und 1343 vollends erkauft hatte: Als »Vogt ze Tüssen« wird 1356, zufällig einmal, Fritz von Schwendi faßbar, Bürge und Mitsiegler bei einer Gütertransaktion in Hittistetten, doch ist seine Mitwirkung dabei sicher nicht amtlich bedingt, wiewohl seine Zuständigkeit durchaus bis dorthin gereicht haben könnte.

»Steten«, das ist ja unter den Orten aufgeführt, an denen Graf Wilhalm den Besitz Berchtolts von Aichheim übernimmt, zugleich mit Burg und

Dorf Illertissen. Wenn daher sein Sohn und Nachfolger Conrat den Titel eines Herrn zu Tissen, einmalig übrigens, hervorkehrt ausgerechnet bei der Stiftung einer Meßpfründe in Tiefenbach, der er auch einen Teil des Besitzes in Hittistetten zuwendet, so kann das nur besagen, daß er dabei gerade in dieser spezifischen Eigenschaft handelt, daß also die Burg Tissen mit ihren Zugehörungen, und das ist dann eben die aichheimische Erbschaft mit Tiefenbach und Hittistetten, eine gesonderte Herrschaftseinheit bildet, die nur in der Person ihres Eigentümers mit der Grafschaft Kirchberg verbunden ist. Das bestätigt dann auch die nun folgende Geschichte, und wenngleich ausdrücklich von einer Herrschaft Illertissen erst seit 1516 offiziell geredet wird, wenn ihr Umfang auch noch lange Zeit nicht festgelegt ist, und obgleich für sie konstitutive Rechte damals noch fehlen: Von der Sache her, im Ansatz zumindest gibt es sie schon seit 1343.

Die geplante Residenz

Den Umschwung in der Bedeutung Illertissens bringt dies nicht sogleich, es bereitet ihn jedoch vor. Zunächst noch ist es nicht mehr als ein – der Nachbarschaft, der zweifellos bekannten alten Verbindung und der Rechtsqualität wegen als freies Eigen gewiß hoch geschätzter – Nebenbesitz, dessen Verwaltung einem Vogt überlassen war samt der Burg als Dienstwohnung. Im 15. Jahrhundert aber werden Burg und Ort zur gräflichen Residenz ausgebaut. Das wäre gewiß leicht zu erklären mit der bereits beobachteten Tendenz der Grafen von Kirchberg, vor der übermächtig gewordenen Reichsstadt zurückzuweichen, zumal gerade in der Regierungszeit Kaiser Sigmunds der Gegensatz zwischen Grafen und Ritterschaft einerseits und dem schwäbischen Städtebund sich verschärft – im späten 14. Jahrhundert noch hatten die Kirchberger das Ulmer Bürgerrecht und damit für sich und ihren Besitz den Schutz der Stadt gesucht. Aber die Voraussetzungen dafür lassen sich doch noch genauer fassen.

Anscheinend bald nach dem Absterben der Brandenburger Hauptlinie um 1320 hatte der überlebende jüngere Familienzweig, nun schon nicht mehr direkte Vettern, die bis dahin gemeinsam verwaltete Grafschaft samt den abhängigen Lehen erneut geteilt – die Aufteilung des Eigenguts war sicher schon zwischen den Brüdern Eberhart und Conrat um 1250 erfolgt, und erstmals 1289 bei einem Gütertausch und Interessenausgleich ihrer Söhne wird erkennbar, daß in Wullenstetten die ältere Linie nun ihren Schwerpunkt hat, zweifellos schon den Burgsitz, nach dem sie später zubenannt wird. Nicht mehr viel galt offenbar damals die nun schon ältere, überdies durch die Iller von der Reichsstraße abgeschnittene Burg Oberkirchberg, da sie – wie schon bei der Erbteilung nach 1220 – der jüngeren Linie überlassen war. Als diese 1366 in Wilhalm dem Älteren abstarb, ging die namengebende Stammburg samt der halben Grafschaft sogar in andere Hände über, zunächst durch die Tochter Agnes an den Südtiroler Vogt Ulrich von Mätsch, der sich daraufhin ebenfalls Graf von Kirchberg nannte, dann mit dessen Tochter Üdelhilt an die Grafen von Görz und Tirol. Die durch ihre zweite Ehe sowie Mitsprachevorbehalte der Mätscher unklar gewordenen Besitzverhältnisse verstand die Wullenstetter Linie zwar für sich auszunützen, indem Graf Conrat, der Sohn Wilhalms des Jüngeren und der Anna von Aichheim, 1398 die Einkünfte der Grafschaft Kirchberg (was nun allein diese Hälfte noch bezeichnet) in Pacht nahm, 1417/18 sein Sohn Eberhart sie dann als Pfandbesitz erwerben konnte. Aber wenngleich er Auslöseversuche abzuwenden und Kaufgelüsten der Stadt Ulm einen Riegel vorzuschieben vermochte: Ein ungewisser Besitz blieb das doch, bis 1459 der Kauf gelang, nun schon seinen Söhnen.

Nicht freilich erst die abermalige Besitzteilung, die sie 1441 nach des Vaters Tod vornahmen, machte es notwendig, die Illertissener Burg als gräflichen Wohnsitz zu nutzen, da zum Anteil des jüngeren Bruders Eberhart keine andere gehörte. Denn auch Conrat, der ältere, erhielt nur eine eigene Burg, die nämlich in Illerzell, einen früheren Ministerialensitz, an dem 1373 sein Großvater Wilhalm die Rechte der Leheninhaber erworben hatte; seine Gemahlin nahm später dort ihren Witwensitz, er selbst dürfte sich jedoch in der Burg Kirchberg, die bald rechtlich besser gesichert werden konnte, niedergelassen haben. In Wullenstetten, das ebenfalls ihm zufiel, wird hingegen eine Burg nicht mehr erwähnt: Die neue Stammburg war also bereits wieder untergegangen – durch Brand, wie sich 1929 bei Ausgrabungen gezeigt hat, doch konnte weder dabei dessen Zeitpunkt im 15. Jahrhundert genauer bestimmt werden, noch ist er so wenig wie sein Anlaß schriftlich überliefert.

In diesem Verlust wird man vielleicht den Anlaß sehen können für die Verlegung des gräflichen Hauptsitzes nach Illertissen, da keine andere standesgemäße Burg den Kirchbergern nun noch verläßlich zur Verfügung stand. Nicht ganz auszuschließen ist freilich, daß sie deren Ausbau zur Residenz vorher schon betrieben hatten, ihrer stolzen Höhenlage wegen, während sich doch die Wullenstetter Burg auf einer niedrigen Geländeschwelle nur wenig über den Talgrund erhob, und um sichereren Abstands willen vom nicht ganz geheuren Nachbarn. Jedenfalls aber erfolgte er – das belegt nicht nur die Aussage der Teilungsurkunde von 1441, sondern auch die Verleihung des Marktrechts im Jahr 1430, die keinesfalls dazu erst den Anstoß gab, vielmehr einen zumindest vorläufigen Abschluß bezeichnet – bereits unter dem Grafen Eberhart, dem 1440 verstorbenen Vater.

Daß schon er hier seinen Wohnsitz, wenigstens – da er selber als Rat König Sigmunds, Hofmeister der Grafen von Wirtemberg und führendes Mitglied der Rittergesellschaft zum St. Jörgenschild andernorts oft gebunden war – den seiner Familie aufgeschlagen hat, das ist nicht allein aus der um 1565 in der »Zimmerischen Chronik« aufgezeichneten Überlieferung zu erschließen, wonach seine Gemahlin Agnes von Werdenberg-Heiligenberg nach ihrem Tod in Illertissen, ihrem Töchterlein nur sichtbar, umgegangen sei bis man die Ursache dafür herausgefunden und dieselbe behoben habe: Es wird sogar ausdrücklich behauptet von Jacob von Ramingen von und zu Lüblachsperg in seinem 1561 vollendeten »Epitome der Grafen von Kirchberg«, deren Geschichte er darin teils nach schriftlichen Quellen und teils in sagenhaften Nachrichten erstmals darstellt, wobei seine Kenntnis über die letzten Generationen, eben das 15. Jahrhundert, sich als sehr zuverlässig erweist. Es wird aber noch zusätzlich bestätigt durch die Anlegung der

Marktsiedlung, denn erst mit dieser zusammen bildet die Burg eine repräsentationsfähige und eines standesbewußten Grafen würdige Residenz.

Als Einheit müssen Burg und befestigter Markt auch unbedingt gesehen werden, nicht bloß in der Vorstellung aufeinander bezogen, vielmehr in der realen, räumlichen Planung sichtbar ausgedrückt: In einem gedachten, doch mit angenehmer Lässigkeit ausgeführten Rechteck von etwa 300 auf 450 Meter – im alten Maß also wohl tausend auf anderthalb tausend Fuß oder einfacher hundert auf hundertfünfzig Ruten – mit einer Hauptstraße als Achse erhebt sich in der Südostecke die Burg, der als Nordwestecke der einzige, zumindest vorgesehene, wahrscheinlich doch auch ausgeführte Turm der Marktbefestigung korrespondiert, während die anderen beiden Ecken, namentlich die gerundete Südwestecke, nicht nur optisch zurücktreten. Gleichermaßen vervollständigt die Erweiterung des Marktes nach Süden im 16. Jahrhundert den um Garten- und Wirtschaftsteil ausgedehnten Schloßbereich wieder zu einer annähernd quadratischen Gesamtlage.

Die scharfsinnige Interpretation des Stadt-, richtiger Marktplanes aufgrund seiner ältesten Darstellung von 1823 hat Albrecht Rieber 1954 vorgelegt. Sie erweist sich als im wesentlichen zutreffend gerade durch die Einbeziehung des Herrschaftssitzes in seinem wechselnden Umfang, der damals noch unerkannt blieb, und insbesondere die lediglich vermutete Erweiterung und ihr Zeitansatz wird dadurch bestätigt: zielt doch deren südliche Begrenzung im Verlauf der heutigen Wallstraße geradlinig auf das Südende des vergrößerten Schloßareals, das durch einen hohen, »Lueg ins Land« genannten Wachtturm – ein zweiter entsprach ihm auf dem Badstubenberg – kräftig markiert war; den Anlaß dazu wird man in der Erwerbung der edelstettischen Güter 1553 durch Erhart Vöhlin sehen müssen und in der damit gegebenen Möglichkeit, vielleicht sogar Notwendigkeit, für bis dahin außerhalb gebliebene Anwesen im Inneren der Marktumwallung Platz zu schaffen.

Unverkennbar zeigt sich die Anstückung im alten Plan bei der Brücke am Eingang zur »Braeuhaus-Gasse« an der Abknickung des Grabens, der vom Eckturm über heutigen Martinsplatz und Marktplatz in elegantem Schwung heranziehend hier deutlich bereits angesetzt hat zum Einbiegen in die Linie der später anstelle der Befestigung angelegten Bräuhausstraße, und auch sie ist auf den damaligen Abschluß der Burg ausgerichtet, auf den Halsgraben. Zu ihm war zweifellos eine Verbindung hergestellt, die möglicherweise schon der Burganlage zugehört, sofern diese wie die Brandenburg an ihrem Fuß von einem äußeren Bering, Annäherungshindernis wohl eher als Verteidigungslinie, umgeben war. In gleicher Weise war dann gewiß die östliche Marktbefestigung weitergeführt zum Ostausgang des Burggrabens, auf den sie geradeswegs zuläuft: Sie wird heute zunächst, nachdem die Befestigung der Nordseite entlang der Weiherstraße am Hangfuß scharf umgebogen war, bezeichnet durch den Haldenweg, der als ehedem tiefer Hohlweg offenbar den hier trockenen Graben benützte, gegen die Vöhlinstraße hin aber durch die Grundstücksgrenze unterhalb des Hauses 23.

Dort stand – laut Kanz »vor« diesem Anwesen, was offenbar heißen soll, bevor man es von der Marktmitte her erreichte – bis 1775 das Steigtor; der Hof an der Ecke zur früheren Sackgasse »Auf der Point« (Vöhlinstraße 15), dessen Grundstück bis an die Umwallung hinaufreichte, hatte daher den Namen »Thorbauer«. Am anderen Ende der Straßenachse, von der aus die rückwärtigen Teile der eingefriedigten Fläche lediglich durch wenige Stichgassen zugänglich und für eine lockere Bebauung erschlossen waren, öffnete sich beim Pfarrhof das untere Brückentor – das obere wurde erst durch die Süderweiterung notwendig als Eingang zur neu geschaffenen Bräuhausstraße, nun einer zweiten Achse. Daß freilich schon vorher ein drittes Tor in der Südseite bestanden hätte, Auslaß für den alten Weg nach Jedesheim, ist ganz unwahrscheinlich, ja sicher zu widerlegen. Zu deutlich ist doch die heutige Schützenstraße versetzt gegenüber dem Rest dieses Weges »Auf der Spöck« und gar nicht dessen ursprüngliche Fortsetzung, sondern zur Erschließung des neuen Quartiers als dessen Mittelachse beliebig geplant. Unverständlich wäre zudem, warum Erhart Vöhlin, hätte es dieses Tor überhaupt und den Weg noch gegeben, den Ausgang für die Verbindung nach Jedesheim nicht weiterhin in der hinausgerückten Südseite hätte belassen sollen, völlig unerklärbar schließlich, daß die Fortführung des alten Weges in Richtung Betlinshausen und Tiefenbach durch die Marktbefestigung der Nordseite abgeschnitten wurde, obwohl doch viel enger als Jedesheim diese

Dörfer durch die längst vollzogene Einpfarrung mit Illertissen verbunden waren.

Weit besser als die Zeit Erhart Vöhlins, der Bestehendes doch nur fortbildete, paßt die Unterbrechung des Weges, vielmehr seine Umlenkung an die Westseite zu dem einen hier bestehenden Tor – von Jedesheim her schon weit draußen beim Bildstöckle, aus Richtung Tiefenbach geländebedingt erst nah, vom Friedhof durch die heutige Gartenstraße – in die Gründungszeit des Marktortes, als Graf Eberhart von Kirchberg bei dieser Neuschöpfung auf Vorhandenes nur sehr wenig Rücksicht nahm. Das erweist auch die Störung noch einer zweiten Verkehrslinie: des für Illertissen so bedeutsamen Fernweges, der von der alten Illerbrücke beim Bruckhof der »Steig« zustrebte. Er führte, neuerdings durch die Eisenbahn abermals versperrt, durch die Ulrichstraße, die ehemalige Mühlgasse, bis an den Wassergraben, wo er erst um sechzig Meter verschoben Zugang fand zur Achsstraße des Marktortes. An ihr fällt jedoch bis heute beim Übergang von der Hauptstraße in die Vöhlinstraße ein Bruch auf, und dabei zeigt sich, daß die frühere, in die »Steig« übergehende Lange Gasse die geradlinige Fortsetzung der Mühlgasse bildet. Kein Zweifel also: Hier ist eine ursprünglich durchgehende Weglinie mit der Anlegung der befestigten Marktsiedlung willkürlich unterbrochen worden!

Ganz ohne Anknüpfung an Vorgegebenes konnte allerdings auch Graf Eberhart seine Planung der Marktsiedlung nicht vornehmen. Einerseits ist ja die Burg ihr Ausgangspunkt und Eckpfeiler, andererseits stellt die einzubeziehende Kirche einen unverrückbaren Fixpunkt dar. Ebensowenig verlegen ließ sich die »Steig«, die damit zwangsläufig den oberen Teil der Markt-Achse festlegt, eben die Lange Gasse. Wenn nun deren gerade Fortsetzung nicht benützt wurde, hat das zweifellos seinen Grund darin, daß dem Tor vom Steinbau der Kirche, dem vielleicht schon ummauerten Kirchhof und vom fester gebauten Pfarrhaus zusätzlicher Schutz gewährt wurde, wie ihn auch das Steigtor durch die Burg erhielt. Es setzt aber wohl voraus – nur so läßt sich die merkwürdige Rückung im Straßenverlauf erklären – daß hier eine Wegführung ebenfalls schon vorher bestand: Dies gibt Anlaß zu dem ausgesprochenen Verdacht, darin könne sich die Dorfgasse der früheren, ab-

Illertissen – Residenzanlage um 1420/30, Erweiterung um 1555 und ältere Grundlagen

(Vorburg, Zufahrt und äußerer Befestigungsring der Burg sowie der Anschluß der Marktbefestigung sind nur ungefähre Schätzungen)

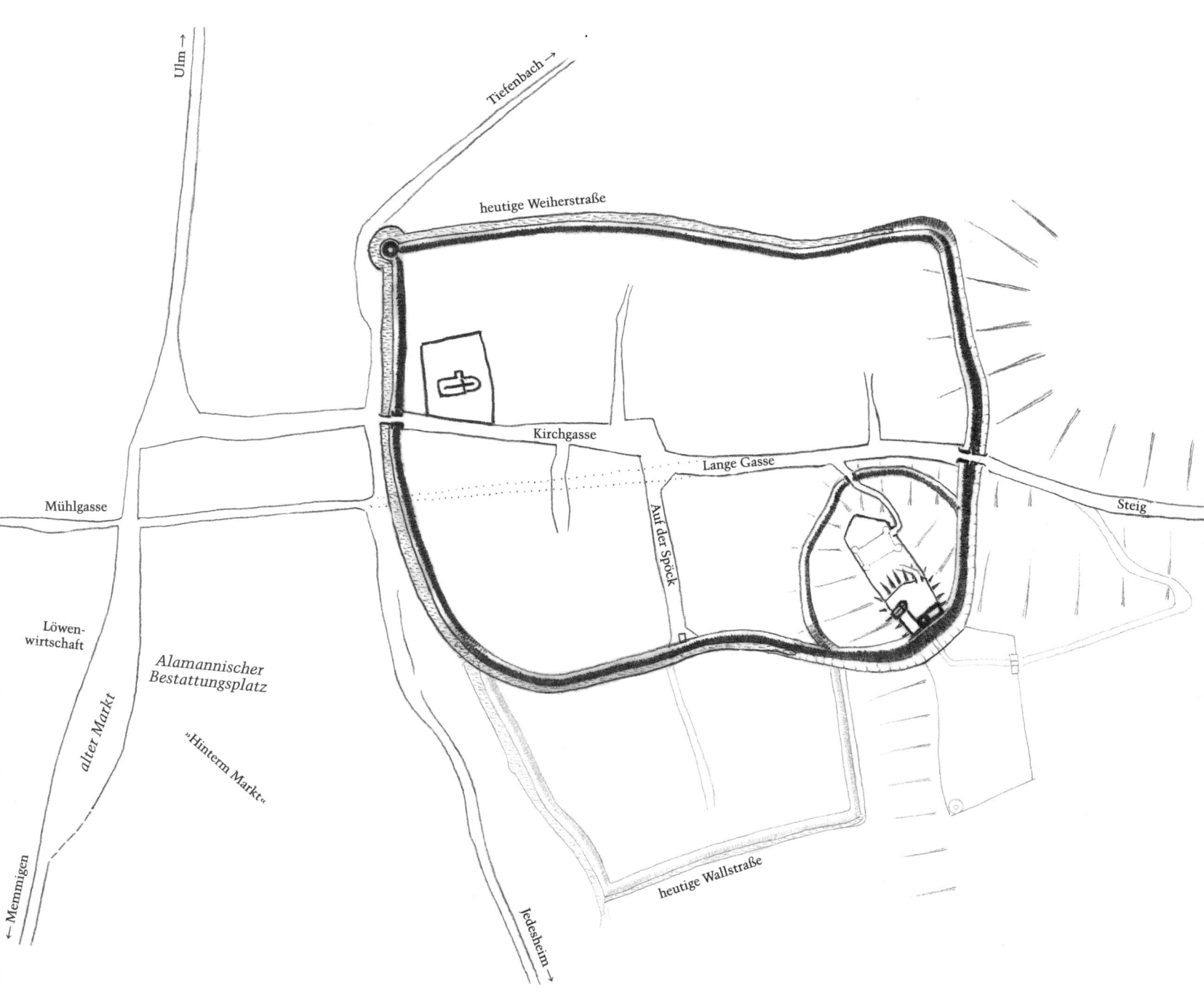

seits der Durchgangswege gelegenen Siedlung noch abzeichnen. Beibehalten wurde auch jenes Stück des Ortsverbindungsweges von Tiefenbach nach Jedesheim »Auf der Spöck«, möglicherweise weil eine bereits vorhandene Bebauung hier – warum aber nicht auch an der völlig beseitigten, nichteinmal als Stichgasse genutzten Fortsetzung nördlich der Hauptstraße? – belassen, viel eher jedoch und sicher deshalb, weil an ihrem Ende unmittelbar am Wall so weit wie möglich abgerückt von den Häusern die feuergefährliche Schmiedstatt zugänglich errichtet werden konnte; noch bis 1931 stand sie mitten auf der Kreuzung mit der Bräuhausstraße.

Als Zwei-Tor-Anlage, eine seit langem beliebte und weit verbreitete Grundform für Städte und befestigte Märkte, stellt sich somit die Neugründung des Grafen Eberhart dar. Verstanden werden muß sie indes zuerst als Ausweitung der Burg, Steigerung ihres Erscheinungsbildes sowohl wie ihrer Funktion, als Vergrößerung, sogar Verlagerung der Vorburg vom beengten Bergsporn in die Talweite, wo ihre vorwiegend wirtschaftliche Aufgabe sich umfassender entfalten konnte, und bezeichnend dafür ist es dann, daß die einstige Vorburg später nur noch als Schloßgarten in Erinnerung blieb, ebenso nur folgerichtig, wenn Erhart Vöhlin, dem es am Geld dazu nicht fehlte, darin seinen neuen Schloßbau aufführen ließ. Gerade das, die Überführung der Vorburg in eine größere Siedlung mit erhöhter Wirtschaftsaktivität, die je nach Geländebeschaffenheit eng an die Burg angelehnt und fortifikatorisch mit ihr zusammengeschlossen oder abgesondert zu ihren Füßen von einem eigenen Bering geschützt sein konnte – gerade die Zweiheit von Burg und Stadt war aber seit dem 13. Jahrhundert zur Regel, ja kennzeichnend geworden für Grafensitze, und wenngleich eine Frühform dazu, die zur Marktsiedlung ausgebaute Vorburg, schon im 12. Jahrhundert in den aufeinander folgenden Stammburgen der Kirchberger sich verwirklicht findet: Seit um 1300 das solcherart ausgestaltete Machtzentrum, die Brandenburg mit der Stadt Dietenheim, dem Geschlecht verloren gegangen war, konnte es sich nicht mehr mit einer zeitgemäßen Residenz präsentieren.

Die Vorstellungen des Grafen Eberhart gingen freilich, mußten freilich darüber weit hinaus gehen, waren doch viele dieser alten Grafensitze mittlerweile in die Hand nunmehriger Landesfürsten, lediglich noch von Vögten verwaltet, oder – wie eben die Herrschaft Brandenburg – in den Besitz nichtgräflicher Herren gelangt, und auch solche begannen bereits, ihre Sitze in gleicher Weise aufzuwerten. Für seine Komposition Vorbild ist daher unverkennbar die landesherrliche Residenz dieser Zeit, wobei etwa an Landshut durchaus gedacht werden könnte. Das zeigt schon die ganz ungewöhnliche Größe seiner Gründung, hinter der die fast aller älterer Städte meist auf Dauer weit zurückblieb und die nur von wenigen Reichs- und Residenzstädten überboten werden konnte; so bedeckten Weißenhorn kaum, Günzburg nur wenig mehr als die Hälfte der für Illertissen umwallten Fläche, hatte fast die gleichen Ausmaße der alte, um 1160 von Welf VI. angelegte Kern der – inzwischen freilich auf ein Vielfaches gewachsenen – Stadt Memmingen. Es zeigt sich vor allem auch an ihrer Plan- und Regelmäßigkeit. Darin folgt sie jedoch einer damals modernen städtebaulichen Konzeption, wozu auch die gebrochene Straßenachse gehört, die sonstwo allenfalls noch bei Stadterweiterungen angewandt werden konnte, sogenannten Neustädten, wie sie beispielsweise Graf Eberhart der Milde von Wirtemberg nach dem Plan der Prager Neustadt Kaiser Karls IV. seit 1393 anlegen ließ: Am Stuttgarter Hof hatte Eberhart von Kirchberg seine Jugend verbracht und dabei das Erstehen dieser Neustadt miterleben können!

Zur Großartigkeit der Planung steht allerdings in auffälligem Gegensatz, was nachher daraus wurde: Im Erscheinungsbild wie in der Wirtschaftsstruktur blieb Illertissen ja trotz Marktrecht, Umwallung und herrschaftlicher Prägung bis ins 19. Jahrhundert ein Dorf. Sollte wirklich Graf Eberhart innerhalb der weitläufigen Befestigung lediglich Platz für Baumgärten und Hauswiesen einiger Höfe und zahlreicher Selden haben schaffen wollen? Hat er vielleicht gehofft, die Attraktivität seiner Residenz werde bald den Handel von seiner vorgeschriebenen Route auf der Reichsstraße ablenken und seinen Markt beleben, vielleicht erwartet, daß dann aus Selden Handwerkerhäuser, Bauerngüter zu Handelshöfen werden könnten, den reichlich bemessenen Raum Behausungen, Werkstätten und Speicherbauten allmählich besetzen würden? Daß also sein Markt mit der Zeit städtisches Aussehen gewinnen und dann auch anstatt des einfachen Walles mit einem doppelten Mauerring umgeben, so auch erst zu einer herzeigbaren Residenz werden könne?

Aber dafür war eigentlich die Zeit vorbei, waren jedenfalls im 15. Jahrhundert die Verhältnisse keineswegs mehr günstig. Denn einen natürlichen Bevölkerungsüberschuß des Landes, aus dem einmal die immer zahlreicher aufkeimenden Städte sich hatten füllen und weiten können, gab es nicht mehr seit der kontinentalen Pestepidemie von 1348/50, die in wiederkehrenden Wellen erst allmählich ausgeklungen war, und fast ausschließlich bereits erfolgreichen, wirtschaftsmächtigen, vor allem aber freien, also Reichsstädten, aber auch fürstlichen Residenzen galt ein anhaltender Zustrom, nun eine wirkliche Landflucht, der die Grundherren zu wehren nach Kräften bemüht waren. Von der recht geringen Zahl seiner Untertanen konnte der Kirchberger die nötige Stadtbevölkerung ganz gewiß nicht holen, und ohnehin hatten schon immer die Stadtherren eigene Grundholden am Verlassen der Scholle möglichst gehindert, gern nur den Hintersassen anderer Herrschaften den Zuzug und bürgerliche Freiheit zugestanden. Gerade diesen Anreiz, das Stadtrecht seiner Residenzgründung sogleich verleihen zu lassen, hat Graf Eberhart jedoch versäumt, eher wohl absichtlich vermieden: Zu mächtig und bald erfolgreich begehrte städtisches Selbstbewußtsein nun doch schon Teilhabe an der Herrschaft, Mitsprache namentlich in Finanzfragen – ein Risiko, das Graf Eberhart wohl nicht einzugehen wagte.

Verhinderte Entwicklung

Es mag sein, daß solche Erwartungen sich dennoch, obschon erst längerfristig, hätten erfüllen können, wenn sich die Grafschaft Kirchberg, genauer die drei in der Hand des Grafen Eberhart vereinigten Herrschaften Kirchberg, Wullenstetten und Illertissen, noch zu einem Territorium, einem Land im neuzeitlichen, staatsrechtlich-verwaltungstechnischen Sinn herausgebildet hätte. Doch das und zugleich die Entwicklung einer Hauptstadt Illertissen verhinderte die von den Söhnen vorgenommene Besitzteilung: Die geplante Residenz war nun wieder nicht mehr als der Sitz einer nicht gerade bedeutenden – gleichwohl gräflichen – Herrschaft.

Immerhin war das zugehörige Herrschaftsgebiet, das vordem aichheimische Erbe, war der Anteil Eberharts um einige schon älter kirchbergische Besitzungen vermehrt worden. Wesentlich ist darunter vor allem der Kirchensatz in Vöhringen samt den damit verbundenen Gütern, nicht weniger, vorerst zumindest, Illerrieden, das 1431 Graf Eberhart, der Vater, mit Burg und Ortsherrschaft von den Leheninhabern erworben hatte, während es sich an den übrigen Orten – Wangen, Wain und Thal, wo dazu der dreigeteilte Burghof, die restlichen Anwesen zu Conrats Anteil gehörten – durchweg um nur geringen Besitz handelt. Andererseits waren auch von der aichheimischen Erbschaft die Besitzungen in Hittistetten vielleicht vollständig in kirchliche Hände – Kaplanei Tiefenbach und Kloster Wiblingen – übergegangen (denn was Conrat dort erhielt, dürfte wohl altkirchbergisches Erbgut sein), die Anwesen in Oberhausen aber, von den Grafen unmittelbar an Bauern verliehen, schon seit langem der Lehenverwaltung zugeschlagen.

Diese wurde im Seniorat, das heißt vom jeweils Ältesten des Hauses wahrgenommen, zunächst also von Conrat. Er verschied 1470, doch da ihm Eberhart schon nach zwei Jahren folgte, fiel sie rasch wieder an seinen einzigen überlebenden Sohn Wilhalm, einen prachtliebenden Herrn, wie Jacob Ramminger schreibt, der daher »der guldin ritter« genannt wurde, aber immer weit über seine Verhältnisse lebte, wovon auch Nicolaus Thoman, ein Zeitgenosse, in seiner »Weißenhorner Historie« zu berichten weiß. Überschuldet mußte er 1481 seinen ganzen Besitz veräußern und fand dafür auch einen höchst interessierten, zahlungsfreudigen Käufer in Herzog Georg von Bayern-Landshut, seinem Nachbarn in der Herrschaft Weißenhorn seitdem diese 1473 nach fast hundertjähriger Verpfändung von den Herren von Rechberg ausgelöst worden war. Dabei scheint er jedoch die Anrechte, die auch sein jüngerer Vetter Philipps daran hatte, der Sohn und Nachfolger Eberharts, gröblich mißachtet zu haben. Denn keineswegs ist es so, wie es sich bisher zumeist dargestellt findet, daß er nur seinen Anteil, die Hälfte oder allein die Herrschaft Wullenstetten verkauft, den anderen Teil Herzog Georg erst später von Graf Philipps erworben hätte: Der Kaufbrief nennt ausdrücklich auch, sogar an erster Stelle, Schloß und Herrschaft Kirchberg, wo von da an in herzoglichem Auftrag (nicht namens des Grafen Philipps!) Pfleger wirkten, als erster für kurze Zeit der leichtsinnige Graf Wilhalm selber. Vor allem aber wurden die kirchbergischen Lehen nun vom Herzog verliehen.

Noch fehlt eine gründliche Untersuchung der ganzen Vorgänge, doch vermeldet Ramminger, daß Graf Philipps die Übergehung seiner Rechte sich nicht gefallen lassen und gegen den Verkauf der Grafschaft protestiert habe. Wenigstens die Lehenherrschaft konnte nach dem Tod Wilhalms 1489 doch er ausüben – da hatte der Herzog zu offensichtlich schlechte Karten – während anderes noch lange strittig blieb. Endlich 1498 kam eine Einigung zustande: In die Rechtsform eines Kaufes gekleidet verzichtete er auf seine sämtlichen Ansprüche einschließlich der Lehen, die daraufhin wieder vom Herzog vergeben werden, für eine Abfindung von 9700 Gulden, knapp ein Drittel der Summe, die Graf Wilhalm bekommen hatte. Zudem versorgte ihn Herzog Georg mit dem einträglichen Posten eines Pflegers zu Weißenhorn, den er noch über den bayerischen Erbfolgekrieg hinaus unter König Maximilian bis zur Verpfändung der beiden Herrschaften Kirchberg und Weißenhorn an Jacob Fugger im Jahr 1507 innehatte; sein Tochtermann Graf Hans von Montfort wurde gleichzeitig zum Pfleger in Kirchberg bestellt.

Illertissen und was damit herrschaftlich verbunden war, blieb von alledem unberührt, und daran zeigt sich nun erst ganz deutlich, daß dies, wiewohl Besitz der Grafen, längst nicht mehr als Teil, als Zubehör der Grafschaft galt. Verstärkt worden war die Selbständigkeit noch durch die 1430 zusammen mit dem Marktrecht dem Grafen Eberhart gewährte Befugnis, hier über schwere, mit Leibes- und Lebensstrafe bedrohte Verbrechen zu richten – im Wortlaut der Urkunde: »das Er vnd syne Erben vnd nachkomen in demselben Irem markte zu Tussen vnd synem gebiete vnd zugehorungen Stok vnd Galgen nach Recht vnd gewonhait des Reichs haben vnd damit richten sollen«. Dadurch war aber ein besonderer Hochgerichtsbezirk um Illertissen gebildet, der von der landgerichtlichen Zuständigkeit ausgenommen war, in dem auch die ursprünglich hier von den Grafen ausgeübte Gerichtshoheit ihre Geltung verloren hatte. Sollte aber sein Umfang wirklich so wenig festgelegt, vom König dem Belieben der Grafen und Herrschaftsinhaber anheimgestellt worden sein, wie es von denselben später tatsächlich gehandhabt wurde?

Wann die Zuständigkeit des Illertissener Gerichts auf neu der Herrschaft zugeschlagene Orte ausgedehnt wurde, läßt sich nur vermuten, denn das erste Zeugnis dafür bietet eine jüngere und eingetretenen Veränderungen angepaßte Gerichtsordnung, wonach es besetzt werden sollte mit zwölf Richtern aus allen Orten der Herrschaft, wie sie seit 1560 erst bestand. Gewiß noch keine Auswirkung hatte darauf jedoch die Erbteilung von 1441, da von allen dabei an Eberhart übergegangenen Besitzungen dafür die Voraussetzung, die örtliche Gerichtsherrschaft, lediglich in Illerrieden gegeben war. Dieses liegt aber noch 1566 bei der Übergabe an den Deutschen Orden »Inn der Grafschafft Kirchberg hoher vnd vörstlicher Oberkait« und war zudem 1461 schon wieder im Besitz des Grafen Conrat, der es da unter der Bürgschaft seines Bruders Eberhart – im Hinblick auf seinen eigenen, 1463 dann verstorbenen Sohn nennt er ihn dabei »den eltern« – an den kaiserlichen Kanzler Ulrich Wältzlin verkaufte. Desgleichen verblieb Thal, das mit Illerberg eine Gerichts- und Weidegemeinschaft bildete und zur Hälfte ohnehin, wie jenes ganz, zu Conrats Anteil gehörte, unter der hohen Obrigkeit von Kirchberg, weshalb nachher meist die Kirchberger Beamten als Siegler von Kaufurkunden, dazu bis 1503 die nach bayerischem Recht vorgeschriebenen Siegelbittzeugen zuweilen hier vorkommen. Im grundherrschaftlichen Bereich blieben indes für die Teile des ehemaligen Burghofes die Verhältnisse in der »Herrschafft zu Tissen«, die so 1497 schon hier urkundlich genannt wird, weiterhin gültig, obwohl 1476 Graf Philipps diesen Besitz ebenfalls veräußert hatte – auch er ging 1568 an den Deutschen Orden über.

Um Vöhringer Güter hingegen besiegelt die Kaufbriefe stets Graf Philipps von Kirchberg als Grund- und Gerichtsherr, doch war er dies erst seit 1484. Sein Vater Eberhart hatte nämlich den dortigen Besitz, Kirchensatz und Güter, 1471 abgetreten, unter Vorbehalt des Rückkaufs allerdings, an den Memminger Handelsherrn Erhart Vöhlin, den Großvater des späteren Herrschaftsinhabers. Dieser hatte schon seit 1462 die andere Hälfte mit Orts- und Gerichtsherrschaft im Besitz, erworben von Hans Wältzlin, dem Bruder und Erben des Kanzlers Ulrich, der im Jahr zuvor fast gleichzeitig mit Illerrieden von der Laupheimer Linie der Herren von Elrbach dieses alte, von wirtembergischen, letztlich kirchbergischen Vorfahren überkommene Erbgut – darauf ist ja schon eingegangen – an sich gebracht hatte, bald darauf aber gestorben war; auch Illerrieden mußte Hans Wältzlins Witwe 1471 wieder abstoßen, schuldenhalber. Nicht gleiche Notdurft kann freilich die vermögende Witwe Vöhlins, eher ihr Wunsch, über das hier angelegte Kapital frei verfügen zu können, dazu bestimmt haben, sogleich nach seinem Ableben sich des Vöhringer, durch kleinere Zukäufe noch abgerundeten Besitzes wieder zu entledigen. So konnte ihn Graf Philipps übernehmen, nun vollständig einschließlich der Ortsherrschaft, die seit fast drei Jahrhunderten nicht mehr – richtiger: nur vorübergehend noch einmal in der Hand des Brandenburger Familienzweiges – kirchbergisch gewesen war. Daß er alsbald ihn dem Illertissener Hochgerichtsbezirk eingegliedert hätte, läßt sich zwar nicht nachweisen, ist jedoch sehr wahrscheinlich, da ein heftiger Streit zwischen ihm und Erhart Vöhlin am ehesten darauf zielende Versuche schon bei dessen Lebzeiten zum Anlaß haben dürfte. Daher wäre dann die Annahme gerechtfertigt, auch Betlinshausen müsse wohl schon gleich nach seiner Erwerbung 1453 durch Eberhart, den Vater des Grafen Philipps – sie ist bereits abgehandelt – indem es nun im Wortsinn des königlichen Privilegs dem Gebiet des Marktes einverleibt war, der Befugnis des dortigen Gerichts unterworfen worden sein. Nicht anders verfuhr später Hans Christoph Vöhlin, als er 1560 Emershofen, bis dahin im wesentlichen Lehen von der Grafschaft Kirchberg, angekauft hatte.

Bis zu dieser späten, letzten Ausweitung seines Geltungsbereichs war also wahrscheinlich seit 1484 das Illertissener Gericht zuständig im Markt selber, in Jedesheim, Tiefenbach, Betlinshausen und Vöhringen. Ein einzelner Hof in Au und der Neuhauser Hof oberhalb von Dietenheim – beide zwar schon 1367/1379 als kirchbergisches Erbe der Vögte von Mätsch, dann aber erst wieder letzterer gegen Ende des 15. Jahrhunderts in der Hand des Grafen Philipps, der andere gar noch später in Vöhlinschem Besitz nachweisbar – waren anscheinend ebenfalls ihm zugeordnet, da die Herrschaft Brandenburg keinerlei obrigkeitliche Rechte auf ihnen auszuüben hatte. Deren hoher wie auch niederer Gerichtbarkeit unterlagen jedoch in Hörenhausen ein »Berger« genannter Hof und ein Gütlein, die 1459 Graf Eberhart erkauft hatte. Ebenso lagen in anderen Gerichten die 1441 erwähnten kleinen Besitzungen: ein Hof in Bubenhausen und nicht genauer faßbares Gut zu Wangen – es ist zu unterscheiden von dem umfangreichen, über lange Zeit sicher zu verfolgenden kirchbergischen Lehen – über deren Verbleib nichts bekannt ist, sowie ein Hof in Wain, dessen Gült der Tiefenbacher Pfründe gestiftet war, so daß den Grafen davon nur ein Pfund Heller Heugeld und die sogenannten Küchengefälle blieben, dazu noch das Recht zu einer »Hundslegin«, die sie für die Jagd daselbst im gemeinsamen »Grafenholz« benötigten.

Wain vermochte indes Graf Philipps seiner Herrschaft noch insgesamt anzugliedern. Zunächst war es eben das »Grafenholz«, das ihm 1498, gleich nachdem er seinen Anteil daran mit allen übrigen Rechten und Ansprüchen an die Grafschaft Kirchberg kaufweise an Herzog Georg abgetreten hatte, dieser aus Gefälligkeit vollständig überließ. Im folgenden Jahr gelang ihm der Kauf des ganzen Ortes mit adeliger Behausung, Kirchensatz und zugehörigen Einzelhöfen am Oberlauf der Weihung und am Rand des Illertales, womit der größte Teil der bayerischen Abfindungssumme wieder angelegt war. Doch damit verbunden waren hohe und niedere Jurisdiktion, örtliches Gericht und besondere Richtstatt, so daß eine wirkliche Vereinigung mit der Herrschaft Illertissen und eine Unterordnung unter das dortige Gericht nicht in Betracht kam: Ja, die 1516 bei der Bestätigung des Blutbanns für

Illertissen durch Kaiser Maximilian getroffene Feststellung, wonach von diesem Recht schon einige Zeit kein Gebrauch gemacht worden sei, könnte vielleicht so zu verstehen sein, daß Graf Philipps sich lieber des mit gleicher Befugnis ausgestatteten Gerichts in Wain bedient habe.

Unter solchen Umständen, da nicht einmal das Gericht seine volle Wirksamkeit entfaltete, der Markt zudem über die in der kleinen Herrschaft wenig zahlreiche Bevölkerung hinaus, die zweifellos von Anfang an, wiewohl unter Hans Christoph Vöhlin erst codifiziert, dem Marktzwang unterlag, also zuerst hier ihre Produkte feilbieten mußte, in größerer Anzahl Besucher anzulocken schwerlich imstande war, und sonst eben diese ganz bäuerlichen Hintersassen allenfalls um ihr Gütlein in Bestand zu nehmen oder einen Grundstücksverkauf mit dem gräflichen Siegel beglaubigen zu lassen den Herrschaftssitz aufsuchten: in derart beengten, beschränkten Verhältnissen konnte selbstverständlich der Residenzort nicht in der von seinem Gründer erhofften Weise aufblühen, die doch wohl vorgesehene stadtgleiche Entwicklung nicht eintreten. Es läßt sich jedoch ausmalen, wie es anders hätte kommen können, wenn Illertissen auf Dauer Verwaltungszentrum einer Grafschaft gewesen wäre.

In der Zeit nämlich, in der Graf Philipps die Lehenherrschaft ausübte, sind die dabei anfallenden Urkunden, Lehenbriefe und -reverse, soweit ein Ausstellungsort angegeben oder im Lehenbuch vermerkt ist, größtenteils »zu Tüssen«, nur wenige auch in Ulm ausgefertigt. Hier hatte folglich eine wirklich, nicht nur dem Namen nach gräfliche Kanzlei ihren Sitz, hier mußten die Lehenleute sich einfinden, um ihr Lehen zu empfangen: scharenweise in den Anfangsjahren nach dem Wechsel in der Person des Lehenherrn, in weniger dichter, doch anhaltender Folge, wenn auf ihrer, der Mann-Seite eine Veränderung vorgegangen war oder anstand – adelige Herren und wohlhabende Patrizier, die nicht ohne kleines Gefolge anreisten, für dasselbe eine Absteige benötigten und für ihre Pferde Stall und Futter, auch selber speisten und wohl zuweilen nächtigten, wenn sie mit ihresgleichen zusammentrafen vielleicht länger verweilten und notfalls zu schwierigeren Unterhandlungen für einige Zeit einen Beauftragten hier stationierten, ungeachtet noch etwa anfallender Ausbesserungen an Wagen, Zaumzeug oder Kleidung. Auf die Länge hätte das einen Geldfluß und eine wirtschaftliche Belebung mit sich bringen können, die ursprüngliche Erwartungen wohl gerechtfertigt hätte.

Aber dazu reichte natürlich dieses eine Jahrzehnt von 1489 an nicht aus, und wenn sich auch annehmen läßt, daß ebensolches schon in der Anfangszeit der Residenzgründung bis 1440 unter dem älteren Grafen Eberhart sich abgespielt hatte, so war doch dazwischen ein halbes Jahrhundert, kaum erwähnenswert unterbrochen durch die letzten zwei Lebensjahre des nachgeborenen Eberhart, für eine kontinuierliche Entwicklung verlorengegangen, Folge der Erbteilung von 1441. Diese wird man jedoch als eine Entscheidung erst der Söhne betrachten müssen, die ganz und gar nicht im Sinn des Vaters lag: Bei seinem Hinscheiden war Eberhart, da er 1450 erst heiratete, offenbar noch recht jung, und so könnte wohl für ihn, sobald ein Sohn des bereits verheirateten Conrat als Stammhalter feststand, noch eine geistliche Laufbahn angestrebt worden sein, denn nur damit hätte sich eine Teilung vermeiden lassen. Auf wessen Betreiben dann anders verfahren wurde, bleibt indes unbekannt.

Es kommt noch hinzu, daß die Söhne ganz im Gegensatz zu ihrem erfolgreich tätigen und kühn in die Zukunft planenden Vater, daß zumindest Conrat anscheinend, und nicht einmal untypisch für seine Zeit, mehr in romantischen Vorstellungen, aus verklärender Rückschau auf die historische Größe seines Geschlechtes lebte. Anzeichen dafür sind die längst nicht mehr gebräuchlichen Namen Wilhalm und Hartman, die er – nach obligatorischem Conrat und Eberhart – zwei Söhnen gab: der legendäre und der echte Leitname der Familie, die Namen eines bloß sagenhaften und eines wirklichen, aber auch nur aus mündlicher, sagenhafter Überlieferung noch bekannten großen Ahnen. Man wird hiermit unbedenklich den Wunsch, nun die alte, aus handfesten Gründen seit langer Zeit nicht mehr als geeignetes Machtzentrum angesehene Stammburg Kirchberg wieder zu bewohnen, in Zusammenhang bringen dürfen. Der angefangenen, durchaus zukunftträchtigen Residenz Illertissen, zum unbedeutenden Herrschaftssitz des Nachgeborenen herabgestuft, blieb damit die in Aussicht genommene Zukunft vorläufig versperrt – endgültig indem dann Graf Wilhalm, die realitätsferne Denkart seines Vaters weiter übertreibend, mit seiner unangemessenen Großspurigkeit Erbgut und Grafschaft verspielte.

Dieses abzuwenden oder rückgängig zu machen war Graf Philipps, an Macht und Mitteln weit unterlegen dem Herzog, der seine vom Vater und Großvater schon überkommenen Beinamen »der Reiche« nicht zu unrecht trug, natürlich nicht in der Lage. Als er nach zeitweiligem Aufschub 1498 seine nicht mehr durchsetzbaren Ansprüche schließlich aufgab, war das Schicksal von Illertissen entschieden, seine Rolle für die nächsten drei Jahrhunderte festgelegt. Hätte es vielleicht noch eine andere Entwicklung genommen, wenn er auch seinen Besitz an den hochmögenden Bayern abgetreten hätte? In dessen Dienst konnte er ja nun das modernere, gewiß ungleich bequemere und baulich gepflegte Schloß in Weißenhorn bewohnen, doch offenbar wollte er nicht verzichten auf den Rückhalt an einer eigenen Herrschaft für sich und sein Haus. Daß er dessen letzter männlicher Sproß sein werde, scheint er nicht abgesehen zu haben, denn nachdem er 1507 von Weißenhorn Abschied genommen und sich wieder in Illertissen niedergelassen hatte, stiftete er hier 1509 eine Frühmesse in die Martinskirche, wobei er das Präsentationsrecht dem jeweils ältesten seines Geschlechts vorbehielt. Er scheint also, da sein Vetter Wilhalm ohne Leibeserben gestorben war, selber erst etwa fünfzigjährig die Hoffnung auf einen Sohn noch nicht aufgegeben zu haben, doch schied er schon im folgenden Jahr aus dem Leben.

Das Erbe fiel an sein einziges Kind Appolonia, die Ehefrau des Grafen Hans von Montfort und Rothenfels, aber das kinderlose Ehepaar hatte daran wenig Interesse. Gleich 1510 veräußerte es die Herrschaft Wain an das Kloster Ochsenhausen, und 1512 bestimmte es in einem zu Tissen aufgesetzten Testament, daß die Herrschaft Illertissen nach ihrem Ableben an Schweickhart von Gundelfingen zu Neufra (bei Riedlingen) übergehen solle: Dessen Mutter Walpurg war die Schwester des Grafen Philipps und in erster Ehe mit Jörg von Gundelfingen verheiratet gewesen – sie starb 1499 als Gemahlin Jacobs Truchsessen von Waldburg – und zudem war er selber Schwestermann des Grafen Hans. Dieser ließ sich 1516 das Recht, in der Herrschaft Illertissen über das Blut zu richten, von Kaiser Maximilian erneuern, doch als am 3. September 1517 Gräfin Appolonia als Letzte ihres Stammes gestorben war, leitete er sofort die Übergabe an Schweickhart von Gundelfingen ein, der 1518 schon eine neue Bestätigung des Blutbanns erhielt. Aber auch ihm war an dem Besitz wenig gelegen, und als ihm Erhart Vöhlin dafür die ansehnliche Summe von 34 000 Gulden bot – mehr als seinerzeit der reiche Herzog dem Grafen Wilhalm für dessen Grafschaft gezahlt hatte (doch ist ein gewisser, sogar nicht unerheblicher Geldwertschwund einzukalkulieren) – verkaufte er ihn mit Vertrag vom 17. April 1520.

Glanzzeit – Die Herrschaft der Vöhlin

Das war nun eine ganz neue Situation. Nicht mehr ein Graf, der eine landesherrliche Residenz und seinem werdenden Territorialstaat eine Hauptstadt hier zu schaffen plante, nicht mehr ein altes, alteingesessenes Hochadelsgeschlecht, das mühsam den Rest einer entschwundenen Machtstellung zu retten, davon den Schein, die Erinnerung daran noch zu bewahren suchte, oder wie zuletzt ein angemessenes, zukunftverheißendes Wirkungsfeld in der ererbten, zu engen Herrschaft nicht finden konnte: Herr zu Tissen war damit ein Aufsteiger. Ihm diente der vordem gräfliche Besitz als Ausweis seiner erreichten Zugehörigkeit zum Adelsstand, mit der er sich freilich nicht begnügen mochte: Uralter Adel mußte es gleich sein, doch die Urkunde, mit der solchen schon 1417 Kaiser Sigismund bestätigt und erneuert haben sollte, hat sich als Fälschung herausgestellt, die auch alsbald durch eine 1536 vom kaiserlichen Hofgericht in Rottweil beglaubigte Abschrift, somit ein unverdächtiges Dokument ersetzt wurde.

Tatsächlich bleibt die Herkunft der Vöhlin im Dunkeln, und erst seit dem 14. Jahrhundert sind sie in der Führungsschicht der Memminger Bürgerschaft nachzuweisen. Bürgerlich sind auch – was später natürlich »berichtigt« wurde – ihre Heiratsverbindungen bis gegen 1500, wo sich ihnen der Landadel und namentlich das adelsbewußte Ulmer Patriziat allmählich öffnet; Erhart Vöhlin selber ging 1510 die Ehe ein mit Helena, der Tochter des bayerischen Rentmeisters Ulrich von Albersdorf. Das Ansehen dafür verschaffte ihnen ihr unerhörter Reichtum, den sie gewonnen hatten mit ihrer im damaligen Welthandel namhaften Firma, nach deren 1498 vollzogener Fusion mit der Augsburger Welsergesellschaft einer gewaltigen Wirtschaftsmacht. Als nur noch stiller Teilhaber, wie schon sein früh verstorbener Vater Lienhart, scheint Erhart aus ihr und ihren gewagten, aber gewinnbringenden Unternehmungen noch lang bedeutenden Nutzen gezogen, selber sich aber von Anfang an einer dem beanspruchten Stand gemäßen Lebensweise zugewandt zu haben: Sein Memminger Bürgerrecht kündigte er bald auf, für ein Darlehen von achttausend Gulden erhielt er 1512 von den Herzögen von Pfalz-Neuburg die Pflege Gundelfingen an der Donau – Graf Wilhalm von Kirchberg war dort 1483-1485 einer seiner Vorgänger gewesen. Den adelig klingenden Namen verschaffte ihm ein Besitztum, das sein Großvater von 1460 an, um die selbe Zeit also wie Vöhringen, zusammengekauft hatte: Frickenhausen an der oberen Günz und einige umliegende Weiler; 1517 verlieh ihm der Kaiser, wahrscheinlich in Anerkennung geleisteter Finanzhilfe, darüber die hohe und malefizische Obrigkeit. Als ihren Adelstitel behielten er und seine Nachkommen den Namenszusatz »von Frickenhausen« auch immer bei, obwohl er die kleine Herrschaft schon 1520, gleich nach dem Erwerb von Illertissen, um 12000 Gulden an die Stadt Memmingen abtrat.

Daß dafür, wie früher angenommen wurde, eine Überbeanspruchung seiner Mittel durch den Kauf von Illertissen maßgebend gewesen wäre, scheint nicht recht glaubhaft. Konnte Erhart Vöhlin doch schon 1524 auch noch die Herrschaft Neuburg an der Kammel, ein Reichslehen, für 15 100 Gulden den Herren von Rechberg von Hohenrechberg (doch nicht der zu Illereichen gesessenen Linie) abkaufen, in Illertissen gleichzeitig ein aufwendiges Bauwesen betreiben. Der wahre Grund dürfte vielmehr darin zu sehen sein, daß er, nunmehr im Besitz einer echten, alten Adelsherrschaft, sich von der greifbaren Erinnerung an bescheidene Anfänge trennen wollte, denn tatsächlich war ja Frickenhausen ein sehr einfacher, »ein schlechter Sitz«, bestand dieses Herrschaftsgebiet aus »zusammengebrachten Edelleut-, Bürger- und

Bauerngütern«. Mit diesen Worten charakterisiert Vöhlin zwar die Herrschaft Tissen, ganz zu Unrecht, doch wissentlich sie herabmindernd, weil es darum ging, ihre 1521 verfügte Aufnahme in den Reichsanschlag, ihre Beiziehung zu den Unterhaltskosten von Reichsregiment und Reichskammergericht sowie zur Türkenhilfe wieder rückgängig zu machen, was auch gelang. Später noch folgende Versuche ließen sich mit Hilfe der Reichsritterschaft zurückweisen, in die Vöhlin, wie ebenso schon 1524 in den Schwäbischen Bund, aufgenommen worden war.

Seine frei-eigene Herrschaft zu einem kleinen Reich, mehr noch als dem beanspruchten Adel seinem überlegenen Reichtum entsprechend, glanzvoll auszubauen, war Erhart Vöhlin nun zeitlebens bestrebt. Vordringlichste Aufgabe war, die alte und altertümliche Burg, für deren bauliche Erhaltung die letzten Kirchberger wohl wenig mehr hatten tun können und die er nun, seit Jahren nicht mehr ständig bewohnt, gewiß völlig verwahrlost antraf, instandzusetzen, ja teilweise von Grund auf neu zu bauen, sie in ein zeitgemäßes, Stand wie Wohlstand ausweisendes, festes Schloß umzuwandeln – in diese Zeit datiert werden der Tortum und der Keller des Vorderen Schlosses, doch da es 1595 von seinem Enkel Carl abermals gründlich um- und neugestaltet wurde, läßt sich diese erste Bautätigkeit nur noch undeutlich fassen. Warum er freilich damit erst drei Jahre, fast auf den Tag genau, nach Abschluß des Kaufvertrags begann, ist nicht ersichtlich, doch kam es schon bald zu Mißhelligkeiten mit den Untertanen wegen der dafür zu leistenden Fronen.

Schweickhart von Gundelfingen hatte nämlich 1518 den Bauhof, den bis dahin die Burgherrschaft selber nach altem Recht unter Heranziehung der Grundholden und Vogtleute bewirtschaftet hatte, aufgehoben und die dabei bisher erbrachten Frondienste in eine jährliche Geldabgabe verwandelt, doch sollten davon Baufronen zum Schloß und Holzfuhren nicht berührt sein. Anscheinend unter Berufung auf diesen Vertrag weigerten sich jedoch nun die Untertanen, dem Ziegelstadel in Jedesheim das zum Brennen nötige Holz zuzuführen, und daß hierin Unklarheit wirklich bestand, zeigt die Einsetzung einer hochrangigen Untersuchungskommission, die am 9. Mai 1524 die Sache zur Entscheidung dem Abt von Salem überwies. Zudem übernahm Schweickhart, als Vorbesitzer daran nicht unschuldig, unterdessen die Holzlieferung gegen spätere Entschädigung durch den unterlegenen Teil. Der Ausgang ist allerdings nicht überliefert, vielleicht in das Ergebnis des Bauernkriegs eingegangen.

Ob die Jahreszahl 1523, die das Chronostichon von 1751 in der Schloßkapelle für deren Wiederherstellung nach Verwüstung durch einen Aufruhr nennt, lediglich fehlerhaft ist, ob sie auf einem Irrtum, einer Verwechslung beruht, oder ob tatsächlich schon in der Anfangszeit der Bauarbeiten jene Unstimmigkeiten sich in Gewalttätigkeit entluden, ist nicht sicher zu entscheiden – am wahrscheinlichsten ist doch der Zusammenhang mit dem Bauernkrieg von 1525. Illertissen erscheint dabei als eine der Keimzellen der Empörung: Nicolaus Thoman, der aufmerksame Beobachter der Vorgänge, erwähnt hier mehrere Bauernversammlungen schon seit bald nach Jahresbeginn, bis Ende März sind hier sechstausend aufständische Bauern zusammengeströmt. Man wird darin eine unmittelbare Folge der Belastung durch den Schloßbau, wahrscheinlich auch weiterer für die Gemeinde nachteiliger Maßnahmen erkennen dürfen. Indes war die Beteiligung nicht in der ganzen Herrschaft gleich, in Jedesheim sogar nur mäßig, ziemlich geschlossen hingegen in Vöhringen, das von einer Kriegsschar des Schwäbischen Bundes in Brand gesteckt, in Tiefenbach, das ausgeraubt wurde, wobei es Tote gab, und in Betlinshausen. Von Illertissen unterwarf sich ein Teil schon im Mai und wurde danach von den weiterhin Aufständischen bedrängt – unter Anklage gestellt wurde nachher wohl etwa ein Viertel der männlichen Bewohner, dazu fünfzehn Weiber.

Erhart Vöhlin hatte sich frühzeitig hinter die Mauern der Stadt Ulm geborgen, nach seiner Rückkehr hielt er am 26. Oktober Gericht: Von 312 Angeklagten wollte er sieben als Anführer hinrichten lassen, schenkte ihnen dann aber auf Fürbitte insbesondere der anwesenden Adligen schließlich das Leben, doch unter sehr harten Auflagen. Andere kamen, neben Geldstrafen, mit der ewigen Verpflichtung zu einem jährlichen Dienst auch nicht gerade glimpflich davon, vor allem aber wurde der Vertrag von 1518 aufgehoben. Dies war äußerst vorteilhaft für Vöhlin, der daraufhin seinen Schloßbau ohne weitere Anstände zügig durchführen konnte – im Frühjahr

1526 begann er das Hintere Schloß, das in nur vierjähriger Bauzeit vollendet wurde, allerdings nach einem Brand 1549 neu aufgeführt werden mußte – und zudem dabei war, die herrschaftliche Eigenwirtschaft wieder aufleben zu lassen. Das führte aber bald zu neuen Beschwerden der Gemeinde, die durch Vermittlung Schweickharts von Gundelfingen 1529 beigelegt werden konnten, wobei die auferlegten Strafdienste durch eine einmalige Geldzahlung abgelöst wurden und Vöhlin sich verpflichten mußte, keine weiteren Bauerngüter an sich zu bringen, überdies sein Vieh künftig vom Gemeindehirten gegen Entlohnung weiden zu lassen. Nicht unterbunden war damit der Ankauf bäuerlicher Erbrechte an ihren Gütern, die dadurch leibfällig und so dem Einfluß der Herrschaft auf ihre Besetzung unterworfen wurden, welche zudem von jedem neuen Inhaber statt des bisher mäßigen Handlohnes ein hohes Bestandgeld fordern konnte.

Denn jener grundgütige, treufürsorgliche und fast schon trottelhafte Großvatertyp, als den namentlich Kanz ihn zeichnet, war Erhart Vöhlin nun wahrlich nicht: Härte im Gebrauch ihm zustehender oder beanspruchter Rechte, Zähigkeit und Rücksichtslosigkeit im Verfolgen eigenen Vorteils, doch gleichermaßen geschicktes Nachgeben, wo dieser gefährdet scheint – Eigenschaften, die seine Vorfahren im kaufmännischen Konkurrenzkampf ausgebildet und erfolgreich eingesetzt hatten, sie sind auch bei ihm zu erkennen, in diesem Verhalten gegenüber den Untertanen ebenso wie im Verhältnis zu adeligen Nachbarn, hauptsächlich an der Art, wie er den Frauen von Edelstetten ihren Besitz im Herrschaftsgebiet zu verleiden und abzudrängen versuchte.

Beim glanzvollen Ausbau der Herrschaft mußte dies ja Vöhlins – neben einem fürstengleichen Residenzschloß – anderes Ziel sein, die noch vorhandenen Rechte fremder Herrschaften in seinem Gebiet in seine Hand zu bringen. Am lästigsten waren die des Stifts Edelstetten, Kirchensatz und Zehendrechte und etwa die Hälfte des Grundeigentums am Herrschaftssitz selbst und in zugehörigen Orten. Zu früher schon praktizierten Schikanen erfand Vöhlin neue, unter denen sich die Äbtissin am meisten darüber beklagte, daß sie ihre Zehendfrüchte nirgends anders mehr anbieten dürfe, als auf dem Illertissener Markt, wo sie aber nicht absetzbar seien – dies macht dessen doch sehr beschränkte Kapazität erst recht deutlich. Der hochangesehene Abt von Weingarten und Ochsenhausen, Gerwig Blarer, vom Kaiser mit der Untersuchung des Zwists beauftragt, fand dafür keine bessere Lösung, als die käufliche Überlassung der edelstettischen Rechte an Vöhlin zu recht günstigen Bedingungen für das Stift, doch da die Damen diesen alten und wichtigen Besitz eigentlich gar nicht hatten hergeben wollen, mußte schließlich der Kaufpreis auf insgesamt 21 500 Gulden erhöht werden – eine ziemlich übertriebene Summe, worin doch der hohe Stellenwert, den Erhart Vöhlin der Vervollkommnung seiner Herrschaft beimaß, zum Ausdruck kommt.

Einen Zehendanteil, den noch die Pfarrkirche besaß, traten die Heiligenpfleger 1561 ab, nun schon an Hans Christoph, den einzigen Sohn Erhart Vöhlins, der siebzigjährig (was zweifellos richtig ist) 1557 sein Leben beschlossen hatte. Den allmählichen Aufkauf anderer, zum Teil unbedeutender Besitzungen und Gerechtsame im einzelnen hier auszuführen, wäre wenig fruchtbar, und die einzige noch wesentliche Erwerbung, die Ausweitung des Herrschaftsgebiets auf Emershofen 1560, ist bereits dargestellt. Ihm auch noch Bellenberg anzugliedern, und damit die verbliebene Lücke zu Vöhringen zu schließen, bemühte sich Carl Vöhlin von 1591 an, wobei er die Beziehungen der Familie zum Haus Österreich ziemlich schamlos auszuspielen versuchte, doch vergeblich: Nach dem Tod des letzten Ellerbachers zu Laupheim war Bellenberg 1573 unter dessen drei Töchter geteilt worden, und der einen Gemahl Philipp Marschall von Pappenheim behielt 1595 schließlich die Oberhand. Als dann seine Erben schon in den zwanziger Jahren des nächsten Jahrhunderts und noch einmal von 1740 an doch verkaufen wollten, hatten die Illertissener Vöhlin dafür nicht mehr das Geld.

Vorangegangen war ein jahrelanger, mit Drohungen und Handgreiflichkeiten erbittert geführter Streit um Jagdrechte, der dann, vor das Reichskammergericht getragen, endgültig erst 1617 durch einen Vertrag beendet wurde. Viel länger dauerten die Streitigkeiten mit dem Nachbarn im Süden, den Herren von Rechberg zu Aichheim, und auch dabei ging es vorwiegend um Jagdgrenzen, doch kamen Besitzansprüche und später noch Rechte am Mühlbach hinzu. Sie entzündeten sich bereits 1524, und wenngleich sie immer wieder durch Verträge, Grenzberichtigungen und Tauschaktionen beigelegt werden konnten, so flammten sie doch bald an gleicher oder anderer Stelle neu auf und fanden erst im 18. Jahrhundert ein Ende. Ausgetragen wurden sie zumeist auf dem Rücken der Untertanen, die bedroht, gefangengesetzt, gepfändet oder auf andere Weise geschädigt wurden, doch kam es 1573 am »Thonapühl« sogar zu einer Schießerei zwischen den Herren selber, bei der glücklicherweise bloß ein rechbergisches Pferd den Tod fand.

Dabei scheinen die Rechberger die hauptsächlichen Störenfriede gespielt zu haben. So schädigten und behinderten sie mutwillig die Vöhlinsche Jagd auf Wasservögel und sonstige Nutzung der zwei Weiher zu Dattenhausen, die schon in der kirchbergischen Teilung von 1441 als Zubehör von Illertissen aufgeführt sind: Im Tausch gegen zwei Anwesen in Jedesheim, die der Kaplanei Illereichen gültpflichtig waren, ging dieses Streitobjekt 1590 in rechbergischen Besitz über. Doch setzten sich auch die Vöhlin ins Unrecht, als sie – angeblich noch zu Lebzeiten Erharts, als aber Hans Christoph bereits die Geschäfte führte, doch ist das von Kanz genannte Jahr 1552 zweifelhaft – den Wochenmarkt zu Illertissen auf den Donnerstag verlegten, zum Schaden des seit jeher an diesem Tag abgehaltenen Marktes in Altenstadt. Gegen die beim Kaiser vorgebrachte Klage des Hans von Rechberg berief sich Hans Christoph auf das Privileg von 1430, in dem freilich der Wochenmarkt auf den Dienstag festgelegt worden war, doch konnte er sich nicht durchsetzen und ließ sich nun den Freitag für den Wochenmarkt und auch für die zwei Jahrmärkte neue Termine bestätigen.

Auf die Spitze trieb die Auseinandersetzungen erst nach dem Dreißigjährigen Krieg der Letzte der seit 1626 Grafen genannten Rechberger zu Illereichen, dann sein Schwiegersohn und von 1676 an Nachfolger, ein Graf von Limburg-Styrum aus westfälischem Adel. Den Anfang machte Graf Hans von Rechberg 1665 mit der Anlegung eines Tiergartens, der auch Vöhlinsche Waldungen einschloß, zu denen in der Folge der Zutritt gänzlich verwehrt wurde. Gleichzeitig begann er für die Nutzung des Mühlbaches, der schon seit alter Zeit bei Kellmünz – zwar auf rechbergischem, nicht aber seinem aichheimischen Gebiet – aus der Iller abgeleitet wurde, Wasserzins zu fordern und mit zeitweiliger Sperrung des Kanals zu erpressen. Den Entzug des Mühlbachwassers gebrauchte dann Graf Styrum nur noch, um dadurch den Nachbarn zu schädigen; eine von Hans Gotthard Vöhlin neu geschaffene Zuleitung ließ er wiederholt zerstören, so daß dieser gezwungen war, einen weiteren Durchstich von fuggerischem Hoheitsgewässer her vorzunehmen. Da der Graf mit weiteren Übergriffen die Rechte nicht allein Vöhlins sondern auch anderer Nachbarherrschaften verletzte, kaiserliche Abmahnungen dabei unbeachtet ließ, griff die Reichsritterschaft ein und führte 1679 gegen ihn einen regelrechten Krieg, zerstörte den Tiergarten und sperrte nun ihm das Wasser, erbeutete Güter und belagerte das Schloß, ihrerseits vom Grafen eiligst ausgewirkte Abmahnungen des Kaisers nun mißachtend. Nachdem Graf Styrum den daraufhin vor dem Reichshofrat geführten Prozeß verloren hatte und zum Ersatz alles angerichteten Schadens und entstandener Kosten verurteilt worden war, hatten die Nachbarn von ihm Ruhe, nicht jedoch seine Untertanen, die mehrfach samt ihrem gefährdeten Vieh den Schutz Vöhlins suchten — wegen dessen Rückhalts in der Ritterschaft und bei den Reichsstädten wagte der Graf es nicht mehr, ihn deshalb anzugreifen.

Zeigt sich in der maßlosen Arroganz des Grafen Styrum wohl vor allem — allerdings durch Frau und Schwiegermutter aufgestachelt — der anderswo seit langem angesehene und einflußreiche Landfremde, so lassen Äußerungen des Grafen Hans von Rechberg sehr deutlich erkennen, daß bei diesen alten und ihres älteren Adels sehr bewußten Geschlechtern die Erinnerung an die bescheidene Herkunft der Vöhlin trotz vornehmer Herrschaft, prunkender Residenz und vorzeigbarem Adelsdiplom immer lebendig geblieben war und ihr seit Erhart immer gesuchtes und sorgsam gepflegtes Connubium mit dem Adel eher belächelt, ihr größerer Erfolg und ihre Anerkennung in kaiserlichen und fürstlichen Diensten wie beim Ausbau ihrer Herrschaft aber mit Neid betrachtet wurde. Das gilt sicher genauso für die Erbmarschälle von Pappenheim, wenngleich diese, ehedem böse Nachbarn, 1673 Hans Gotthart Vöhlin eine Tochter zur Ehe gaben. Nur von da, von dieser eifersüchtigen Geringschätzung her ist das meist gespannte Verhältnis zu ihnen verständlich.

Denn gleichartige Mißverständnisse, ebenso neue Probleme wie etwa

1680 die Wasserzuleitung zum Mühlbach, konnten mit anderen Nachbarn, den Grafen Fugger, vor ihnen in der Herrschaft Brandenburg selbst mit Veit von Rechberg, und der nicht weniger adelsstolzen Familie Ehinger von Balzheim stets anstandslos gelöst werden. Nur einmal gab es auch da ausufernden Ärger, als 1567 Hans Christoph Vöhlin auf Grund seiner Gerichtshoheit in Emershofen beanspruchte, daß die Abhör der dortigen Heiligenrechnung zu Illertissen von seinen Beamten vorgenommen werde. Seit alters war Emershofen freilich nach Illerberg eingepfarrt, die Rechnung dort wegen der Zugehörigkeit zur Grafschaft Kirchberg von fuggerischen Beamten abgehört worden. Da nützte es, soviel bekannt ist, dem Vöhlin auch nichts, daß er angab, die Kapelle dort sei eine Stiftung der Ulmer Familie Stammler, von der er das Dorf gekauft hatte, denn mit Zeugenaussagen konnte die fuggerische Seite nachweisen, daß die Gemeinde sie auf eigene Kosten mit Hilfe einer selber durchgeführten Sammlung erbaut hatte.

Hans Christoph, der an der Universität Ingolstadt studiert hatte, war – seine in diesem Fall wie vorher beim Streit um den Markttag bekundete Unverfrorenheit, mit der er durch wahrheitswidrige Behauptungen den Gegner ins Unrecht zu setzen suchte, beweist es – ein hervorragender Jurist. Sein kleines Staatswesen verdankt ihm das Gesetzbuch, in dem unter dem Titel »Gerichtsordnung, Gebräuch, Stattuten, Gebott der gefreytten Herrschafften Illertissen und Newburg« nicht in erster Linie altes Herkommen aufgezeichnet ist, sondern nach modernsten Vorstellungen Verwaltung, Gerichtswesen sowie Markt- und Gewerbeaufsicht geregelt, Rechte und vor allem Pflichten der Untertanen in allen Lebensbereichen bestimmt und für Übertretungen die Strafen und Bußgelder festgesetzt werden. Es trat nach der Billigung durch Kaiser Ferdinand im April 1559 in Kraft und blieb bis 1803 gültig: ein Zeichen seiner hohen Qualität.

Juristische Kenntnis und diplomatische Fähigkeit Hans Christophs wurde auch vom Kaiser und seinem Sohn Erzherzog Ferdinand geschätzt, die beide ihn immer wieder gerade mit schwierigen Missionen betrauten, ihm dafür freilich, indem er dabei beträchtliche Summen verauslagen mußte, den wirklichen Dank schuldig blieben – er konnte es sich um Ansehens und politischen Einflusses willen schon leisten. Denn geschätzt war nicht weniger sein nach wie vor unerschöpfliches Kapital, das die Österreicher und insbesondere die Herzöge von Bayern, der Augsburger Bischof, Klöster, Städte und viele adelige Herren gern in Anspruch nahmen: Mehr als hunderttausend Gulden an Guthaben werden 1589 aufgezählt, als seine Söhne das Erbe unter sich teilten.

Von den vier herangewachsenen Söhnen Hans Christophs war der älteste, Erhart, 1576 kurz vor dem Vater schon gestorben, angeblich durch Gift, der dritte, dem Vater nachbenannte, 1587. Übrig blieben Ferdinand und Carl – als Erbauer der neuen Pfarrkirche sind sie längst eingeführt – deren zunächst noch gemeinschaftliche Verwaltung des Besitzes, wie die Eingangsformulierung der Teilungsurkunde andeutet, nicht ohne zunehmende Spannung vor sich ging. Carl, anscheinend der aktivere, sicherte sich die Herrschaft Illertissen, Ferdinand erhielt zu der geringeren Herrschaft Neuburg noch das gesamte Familienkapital – vielleicht nicht die klügste Entscheidung. Wiewohl nämlich bis in die Anfangszeit des Dreißigjährigen Krieges noch mit der Erwerbung einzelner Höfe der innere Ausbau des Illertissener Territoriums vorangebracht werden und Carls Sohn Hans Christoph (III.) dem Bischof von Augsburg 1626 ein Darlehen über zwölftausend Gulden gewähren konnte, so häuften sich doch umgekehrt die Kapitalschulden vom Zeitpunkt der Teilung bis 1631 auf mehr als vierzigtausend Gulden an, und als 1637 die Neuburger Linie abstarb und deren Anteil am Familienbesitz – dazu war 1592 noch die Herrschaft Hohenraunau südlich von Krumbach sowie 1594 Schloß und Hofmark Niederarnbach bei Schrobenhausen erkauft, letzteres jedoch 1629 wieder abgestoßen worden – an die Illertissener Linie zurückfiel, war anscheinend von dem früheren Kapitalvermögen nichts mehr vorhanden.

Dazu verödete der lange Krieg nun auch die Herrschaftsgebiete: Seit 1629 und bis ins Frühjahr 1648 verging kaum ein Jahr ohne Durchzüge, Quartierlasten, Kontributionen, Plünderung, Mord und Brandschatzung, denen Hunger und Seuchen folgten. Von den großen Dörfern Vöhringen und Jedesheim liegen Nachrichten vor, wonach dort nur wenige Bewohner noch lebten, die Felder verwildert und überwuchert waren, und in den anderen Orten dürfte es nicht besser ausgesehen haben. Erst allmählich konnten danach die Höfe wieder besetzt, die Felder in Bau genommen werden, vielfach durch Zuwanderer aus dem Alpenraum – in Jedesheim sind »Etschländer« durch mehrere Hofnamen bezeugt –, somit die Herrschaften überhaupt wieder einen Ertrag bringen. Fast erstaunt es da, daß 1651, als alles noch darniederlag, das Erbteil für Franz Adam, den ältesten Sohn Hans Christophs III., der eigentlich Geistlicher hätte werden sollen, aber in wirttembergische Dienste getreten und protestantisch geworden war, auf zwanzigtausend Gulden festgesetzt wurde – insgesamt waren es vier Brüder, einer davon seit 1649 Mönch.

Die beiden anderen teilten abermals die Herrschaften: Hans Albrecht, der jüngste, erhielt Neuburg mit Hohenraunau und dazu, weil der Minderwert dieser Herrschaften nicht mehr wie 1589 mit Geld ausgeglichen werden konnte, die Dörfer Vöhringen, Tiefenbach und Emershofen, wo nur die hohe Obrigkeit mit den Frondiensten bei Illertissen und damit in der Hand Hans Christophs IV. verblieb. Dies wurde freilich 1659 wieder rückgängig gemacht und Hans Albrecht mit einer Geldschuld befriedigt, doch da deren jährliche Abtragung nicht gelang, konnte dieser 1678 seinem Neffen Hans Gotthart Tiefenbach doch wieder abtrotzen. Wann es, anscheinend jedoch bald, in den Verband der Herrschaft Illertissen zurückkehrte, ist nicht bekannt.

Hans Christoph IV. bemühte sich, hierin unterstützt von seiner evangelischen Frau Eva Regina geborenen Freiin von Weltz, nicht ohne Erfolg, die Herrschaft wieder in die Höhe zu bringen, und nachdem er viel zu früh 1663 verstorben war, führte dies der ritterschaftliche Syndicus Dr. Michael Mayer – später geadelt war er Freiherr von Osterberg – als Verwalter im Auftrag der Vormünder des einzigen Sohnes Hans Gotthard weiter, seit 1670 dieser selbst. Aus der Fehde mit den Grafen zu Illereichen ist er ja schon bekannt, und da er hierbei sich mutig und standhaft erzeigt und auch die Interessen der Ritterschaft entschlossen verteidigt hatte, wählte ihn deren Kanton Donau zum Director – eine hohe Auszeichnung! Zudem wußte er haushälterisch zu wirtschaften und brachte die Herrschaft wieder zum Blühen, so daß ihr erzielbarer Ertrag die unvermeidlichen Ausgaben nun wieder merklich überstieg. So gelang es ihm, die riesige Schuldenlast bis auf einen geringen Rest abzubauen und überdies wertvolle Erwerbungen zu machen. Vier Jahre vor seinem Tod konnte er 1705 sogar einen Umbau seines Schlosses beginnen, das dabei entfestigt und zu einem offenen Herrensitz umgestaltet wurde: Die beide Schlösser umgebende Ringmauer ließ er niederlegen, die Zugbrücke durch eine feste Bogenbrücke ersetzen, vor allem aber den eleganten »Französischen Bau« aufführen und durch die reizvolle Arkadenbrüstung mit dem Vorderen Schloß verbinden.

Die Bauarbeiten waren wohl noch nicht abgeschlossen, als 1709 der Sohn Johann Joseph die Nachfolge antrat, ein schwächlicher Charakter, der an zunehmender »Geistesblödigkeit« litt, Wirtschaft und Verwaltung schleifen ließ und wieder mehr verbrauchte, als er hatte. Eine wirkliche Katastrophe bahnte sich jedoch an, als er 1715 seine zweite Ehe einging mit Marie Louise von Grafeneck aus einem noch nicht lang in den Grafenrang erhobenen Geschlecht. Sie, hochfahrend und unstät, anspruchsvoll und bedenkenlos verschwenderisch, übernahm sofort das Kommando im Haus und in der Herrschaft, wandte alles auf eine weit übertriebene, vermeintlich standesgemäße, die kleine Herrschaft jedoch restlos überfordernde Lebensführung und entfaltete insbesondere eine hektische, planlose Bautätigkeit – das Ehewappen dieses Paares am Portal zum Hinteren Schloß gibt davon Kunde. Da wurde abgerissen, gebaut, wieder eingerissen und anders gebaut, ausgestaltet und umgestaltet und abermals erneuert, selbst das Mobiliar mehrfach durch noch kostbareres, modischeres ersetzt, alles ohne Rücksicht auf Kosten oder einen Gedanken an Bezahlung.

Wohl verdanken wir dem die bewundernswerten Reste barocker Pracht im Illertisser Schloß – wofür aber stehen sie? Eben nicht mehr für unermeßlichen Reichtum, nur noch für maßlose Selbstüberschätzung und völligen Realitätsverlust, Zeugnisse sind sie nicht eines glänzenden Höhepunkts, sondern gleißnerischen Niedergangs. Nach einem Jahrzehnt wurden die Mißstände unübersehbar und dann von einer ritterschaftlichen Kommission untersucht: Sie fand Kapitalschulden und unbezahlte Rechnungen von erschreckender Höhe, eine durch ständige Eingriffe der »gnädigen Frau« nicht mehr funktionierende Verwaltung, abnehmende Erträgnisse der Herrschaft, in der durch übermäßige Belastung mit Frondiensten und den durch die Außenstände der freiherrlichen Familie verminderten Geldumlauf das Wirtschaftsleben gelähmt war. Zu spät verfügte 1730 Kaiser Karl VI. die Einsetzung einer Administration, deren redliches und fachmännisches Bemühen um eine Sanierung der Herrschaft namentlich von der ganz uneinsichtigen Baronin, doch ebenso von dem wenig geratenen Sohn Johann Joseph, die sich nicht mit dem Entzug herrschaftlicher Befugnis abfinden, mit einer zugemessenen »Kompetenz« durchaus nicht begnügen wollten, nach Kräften behindert, unterlaufen, schließlich vereitelt wurde; auch die als letzter Ausweg gesuchte Verpachtung wußten sie zu hintertreiben.

Die aussichtslosen Anstrengungen der Reichsritterschaft und ihrer in kaiserlichem Auftrag handelnden Administratoren, die ränkevollen Machenschaften Johann Josephs und seiner Stiefmutter – sie starb 1747, der geistesgestörte Vater hochbetagt erst 1751 – zur Wiedergewinnung der freien Verfügung über ihre Herrschaft hat Gerhart Nebinger 1954 gründlich untersucht und eingehend dargestellt. Herausgearbeitet hat er auch die verhängnisvolle Rolle, die dabei der bayerische Kurfürst spielte, indem er nach Kaiser Karls VI. Tod 1740 zunächst als Reichsvikar, dann als Karl VII. selber »allezeit Mehrer des Reichs«, zuletzt noch sein Sohn Max Joseph wieder als Reichsvikar die zur Wahrung der Reichsinteressen übertragene Gewalt für eigennützige Zwecke mißbrauchte: Wie ein schlechter Witz mutet es an, daß er ausgerechnet Johann Joseph Vöhlin als Administrator einsetzte. Aber dahinter stand gewiß schlaue Berechnung, denn daß dieser die Herrschaft nun hemmungslos mit Schulden überhäufen und vollends für den Verkauf reif machen werde, das war abzusehen – dann wollte der Kurfürst zugreifen.

Es war dann auch nichts mehr zu retten, als nach dem Regierungsantritt Kaiser Franz' I. die Reichsritterschaft der Illertissener Angelegenheit sich wieder wirklich annehmen konnte. Da kam es jetzt nur noch darauf an, den richtigen Käufer zu finden, zahlungskräftig und doch der Ritterschaft ein loyales Mitglied: kein Landesfürst also, am wenigsten Bayern, das zu viele Rittergüter des Kantons Donau sich bereits angeeignet hatte. Als sie sich 1757 endlich entschloß, selber als Korporation die Herrschaft Illertissen zu erwerben und dafür die kaiserliche Genehmigung erbat, konnte Vöhlin jedoch schon einen Kaufvertrag vorweisen, den er – dazu gar nicht befugt – im

Vorjahr mit dem bayerischen Kurfürsten abgeschlossen hatte. Nicht unwahrscheinlich ist er freilich, wie Nebinger vorsichtig vermutet, zurückdatiert: Das Ende träfe sich so gewissermaßen mit dem Anfang, jenem gefälschten Adelsdiplom.

Johann Joseph Vöhlin hatte 1751 noch seiner Schloßkapelle einen neuen, festlichen Innenraum verschafft, im freundlichen Rokokostil von dem Weißenhorner, soeben von einer Italienreise zurückgekehrten Künstler Franz Martin Kuen gestaltet. Doch als der Verkauf der Herrschaft abzusehen war, verzog er sich 1754 nach Neuburg, das ihm sein Vetter Franz Karl überlassen hatte gegen Übernahme darauf ruhender Schulden und neuer Verpflichtungen. Dort lebte er noch bis 1785 in vergleichsweise beengten Verhältnissen, nun mit Inbrunst genealogischen Studien hingegeben, deren aus heutiger Sicht geringen wissenschaftlichen Wert Walter Schiele aufgezeigt hat. Aus dem in seinem Adelsdiplom verbrieften Recht, als Hofpfalzgraf Standes- und Rangerhöhungen vornehmen zu dürfen, machte er durch ein weitum propagiertes Billigangebot noch ein florierendes Geschäft, doch brachte seine dabei wiederum bewiesene Leichtfertigkeit ihn auch damit in Schwierigkeiten. Da sein Sohn Johann Thaddäus 1770 unverheiratet gestorben war, erlosch mit zwei Töchtern, deren eine Schloß Neuburg noch bis 1816 bewohnte, das Geschlecht der Vöhlin von Frickenhausen.

Wende zur Zukunft: Illertissen in Bayern

In dem auf 20. Juli 1757 datierten Kaufvertrag ist vereinbart, daß der bayerische Kurfürst in die vollen Besitzrechte an der Herrschaft Illertissen nicht erst mit der Huldigung eintreten solle, sondern sofort nach der Erteilung der kaiserlichen Genehmigung, die vom Verkäufer auszuwirken sei. Ob dieser sie überhaupt erhalten hätte, ist aber durchaus fraglich, denn Johann Joseph Vöhlin war nicht allein die Verfügung über die Herrschaft gänzlich entzogen, sondern es war ihm auch ausdrücklich untersagt, selber sich um einen Käufer zu bemühen, er zudem keinesfalls berechtigt, einen Teil der Kaufsumme, wie es der Vertrag vorsieht, selber in Empfang zu nehmen. Es ist auch nichts davon bekannt, daß er darauf zielende Versuche unternommen hätte, und wenn das Datum der Urkunde den Zeitpunkt des Vertragsabschlusses richtig wiedergibt, dann sollte wohl in beiderseitigem Interesse damit zugewartet werden, bis sich eine dafür geeignete politische Situation ergäbe. Wahrscheinlich wurde jedoch diese Klausel bloß der juristischen Korrektheit halber in den Vertragstext aufgenommen, war ihre Einhaltung gar nicht beabsichtigt.

Denn der Kurfürst wartete die notwendige Genehmigung gar nicht ab: Im September 1757 entsandte er seinen Obersthofmeister Freiherrn Joseph von Stein, um von der Herrschaft Illertissen Besitz zu ergreifen. Daß die Kaufabsicht der Ritterschaft bekannt geworden war, kann solche plötzliche Eile kaum veranlaßt haben, denn widerrechtlich war dieses Vorgehen allemal und keine Garantie dafür, daß es dabei bleiben werde. Überaus günstig für ein Gelingen waren indes die politischen Voraussetzungen, war doch der Preußenkönig Ende August 1756 unvermutet in Sachsen und ins österreichische Böhmen einmarschiert, gegen den Friedensbrecher inzwischen der Reichskrieg ausgerufen und gerade voll entbrannt, der Kaiser auf die Unterstützung durch Bayern angewiesen: Wie hätte man das im Juli des Vorjahres schon so konkret erwarten können? Abzusehen war freilich auch nicht, daß der Krieg sieben Jahre dauern werde, deshalb mußte die Gelegenheit sofort genutzt werden – daß nach dem Krieg der Kaiser seinem Verbündeten die Genehmigung versagen und die vollzogene Besitzübernahme rückgängig machen werde, war weniger zu befürchten; sie erfolgte dann auch ohne Anstände am 16. Januar 1764. Das alles spricht aber dafür, daß in dieser gegebenen Situation auch der Kaufvertrag erst aufgesetzt wurde: Der Übergang der Herrschaft Illertissen vollzog sich als ein gegen Kaiser und Reichsritterschaft gerichtetes Komplott Vöhlins im Verein mit dem Kurfürsten.

Etwa um die Monatswende zum Oktober scheint der Freiherr von Stein in Illertissen eingetroffen zu sein und nahm in Vertretung des Kurfürsten die Huldigung entgegen von Untertanen und Beamten, die nunmehr den kaiserlichen Administratoren den Gehorsam verweigerten. Viel änderte sich jedoch nicht, da Illertissen eine selbständige Herrschaft blieb, eine »Kabinettsherrschaft«, die lediglich durch die Person ihres Besitzers mit dem bayerischen Staat verbunden, diesem aber nicht einverleibt war. Weiterhin wurde die Reichssteuer zur Ritterschaft entrichtet, galt das Vöhlinsche Recht und arbeitete die Verwaltung unverändert weiter, auch die Beamten blieben – dem 1745 eingesetzten Oberamtmann Paul folgten sogar bis 1804 nacheinander zwei Söhne im Amt. Nur lebte jetzt der »gnädige Herr« – und das mögen viele als Erleichterung empfunden haben – nicht mehr am Ort, war nicht mehr allgegenwärtig; das Schloß war nun Dienstsitz des Oberamtmanns.

Nicht sogleich änderte sich freilich auch das Schuldenkonto der Herrschaft. Wichtigere Gläubiger dürften wohl schneller befriedigt worden sein oder dem neuen, potenten Herrn den Kredit verlängert haben – dem wurde bisher noch nicht nachgeforscht. Aber bei ihren Untertanen ließ sich die neue Herrschaft viel Zeit mit der Begleichung offener Rechnungen und der Auszahlung rückständiger Besoldungen, die den Beamten und Bediensteten, wie Nebinger festgestellt hat, von der Geheimen Kabinettskasse erst nach zwei Jahren angewiesen wurden. Da war dann zwar wieder Geld vorhanden, aber jetzt fehlten die Aufträge, die Beschäftigung, zu der die angesessene Freiherrnfamilie mit ihren vielerlei hohen Ansprüchen, wennschon bei ungewisser Bezahlung, doch immer verholfen hatte. Von Maßnahmen zur Wirtschaftbelebung als Ersatz dafür ist in dieser Zeit noch keine Rede, solche ergriff erst im 19. Jahrhundert der bayerische Staat. Doch dazwischen lagen Hungerjahre, schon 1770-1772 und dann insbesondere 1816/17, sowie die Kriegsereignisse von 1796 bis 1800 und wieder 1805, unter denen gerade die Illergegend besonders zu leiden hatte.

Unberührt von diesem Besitzerwechsel blieb zunächst auch die Stellung von Illertissen als Mittelpunkt eines kleinen Herrschaftsgebiets, wie dies nun schon seit 1440 – mit der kurzen Unterbrechung in der Zeit, da Graf Philipps die Lehenherrschaft in der Grafschaft Kirchberg ausübte – gewesen war. Doch da trat der Umschwung ein, als 1803 infolge der Niederwerfung des Reichs durch die Franzosen und der daraufhin geänderten Rechtslage dem bayerischen Kurfürsten die Möglichkeit gegeben war, die ihm für seine linksrheinisch verlorenen Gebiete als Entschädigung zugesprochenen samt den länger schon besessenen, rechtlich bisher selbständigen Herrschaften mit seinem Land zu einem einheitlichen Staat zu verschmelzen. Illertissen wurde nun, schon in der berechtigten Erwartung weiteren Gebietszuwachses, zum Sitz eines bayerischen Landgerichts bestimmt – aber dies und die damit eröffnete neue Zukunft ist ja in den Eingangskapiteln bereits dargelegt.

So konnte nun Illertissen die wohl von Anfang an ihm zugedachte Aufgabe als zentraler Ort für einen größeren Bereich wieder wahrnehmen. Freilich lassen sich die Ergebnisse einer vielhundertjährigen Entwicklung nicht mit einem Verwaltungsakt wegwischen, und eine über die Funktion als Behördensitz hinausreichende Zentralität konnte sich vorerst nicht ausbilden, weil selbstverständlich im zugeteilten Bezirk die altgewohnte Orientierung auf bisherige Herrschaftsmittelpunkte lang nachwirkte und namentlich die Anziehungskraft von Weißenhorn und Babenhausen, die sich in der Weiträumigkeit der Fuggerherrschaften breit hatte entfalten können, jener der eingeengten Vöhlin-Residenz weit überlegen blieb. Zudem lebte mit dem Aufkeimen und raschen Erblühen von Neu-Ulm bald die alte Konkurrenz zwischen beiden Standorten auf, die seit langem infolge des Absinkens reichsstädtischer Macht und konfessionell bedingter Berührungsscheu, zuletzt durch die 1810 gezogene Reichsgrenze zwischen Bayern und Württemberg in den Hintergrund getreten war: Da hatte ja Illertissen immer nur unter ungewöhnlichen politischen Bedingungen einen Vorsprung zu gewinnen vermocht.

Demgemäß setzte nur sehr zögerlich überhaupt eine Entwicklung ein, wiewohl nun der Markt vornehmlich für den Getreidehandel größere Bedeutung erlangte. Anschaulich machen das die Einwohnerzahlen: Nachdem die ersten Jahre der Zugehörigkeit zum bayerischen Staat die Bevölkerung um zwanzig Prozent auf 1100 Personen hatten anwachsen lassen, hielt sie sich auf dieser Höhe bis gegen 1860, und erst danach zeigt sich eine allmählich beschleunigte Zunahme der Einwohnerzahl, die sich in den ersten sechs Jahrzehnten um kaum ein Drittel vermehrt, nach weiteren sechzig Jahren wiederum verdoppelt hat. Nicht zu übersehen ist darin der Zusammenhang mit dem 1861/62 unternommenen Bau der Eisenbahn. Sie erst brachte Illertissen, gerade gegenüber Babenhausen und Weißenhorn, den entscheidenden Vorteil, und dadurch erst – zusammen mit einer effektiveren Nutzung der Wasserkraft, die gleichzeitig, einhergehend mit der lang sich hinziehenden Illerkorrektion, einsetzte – konnte die Entwicklung in Gang kommen, deren gegenwärtiges Ergebnis eingangs beobachtet wurde. Erst das hat dann Illertissen aus der Enge, in die es im Lauf der Zeiten geraten war, wirklich befreien und ihm wieder die zentrale Bedeutung geben können, die selbst den Verlust der Kreisbehörden zu überdauern vermochte. Daß sie freilich keineswegs selbstverständlich, nicht einfach vorhanden, sondern wandelbar, dem Wechselspiel unterschiedlicher, darauf einwirkender Kräfte unterworfen ist, daher jeweils neu bestimmt und durchgesetzt werden muß, das zeigt seine lange, bewegte Geschichte – es bleibt Verpflichtung und Aufgabe für die Zukunft.

Zum Ursprung der Grafen von Kirchberg

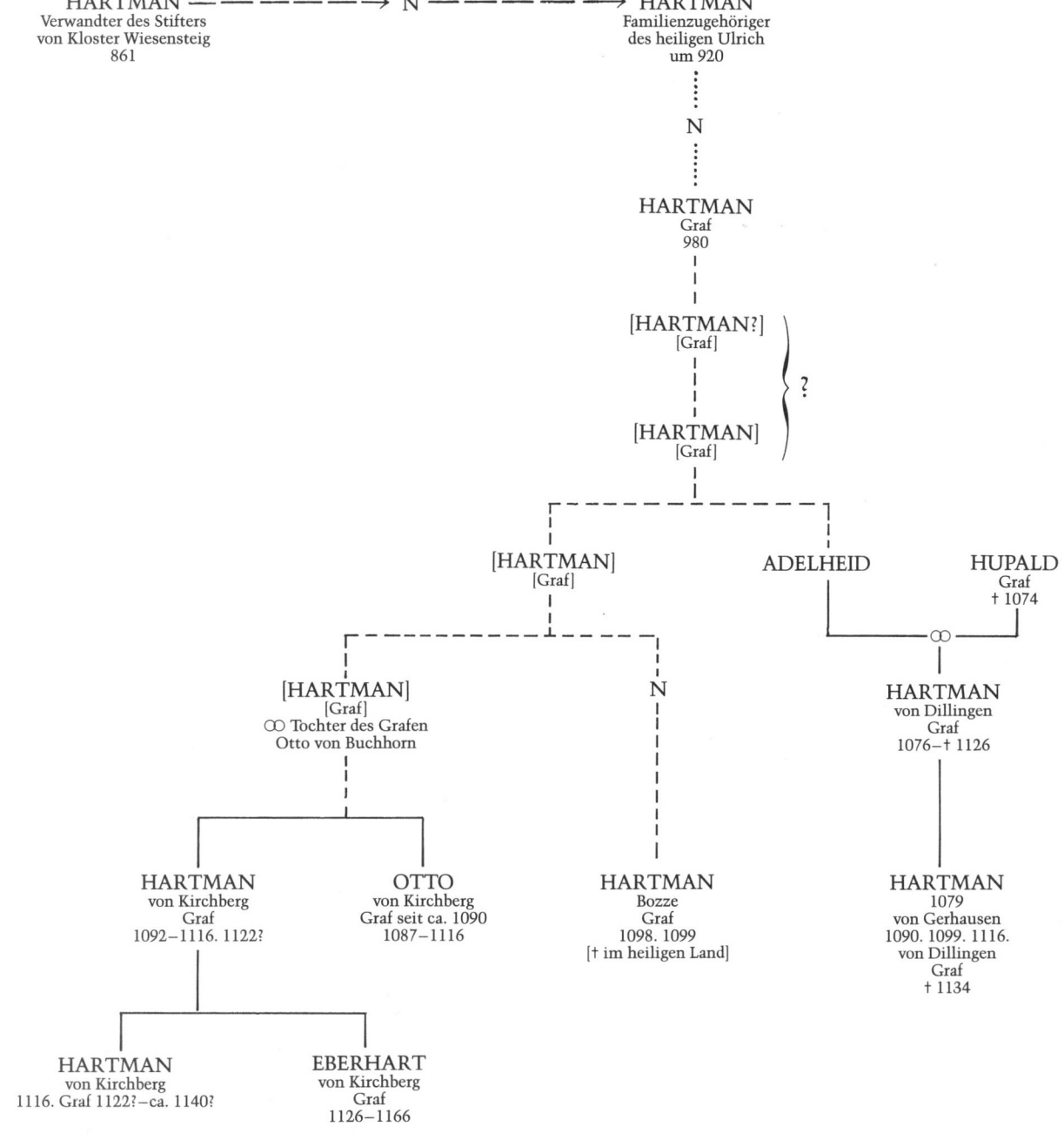

Zur Vererbung von Illertissen im 11. Jahrhundert

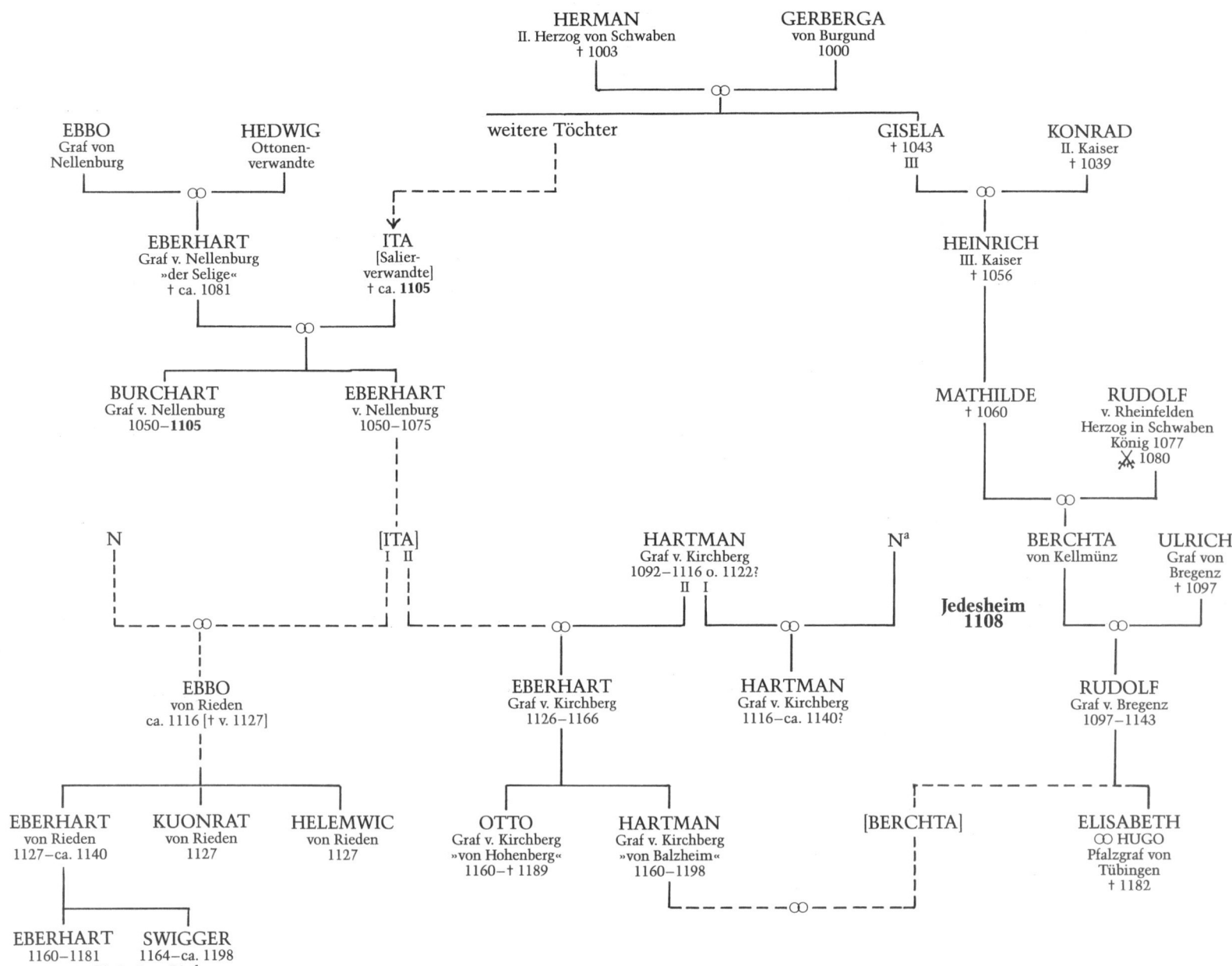

Verwandtschaft der Stifterin von Edelstetten

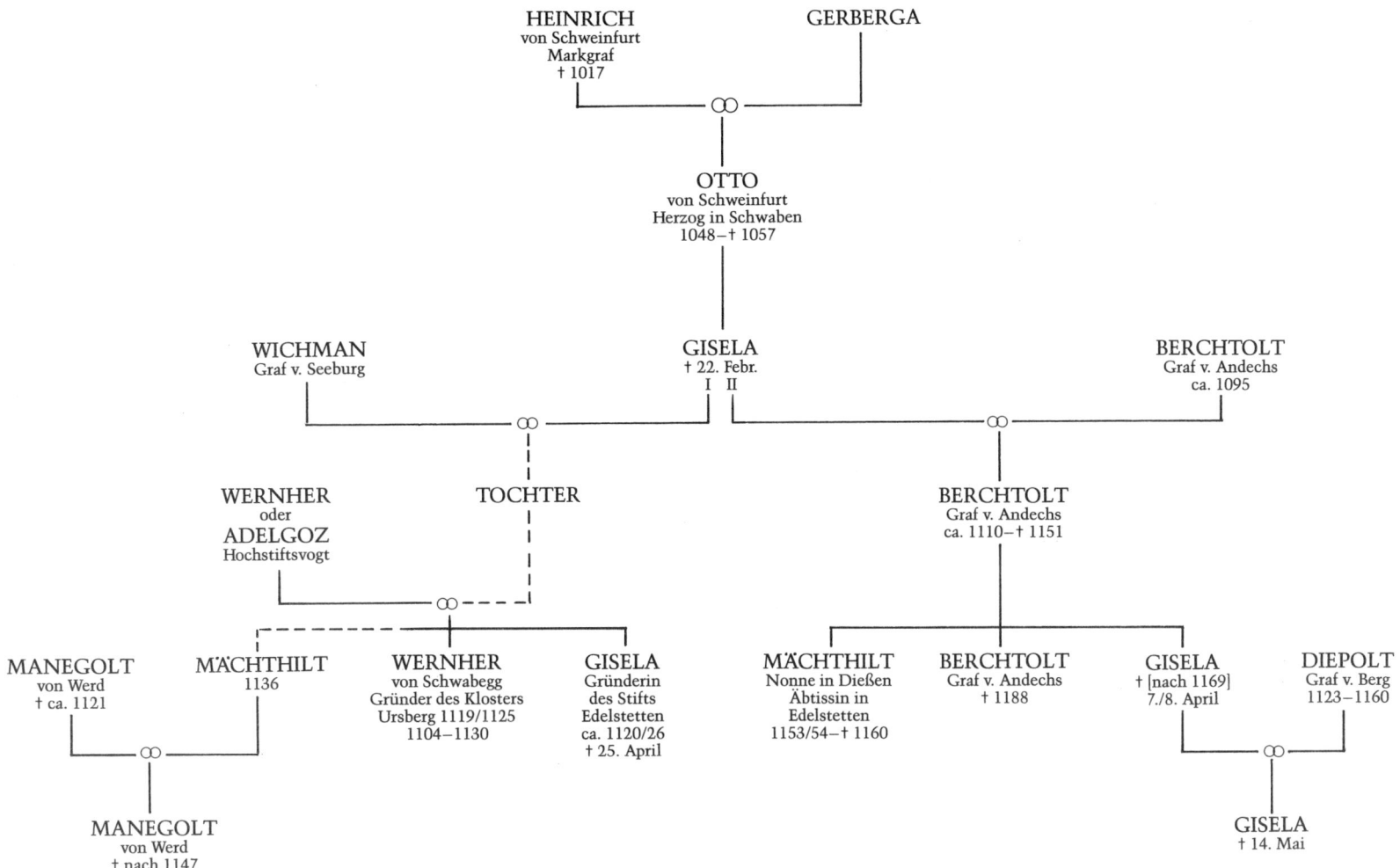

Versippung der Häuser Kirchberg/Brandenburg, Wirtenberg/Grüningen/Landau, Marstetten, Nifen, Elrbach
Zur Vererbung von Illertissen, Vöhringen, Betlinshausen, Balzheim u. a.

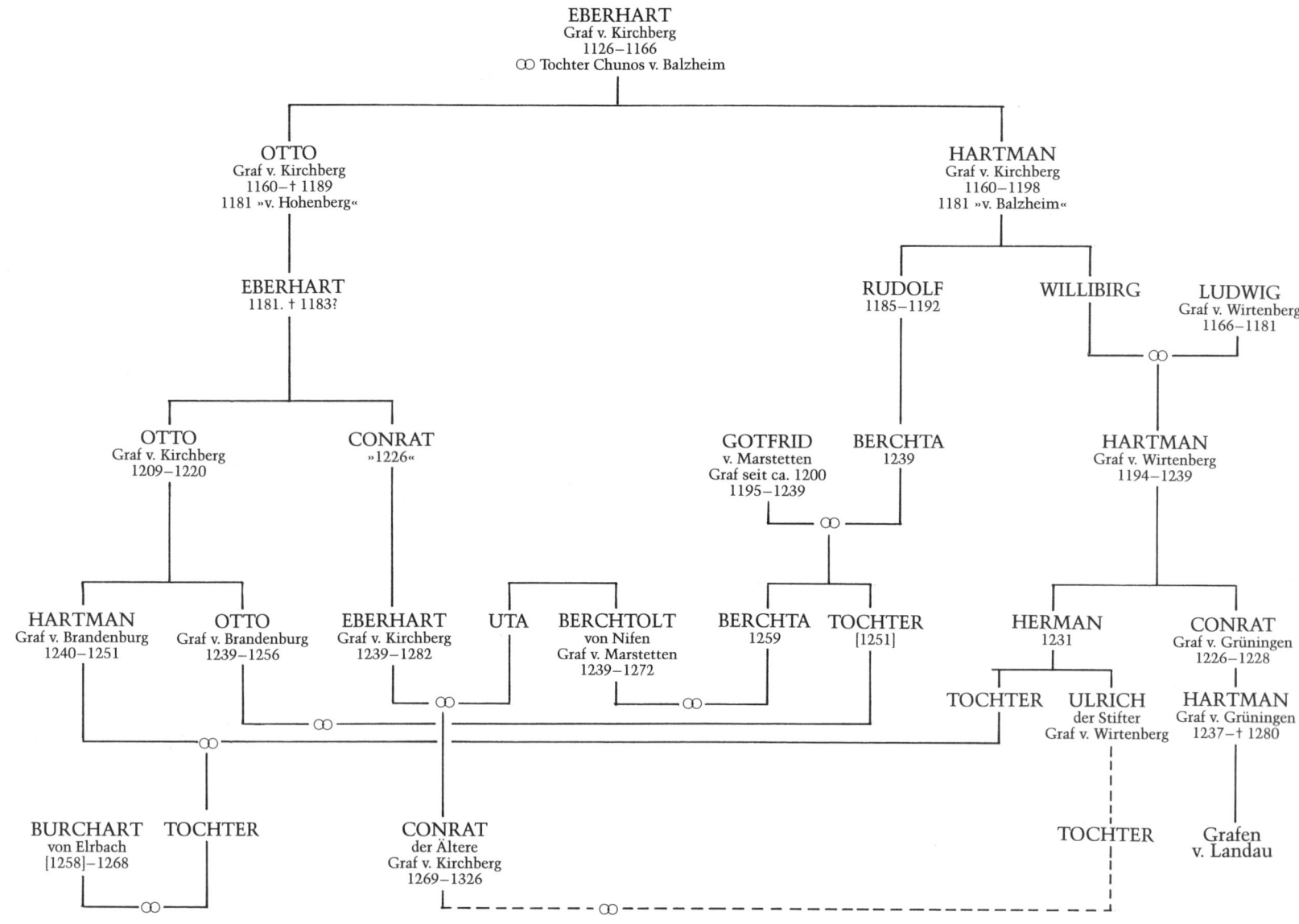

Literaturverzeichnis

Franz Ludwig Baumann, Der Alpgau, seine Grafen und freien Bauern. Ein Beitrag zur deutschen Adels- und Rechtsgeschichte. In: Zeitschrift des Historischen Vereins von Schwaben und Neuburg 2, 1875, S. 1–77.

–, Über die angebliche Grafschaft und Grafenfamilie Kelmünz. In: Zeitschrift des Historischen Vereins von Schwaben und Neuburg 4, 1877, S. 1–16.

Karl August Boehaimb, Der Markt und die ehemalige Herrschaft Illertissen. In: Jahresbericht des historischen Vereins im Regierungsbezirke von Schwaben und Neuburg 21/22, 1855/56, S. 17–72.

Michael Borgolte, Geschichte der Grafschaften Alemanniens in fränkischer Zeit (Vorträge und Forschungen Sonderbd. 31), Sigmaringen 1984.

–, Die Grafen Alemanniens in merowingischer und karolingischer Zeit. Eine Prosopographie (Archäologie und Geschichte. Freiburger Forschungen zum ersten Jahrtausend in Südwestdeutschland Band 2), Sigmaringen 1986.

Luitpold Brunner, Die Vöhlin von Frickenhausen, Freiherrn von Illertissen und Neuburg an der Kammel. In: Zeitschrift des Historischen Vereins für Schwaben und Neuburg 2, 1875, S. 259–377.

Heinz Bühler, Die Wittislinger Pfründen – ein Schüssel zur Besitzgeschichte Ostschwabens im Hochmittelalter. In: Jahrbuch des Historischen Vereins Dillingen an der Donau 71, 1969, S. 24–67.

–, Die »Duria-Orte« Suntheim und Navua. Ein Beitrag zur Geschichte des »pagus Duria«. In: Das Obere Schwaben vom Illertal zum Mindeltal Folge 8, 1971, (Sonderdruck).

–, Woher stammt der Name Gerlenhofen? Königin Hildegard und ihre Sippe im Ulmer Winkel. In: Gerilehoua, Beiträge zur Geschichte von Gerlenhofen = Das Obere Schwaben vom Illertal zum Mindeltal Folge 9, 1973, S. 14–20.

–, Die Vorfahren des Bischofs Ulrich von Augsburg (923–973). In: Jahrbuch des Historischen Vereins Dillingen an der Donau 75, 1973, S. 16–45.

–, Die Herkunft des Hauses Dillingen. In: Die Grafen von Kyburg – Kyburger-Tagung 1980 in Winterthur (Schweizer Beiträge zur Kulturgeschichte und Archäologie des Mittelalters Band 8), 1981, S. 9–30.

Rainer Christlein, Die Alamannen, Archäologie eines lebendigen Volkes. Stuttgart 1978.

Richard Dertsch, Die alemannische Landnahme im unteren Illertal. In: 1000 Jahre Illertissen, 1954, S. 29–32.

Hansmartin Decker-Hauff, Geschichte der Stadt Stuttgart, Band I: Von der Frühzeit bis zur Reformation. Stuttgart 1966.

–, Waiblingen einst. In: Waiblingen, Portrait einer Stadtlandschaft. Stuttgart 1985, S. 7–28.

Immo Eberl, Die Edelfreien von Ruck und die Grafen von Tübingen. Untersuchungen zu Besitz und Herrschaft im Blaubeurer Raum bis zum Ausgang des 13. Jahrhunderts. In: Zeitschrift für württembergische Landesgeschichte 38, 1979, S. 5–63.

–, Die Grafen von Berg, ihr Herrschaftsbereich und dessen adelige Familien. In: Ulm und Oberschwaben 44, 1982, S. 29–171.

Marlis Franken, Die Alamannen zwischen Iller und Lech. Berlin 1944.
Horst Gaiser, Herrschaft und Untertanen im alten Gerlenhofen. In: Gerilehoua, Beiträge zur Geschichte von Gerlenhofen = Das Obere Schwaben vom Illertal zum Mindeltal Folge 9, 1973, S. 25–33.

–, Die Herren von Ellerbach zu Laupheim. In: Laupheim, hg. von der Stadt Laupheim in Rückschau auf 1200 Jahre Laupheimer Geschichte 778–1978. Weißenhorn 1978, S. 95–119.

–, mit *J. Matzke* und *A. Rieber*, Kleine Kreisbeschreibung Neu-Ulm, Stadt und Landkreis, 2. Aufl., Neu-Ulm 1964.

–, und *A. Rieber*, Kleine Kreisbeschreibung Günzburg, Stadt und Landkreis, Neu-Ulm 1966.

Joseph Hahn, Krumbach (Historischer Atlas von Bayern, Teil Schwaben Heft 12), München 1982.

Gustav Hoffmann, Kirchenheilige in Württemberg (Darstellungen aus der württembergischen Geschichte, 23. Band), Stuttgart 1932.

Max Huber, Ein Einkünfteregister der Grafschaft Kirchberg-Kirchberg von 1379/1438. In: Ulm und Oberschwaben 40/41, 1973, S. 27–68.

Hans Jänichen, Baar und Huntari. In: Grundfragen der alemannischen Geschichte, Mainauvorträge 1952 (Vorträge und Forschungen Band 1), 1955, S. 83–151.

Anton Kanz, Chronik von Tüssen. Geschichte des Marktes und der ehemaligen freien Reichsherrschaft Illertissen mit Ausblicken auf die Umgebung. Illertissen 1911.

Hagen Keller, Kloster Einsiedeln im ottonischen Schwaben (Forschungen zur oberrheinischen Landesgeschichte Band 13) Freiburg 1964.

–, Ottobeuren und Einsiedeln im 11. Jahrhundert. In: Zeitschrift für die Geschichte des Oberrheins 112, 1964, S. 373–411.

Paul Kläui, Untersuchungen zur Gütergeschichte des Klosters Einsiedeln vom 10.–14. Jahrhundert. In: Festgabe Hans Nabholz zum siebzigsten Geburtstag, Aarau 1944, S. 78–115.

Franz Seraph Kolb, Zur Baugeschichte der St.-Wolfgangs-Kapelle in Gerlenhofen. In: Gerilehoua, Beiträge zur Geschichte von Gerlenhofen = Das Obere Schwaben vom Illertal zum Mindeltal Folge 9, 1973, S. 43–46.

Hans Peter Köpf, Der Laupheimer Raum im frühen und hohen Mittelalter bis zum Übergang an Österreich. In: Laupheim, hg. von der Stadt Laupheim in Rückschau auf 1200 Jahre Laupheimer Geschichte 778–1978, Weißenhorn 1978, S. 33–77.

–, Die Herrschaft Brandenburg. In: Au an der Iller, Stadt Illertissen. Ein Dorf im Wandel der Zeiten, Weißenhorn 1987, S. 42–139.

Anton Mang, Aus fernen Tagen, ein Beitrag zur frühen Geschichte Illertissens und Schwabens. Festschrift anläßlich der 500-Jahr-Feier der Marktrechtsverleihung Illertissen 1430–1930. Illertissen 1930.

–, Tussa 954, Bekanntes und Unbekanntes aus Illertissens Vergangenheit. Illertissen 1954.

–, Die Herren von Aichhaim. In: Illereichen-Altenstadt, Beiträge zur Geschichte der Marktgemeinde (Forschungen aus dem oberen Schwaben Heft 10), Weißenhorn 1965, S. 13–24.

Joseph Matzke, In loco ad Rotu vocitato. Zur Frage des Duriagaues. In: Das Obere Schwaben vom Illertal zum Mindeltal Folge 3, 1956. S. 197–205.

–, Abgegangene Siedlungen zwischen Biber und Leibi. In: Das Obere Schwaben vom Illertal zum Mindeltal Folge 4, 1957, S. 282–301.

–, Zur Siedlungsgeschichte der Herrschaft Illereichen. In: Illereichen-Altenstadt, Beiträge zur Geschichte der Marktgemeinde (Forschungen aus dem Oberen Schwaben Heft 10), Weißenhorn 1965, S. 7–12.

—, Die Kirchen in Illereichen und Altenstadt – Pfarrsprengel, Patrozinien, Patronatsherren. In: Illereichen-Altenstadt (wie vorstehend) S. 33–36.

—, Der Kirchensatz im alten Dekanat Weißenhorn. In: Das Obere Schwaben vom Illertal zum Mindeltal Folge 8, 1971 (im Druck).

—, Zur Siedlungsgeschichte des Landkreises Neu-Ulm. In: Zwischen Donau und Iller. Der Landkreis Neu-Ulm in Geschichte und Kunst, Weißenhorn 1972, S. 54–62.

—, Gerlenhofens Pfarrzugehörigkeit. In: Gerilehoua, Beiträge zur Geschichte von Gerlenhofen = Das Obere Schwaben vom Illertal zum Mindeltal Folge 9, 1973, S. 37–42.

—, Kadeltshofen und Remmeltshofen. Zur Dorf- und Hausgeschichte, hg. von der Gemeinde Kadeltshofen 1974.

—, und *Anton H. Konrad*, Bellenberg. Beiträge zur Geschichte des Ortes (Forschungen aus dem oberen Schwaben Heft 7), Neu-Ulm 1963.

Hans-Martin Maurer, Die hochadeligen Herren von Neuffen und Sperberseck im 12. Jahrhundert. Eine personengeschichtliche Untersuchung. In: Zeitschrift für württembergische Landesgeschichte 25, 1966, S. 59–130.

Helmut Maurer, Der Herzog von Schwaben. Grundlagen, Wirkungen und Wesen seiner Herrschaft in ottonischer, salischer und staufischer Zeit. Sigmaringen 1978.

Ursula Mereb geb. Rall, Studien zur Besitzgeschichte der Grafen und Herren von Grüningen-Landau von ca. 1250 bis 1500. Diss. Tübingen 1970.

Gerhart Nebinger, Die Vöhlin – Genealogie der Vöhlin zu Illertissen und Neuburg a. K. In: 1000 Jahre Illertissen, 1954, S. 38–47.

—, Die Herrschaft Illertissen. In: 1000 Jahre Illertissen, 1954, S. 49–76.

—, Entstehung und Entwicklung der Markgrafschaft Burgau. In: Friedrich Metz, Vorderösterreich, 2. Aufl. 1967, S. 753–772.

Albrecht Rieber, Zur Bau- und Kunstgeschichte Illertissens. In: 1000 Jahre Illertissen, 1954, S. 241–363.

—, und *Horst Gaiser*, Vorarbeiten zu einer kleinen Kreisbeschreibung Krumbach, Augsburg 1964.

Alfons Schäfer, Weißenburger Fiskalzehnt und fränkisches Königsgut im Heistergau und Rammagau in Oberschwaben. In: Zeitschrift für württembergische Landesgeschichte 25, 1966, S. 13–34.

Walter Schiele, Johann Joseph Vöhlins genealogische Sammlung. Studien zur Person, zum Werk und zur Arbeitsweise des Historikers und Genealogen Johann Joseph Vöhlin von Frickenhausen (1709–1785) (Göppinger Akademische Beiträge Nr. 16), 1971.

Hansmartin Schwarzmaier, Königtum, Adel und Klöster im Gebiet zwischen Oberer Iller und Lech (Veröffentlichungen der Schwäbischen Forschungsgemeinschaft bei der Kommission für bayerische Landesgeschichte, Reihe 1: Studien zur Geschichte des bayerischen Schwabens Band 7) Augsburg 1961.

Reinhard H. Seitz, Zur frühen Geschichte von Dorf und Stadt Lauingen (Donau). In: Jahrbuch des Historischen Vereins Dillingen an der Donau 81, 1979, S. 146–179.

Anton Spiehler, Die Reihengräber von Illertissen. In: Correspondenz-Blatt für Anthropologie, Ethnologie und Urgeschichte XVI/1885, S. 37–40 und 45–46.

Christoph Friedrich Stälin, Wirtembergische Geschichte, Teile 1 und 2, Stuttgart und Tübingen 1841 bzw. 1847.

Anton Steichele/Alfred Schröder, Das Bistum Augsburg, historisch und statistisch beschrieben, Bände 5 und 9, Augsburg 1895 bzw. 1934.

Nicolaus Thoman, Weißenhorner Historie (Quellen zur Geschichte des Bauernkriegs in Oberschwaben, hg. von Franz Ludwig Baumann/Bibliothek des Litterarischen Vereins in Stuttgart 129, Tübingen 1876), Neudruck Weißenhorn 1968.

A. Westermann, Die Vöhlin zu Memmingen. In: Memminger Geschichtsblätter 9. Jg., 1923, S. 33–44.

Gerhard Wein, Das alamannische Gräberfeld von Weingarten. In: Ulm und Oberschwaben 38, 1967, S. 37–69.

Armin Wolf, Wer war Kuno »von Öhningen«? In: Deutsches Archiv für Erforschung des Mittelalters 36, 1981, S. 25–83.

Joseph Zeller, Stift Edelstetten, Beiträge zu seiner Geschichte und Verfassung im Mittelalter. In: Archiv für die Geschichte des Hochstifts Augsburg 4, 1912–1915, S. 369–432.

Erich Zöllner, Die Herkunft der Agilulfinger, in: Mitteilungen des Instituts für österreichische Geschichtsforschung 59, 1951, S. 245–264.

Register

Der Buchstabe K ist mit C an dessen Stelle zusammengefaßt. Herrscher, Fürsten und adelige Personen bis um 1500 sind unter ihren Rufnamen zu finden. Nicht mehr selbständigen Orten ist die heutige Gemeindezugehörigkeit beigesetzt; die Landkreise sind zumeist mit dem Autokennzeichen abgekürzt. Es bedeuten demnach:

A	Augsburg
BC	Biberach/Riß
DLG	Dillingen an der Donau
DON	Donau-Ries
FN	Bodenseekreis
GZ	Günzburg
KN	Konstanz
MM	Memmingen
MN	Unterallgäu
NU	Neu-Ulm
RT	Reutlingen
RV	Ravensburg
SIG	Sigmaringen
UL	Stadt Ulm und Alb-Donau-Kreis

Weitere Abkürzungen:

abg.	abgegangen
aufg.	aufgegangen
FlN	Flurname
Gf, Gfn	Graf, Gräfin
Hz, Hzn	Herzog, Herzogin
Kl	Kloster
Kg, Kgn	König, Königin
Ks	Kaiser
Lkr	Landkreis
Mgf	Markgraf
T.	Tochter
vh	verheiratet

Adalbert 75 76
   v. Aichheim/Bühl 67 76f
   v. Birkenhard 76f
Adalgoz, Adelgoz, Präfekt 124
   v. Schwabegg, Hochstiftsvögte 89
Adelheit, Kaiserin 92f
   v. Dillingen 37f
Agilolfinger 102 115
Agnes v. Kirchberg vh v. Mätsch 188
   v. Werdenberg vh v. Kirchberg 189

Aichheim (Altenstadt NU)
   Burg, Herrschaftssitz 61f 210
   Mönchsburg 62 67 183
   Kapelle St. Meinrad 62
   Herrschaft 62 76
   Altenstadt, alt Oberaichheim 62 169 181 211 – Kirche 67
   Illereichen 12f 58 206 211
   Untereichen, Kirche St. Peter und Paul 167
   v. Aichheim, Herren 62 67 74f 77 84 174f 178 182ff
      Adalbert, Anna, Berchtolt, Eberhart, Hugo, Liutgart, Swigger, Ulrich, Ursula
      Grafen 215; s. Rechberg, Styrum
Alamannen 21f 119ff
   Volksrecht, Lex Alamannorum 101
   Alamannien 42 94 100f 123
   Herzöge, Herzogshaus, -sippe 78 94 99 101f 108 115 122 125 166
   s. Dietbald, Gotfrid, Huoching, Lantfrid
Alb, Schwäbische 38f 100 109 124
v. Albersdorf 206
Albrecht v. Österreich, König (1298–1308) 179
Allerheiligenberg (Jettingen-Scheppach GZ) 184
Altenberg (FlN Dietenheim UL) 20 35 54 175
Altenstadt NU s. Aichheim
Altheim ob Weihung UL 78
Altheim, abg. südl. Illertissen 105
Altmannsweiler, abg. zwischen Kadeltshofen u. Straß 107
v. Andechs, Grafen 89; s. Berchtolt, Gisela, Mächthilt
Andradingen, abg. b. Dietenheim 106 116
Anhofen GZ 107 123
Anna v. Aichheim vh v. Kirchberg 61 182
Appolonia v. Kirchberg vh v. Montfort 204f
Arbon am Bodensee (Schweiz) 115
Arnolf, Arnulf, König (887–899) 124
   Pfalzgraf (†954) 92
   Graf 38f 41f 124
Arnstadt (Thüringen) 92
Attenhofen (Weißenhorn NU) 61
Au (Illertissen NU) 14 58 201
Aufheim (Senden NU) 105 107
Augsburg 25 28 30 92 206
   Bistum 103
   Bischof 46 102 106 214; s. Hartman, Udalrich

Augsburg
   Domdekan 83
   Hochstiftsvogt 84f
   Kloster St. Ulrich und Afra 55 87 175
Autaggershofen (Wain BC) 20

Babenhausen MN 69 169 221f
Balmertshofen (Pfaffenhofen NU) 107
Balzhausen GZ 85
   v. Balzhausen 85; s. Conrat
Balzheim UL 115
   Burg 53ff
   Herrschaft, Grafschaft 46 52
   Oberbalzheim 53 106 178 181 183
   Unterbalzheim 55 106
   v. Balzheim 69 184f; s. Chuno, Heinrich, Ehinger
Baumann, Franz Ludwig 37 54 68 77
Bayern 13 44 102 170 217 219ff
   Herzog, Kurfürst 13 214 221; s. Tassilo, Heinrich, Georg, Karl Albrecht, Max III. Joseph
Bellenberg NU 105 210
   Kirche St. Peter u. Paul 103 167
Berchta, Königin v. Burgund 78 93
   v. Bregenz/Kellmünz 68f 71 73 77f 171f
   v. Bregenz vh v. Kirchberg 69
   v. Kirchberg vh v. Marstetten 69 178 185
   v. Marstetten vh v. Nifen 69
Berchtolt, Bezzelin
   v. Aichheim (†1330) 52 61f 67 179 181f 184ff
   v. Andechs, III. (ca. 1095) 90
   –IV. (†1151) 85f 89f
   v. Marchtal (†973) 172
   v. Nifen, Graf v. Marstetten 178f 186
   »Zähringer«, Graf Bezzelin 71
Berchtoltsippe 44
Berg (Ehingen UL) 38
   Grafschaft 180
   v. Berg, Grafen 38f 77
   s. Diepolt, Heinrich, Gisela, Ulrich
Bergenstetten (Altenstadt NU) 57 61
Bernold, Chronist v. St. Blasien 46
Betlinshausen (Illertissen NU) 13 83 120 180f 191 200f 208
   Kirche St. Johannes Bapt. 104f
Biberach (Roggenburg NU) 123
Biberach an der Riß 24f 39 169
Bihlafingen (Laupheim BC) 38
   Adel s. Cunrat

Billenhausen (Krumbach GZ)
  Adel s. Liutfrid, Manegolt
Birkenhard (Warthausen BC)
  Adel s. Adalbert
Blarer, Gerwig, Abt 210
Bodensee 24f 36 44 68 70 109 176
Bodman (Bodman-Ludwigshafen KN) 42
Boos MN 116
Bopfingen (Ostalbkreis)
  Römerkastell Opia 29
Borgolte, Michael 39 109 176
Brandenburg (Dietenheim UL), Burg 20 22f
  25 35 43 54 56 109 175ff 184 191 194;
  vgl. Illerbrücke
  – Herrschaft 13 46 105 170 180 196
    201 213
  – Grafen s. Kirchberg-Brandenburg
Bregenz am Bodensee (Vorarlberg)
  Grafen 37 78; s. Berchta, Elisabeth, Rudolf,
    Ulrich
Breitenbrunn MN 55
Breitenthal GZ 24
Brixen (Südtirol), Bischof s. Bruno
Bruckhof (Illertissen NU), alt Bruckhaus 14
  24f 192
Bruno v. Kirchberg, Bischof v. Brixen
  (1248–1288) 53
Bubenhausen (Weißenhorn NU) 58 61 106
  173 201
Buch NU 58
Buchhorn, jetzt Friedrichshafen FN
  Grafen 37 68f; s. Otto
Bühl (Burgrieden BC) 75
  Adel s. Adalbert
Bühler, Heinz 45 77f 94 123 174
Burchart, Burkard, Hz v. Schwaben
  I. (917–926) 93 170
  II. (954–973) 171
– Markgraf v. Rätien († 911) 93
– v. Nellenburg Gf (1050–1105) 71 74
– Schenker an Kl. Einsiedeln 56 59f 74 173
Burgau GZ 51f; Markgrafschaft 179
  Markgrafen s. Heinrich
Burgfelden (Albstadt, Zollernalbkreis) 100
Burgrieden BC 67 75 183 185
  Adel v. Rieden s. Eberhart, Helemwic,
    Kuonrat, Swigger
Burgund 102 110; Königsgeschlecht s.
  Gerberga, Gisela, Konrad, Mathilde, Rudolf
Bussen (Uttenweiler BC) 44f

Kadeltshofen (Pfaffenhofen NU) 106f
Kaisheim DON, Kloster 178
Kanz, Anton 26f 117f 120f 191 209

Karl Martell, Hausmaier († 741) 101
– der Große, Kaiser (768–814) 24 94 108
  122f 166
– IV. Kaiser (1346–1378) 195
– VI. Kaiser (1711–1740) 217
– VII. Kaiser (1742–1745), Kurfürst v. Bayern
  Karl Albrecht 217
Keller, Hagen 56
Kellmünz NU 20ff 24 58 68f 73f 104 110
  169 172 176 211
  Adel s. Berchta
Kempten im Allgäu 20 110
  Kloster 39 123
  Mark 35 124
Kirchberg an der Iller BC 110 181
Kirchberg (Illerkirchberg UL)
  Grafensitz, Burg 35f 42 45 51 74 176
    179f 189 194 198 203
  Grafschaft, Herrschaft 178 187f 198f 201
    205 213 221
  Alter Schloßberg (FlN) 35f 176f
  Hohenberg (abg. Name) 35f 54 177
  Oberkirchberg 35 43 169 177 182 199
  Unterkirchberg 20 24 42f; vgl.
    Illerbrücke, -übergang
  – Kirche St. Martin 35
  Grafen 22 30 36f 43 45f 54f 57 61 68f
    75 77f 84f 170 175ff 179ff 184 187
  – v. Brandenburg 56 62 179f 188 200
  – v. Neuen Haus 179
  – v. Wullenstetten 53 188
  s. Agnes, Appolonia, Bruno, Conrat,
    Eberhart, Hartman, Otto, Philipps,
    Walpurg, Wilhalm, Willibirg
Kirchberg-Weißenhorn, Herrschaft 13
Kirchdorf an der Iller BC 109 181
Kirchheim, Kirchen (Ehingen UL)
  Adel s. Wernher
Konrad, Conrat, Cunrat, Chuno, Kuno
  König, Kaiser, I. (911–918) 42
  – II., Salier (1024–1039) 24 69 172
  – III., Staufer (1138–1152) 175f
  – IV., Staufer (1250–1254) 53 186
  König v. Burgund († 993) 78
  Herzog v. Schwaben I., Kuno v. Öhningen
    (982–997) 92 171
  – Konradin (1254–1268) 186
  Bischof v. Konstanz (935–976) 45
  v. Balzhausen 88
  v. Balzheim (Chuno) 55 184f
  v. Bihlafingen 67
(Konrad, Conrat)
  v. Kirchberg, Grafen
  – Abt v. Hirsau (1176–1188) 55
  – (1253–1276) 188

(Konrad, Conrat)
  – d. Ä. (1269–1326) 53
  – († 1417) 187f
  – († 1470) 188 197 199 203
  – Sohn Conrats († 1460) 203
  v. Gerenberg, Augsburger Domdekan, Pfarrer
    zu Illertissen 83
  v. Grüningen, Graf (1226–1228) 53
  v. Landau, Graf (1281–1300) 53
  v. Rieden (1127) 77
Konstanz am Bodensee 109
  Bischofskirche St. Maria 100
  Bischof 106; s. Konrad
Krafft, Sigmund 25
Christlein, Rainer 99 116
Krumbach GZ 24 169 214
Kuen, Franz Martin 11 218
Chur (Graubünden), Bischof s. Hartbert

Dagobert I., König (623–639) 109
Dattenhausen (Altenstadt NU) 58f 61 211
Decker-Hauff, Hansmartin 92f 99 101
Dertsch, Richard 116
Deutscher Orden 199f
Dießen am Ammersee (Lkr Landsberg/Lech)
  Kloster 85; Grafen s. v. Andechs
Dietenheim UL 22 24f 54f 106 108 115f
  169 194 201
  Kirchspiel 122
  Lindenkapelle 106
Dietershofen (Buch NU) 123
Dieto, Theodo (Name, baier. Hz) 115
Dietbald, Diepolt
  alam. Herzog († 745) 115
  v. Berg, Graf (1123–1160) 85f
Dillingen an der Donau 28 30 43 45
  Grafen s. Adelheit, Hartman, Hildegart,
    Riwin
Donau, Fluß 13 20 39 46 51 109
  Ritterkanton 215 217
  Donautalstraße 20 36 110
Donauwörth 39; Kl Heiligkreuz 88
  Adel s. Manegolt, Mächthilt, Rupert
Dorndorf (Illerrieden UL) 20
Duria, Landstrich 39f 125

Eberhart, Ebbo, Eppo 75
  v. Aichheim/Rieden (1160–1181) 185
  v. Aichheim (1213–1255) 67
  – (1240–1275) 62 185f
  v. (Burg-)Rieden (Eppo ca. 1116) 75ff
  – (1127ff.) 77

Eberhart, Ebbo, Eppo
v. Kirchberg, Grafen
- (1126–1166)   30 35 38 54f 70f 76f 178 184
- (1181–1183?)   178f
- (1239–1282)   186 188
- (1417–1440)   10 168 188f 192 194ff 199 203
- († 1472)   25 180 188 197–201 203
- Sohn Conrats († 1463)   199 203
- v. Landau, Gf (1281–1322)   52 61
- v. Nellenburg, Grafen, (Ebbo)   72
- der Selige († ca. 1081)   70 72 74 78
- († 1075)   70ff 75
- v. Wirtemberg, Gf, der Milde   195

Eberl, Immo   69 86
Eberstall (Jettingen-Scheppach GZ) Adel   184
Echlishausen (Gde. Bibertal) GZ   78
Edelstetten GZ, Frauenstift   83–90 173 178 184 190 209f
  Äbtissin s. Mächthilt, Stifterin s. Gisela
Egelsee (Tannheim BC)   22ff 110
  vgl. Illerbrücke, -übergang
Ehingen an der Donau UL   24 38 41 110
Ehinger v. Balzheim   213
Einsiedeln (Schweiz), Kloster, Abt   40 56 59ff 67 73f 76 104 120 173 175 184 186
Elisabeth v. Bregenz vh v. Tübingen   69
v. Elrbach   53 180 200 210
Emershofen (Weißenhorn NU)   13 201 210 213 215
Engelhard, Zisterziensermönch   87
Erchanger, Pfalzgraf († 917)   93
Erolzheim BC   59f 183

Faimingen (Stadt Lauingen) DLG, Römerkastell   29
Fara, Agilolfinger   115
Ferdinand, I. Kaiser (1531–1564)   213
  Erzhz v. Österreich († 1595)   213
Fernpaß   22
Filzingen (Altenstadt NU)   21f 23
Franken   99 116
  -reich, -herrschaft   22 100 102 110 123
  König s. Dagobert
  Hausmaier   94; s. Karl Martell
Frankfurt am Main   53
Franz, I. Kaiser (1745–1765)   217
Frickenhausen (Gde. Lauben MN)   206
Frickingen FN, Grafen   51; s. Wernher
Friedrich, Fritz
  König, Kaiser, I. Barbarossa (1152–1190)   22
  - v. Österreich, der Schöne (1314–1330)   67

Friedrich, Fritz
  Hz v. Schwaben, d. Einäugige (1105–1147)   175
  Erzbischof v. Mainz († 954)   92
  v. Schwendi, Vogt zu Tüssen   186
Fugger, Grafen   13 213 221
  Jacob   198

Gaiser, Horst   45
Gannertshofen (Buch NU)   58 60 106 173
Gässler, Hans   180
Georg Hz v. Bayern-Landshut, d. Reiche (1479–1503)   198 201 204f
Gerberga v. Burgund vh Hzn v. Schwaben   42 78 90f 93 172
  v. Schweinfurt   90 174
Gerhard, Biograph des hl Ulrich   27–30 40 45 123 167 172 174
Gerhausen (Blaubeuren UL) Gf s. Hartman
Gerlenhofen (Neu-Ulm)   45f 107f
Gerold Graf († 784)   108
  Graf, Baiernpräfekt († 799)   108 122
Gerthof (Dietenheim UL)   20 109
Gisela T. Ludwigs d. Frommen   94
  Mutter d. Hzn Reginlint   93
  v. Burgund vh Hzn v. Baiern   42 90
  Kaiserin   42 69 171f
  v. Schweinfurt vh v. Andechs   86 89f
  v. Andechs vh v. Berg   85f 88
  v. Berg   86
  v. Schwabegg, Stifterin v. Edelstetten   84f 88ff 173
Glött (südl. Donauzufluß)   46
Gögglingen (Ulm/Donau)   46 175
Görz, Grafen v.   188
Gotfrid alam. Herzog († 709)   94 102 122
  Graf, »Nellenburger«   40 43 51 71
  v. Marstetten, Gf (1195–1239)   69 179ff
  v. Grafeneck (Gravenegg), Marie Louise   216f
Grafertshofen (Weißenhorn NU)   173
  Adel s. Heinrich, Manegolt
Großkissendorf (Gde. Bibertal GZ)   107
Großtissen (Saulgau SIG)   52
Grüningen-Landau, Grafen v.   52 54 75 78 181 184; s. Conrat, Eberhart, Hartman, Hedwig
Gundelfingen an der Donau DLG   206
v. Gundelfingen (Münsingen RT)
  Jörg   204
  Schweickhart   204f 207ff
Günz (südl. Donauzufluß)   24 46 52 206
Günzburg   107 195
Gutenzell (Gutenzell-Hürbel BC)   20

Hadbrecht   59
Hairenbuch GZ, Adel s. Otgoz
Haistergäu   70
Happach (Anhofen Gde. Bibertal GZ)   123
Hartbert Bischof v. Chur   27 92
Hartman   37f 43ff
  Graf (980)   38ff 43f
  Bozze, Graf (1099)   37f
  v. Kirchberg, Grafen
  - (1092–1116/1122)   35–38 68–76
  - (1116–ca. 1140?)   70
  - »v. Balzheim« (1160–1198)   54 69 179ff 184
  - v. Brandenburg (1240–1250)   53 180f
  - v. Brandenburg (1278–1298)   179
  - Sohn Conrats († 1470)   203
  v. Dillingen, Grafen (1076–1126)   37f
  - v. Gerhausen (1079–1134)   37
  - Bischof v. Augsburg (1248–1286)   37
  v. Grüningen, Gf (1237–1280)   53
  v. Wirtenberg, Gf (1194–1239)   53 181
Hatho v. Wolfertschwenden   35
Hawin Stifter d. Kl Ochsenhausen   30
  [v. Wolfertschwenden]   30 35
Hedistetten, aufg. in Herrenstetten   57–61 74
Hedwig Ottonin vh v. Nellenburg   72
  v. Veringen vh v. Grüningen   53
Heggbach (Maselheim BC) Kloster   53 179
Heidenheim an der Brenz   100
Heiligenberg FN, Grafen s. Heinrich
Heinrich König, Kaiser
- II., Ottone (1002–1024)   42 72
- III., Salier (1039–1056)   59 69 71ff 77f 171
- IV., Salier (1056–1105)   39 72
- V., Salier (1105–1125)   172
- Herzog v. Baiern I., Ottone (945–955)   92
- der Stolze, Welfe (1126–1139)   175–177
- v. Balzheim (1083–1099)   55
- v. Berg, Gf (ca. 1116)   40
- v. Burgau, Mgf (1231–1293)   186
- v. Heiligenberg, Gf (1135–1177)   176
- v. Schweinfurt, Mgf († 1017)   174
Helemwic v. Rieden (1127)   77
Herman Herzog v. Schwaben
- I. (926–949)   93 170
- II. (997–1003)   42 69f 78 90ff 171f
- III. (1003–1012)   171
- Abt v. Einsiedeln (1051–1065)   56
- d. Lahme, Mönch († 1054)   40 172 174
- v. Wirtemberg (1231)   53 181
Herrenstetten (Altenstadt NU)   57f
  vgl. Hedistetten
Heuchlingen (abg. b. Unterroth NU)   94

Hildegart Königin († 783) 94 99 108 122f
– Gemahlin Gf Riwins 30
Hittistetten (Senden NU), Stetten am Eschach 57f 60f 186f 197
Hochdorf (unbestimmt) Adel s. Rudolf
Hoffmann, Gustav 102f 106
Hohenraunau (Krumbach GZ) Herrschaft 214f
Holzheim NU, Grafschaft 39 51 180
Hörenhausen (Sießen a. W. BC) 24 201
Hugo, Hug, Schenker an Kl Einsiedeln 56 59f 74 173
– v. Aichheim († ca. 1305) 52 181 185f
– v. Tübingen Pfalzgf († 1182) 22
Humlangen (Hüttisheim UL) 180
Huoching, alam. Herzog († ca. 712) 94 99 108 122 124
Hupaldinger, Familie d. hl. Ulrich 37 39 43 45 51 78 94 174

Ichenhausen GZ 169
Iller 13 20ff 27 35 46 60 106 108ff 115f 118 175 186 188 201 211 222
Illerbrücke, -übergang bei
  Brandenburg 22ff 26 56 184
  Bruckhof/Dietenh. 24ff 60 120 192
  Egelsee 22ff 110
  Kellmünz 24
  Unterkirchberg 20 24 36 45
Illerberg (Vöhringen NU) 107 199 213
Illereichen s. Aichheim
Illergäu 35 38f 57 60 124 167
Illerkirchberg s. Kirchberg
Illerrieden UL 197 199f
Illertissen, Tussa, Tüssen, Tissen
  Ort 27 29 43 52 54 57 60f 74f 78 83f 90 92ff 110 115–122 174 178 184 190–196 201f 208 221f
  Gerichts-, Dingstätte 30 35 39 41 54 125 166f 174 176 178
  Markt 10 25 167ff 176f 199 202 209ff 222
  Burg, Schloß 7 11–13 181–192 194 207ff 216 220
  Herrschaft, Fronhofverband u. ä. 13 76 123ff 166f 187 197 199ff 204 207 214f 217–220
  Gerichtsbezirk, Landkreis, -behörden 13 19 221
  Am Reichshof 8
  Anton-Kanz-Straße 168
  Apothekerstraße 117 125
  Auf der Point 8 191
  Auf der Spöck 8 119 194

Illertissen
  Bräuhaus 10
  Bräuhausstraße 190f 194
  Gartenstraße 192
  Hauptstraße 7f 120 125 192 194
  Hirschkreuzung 7 10 125
  Hof auf dem Berg 83
  Kapelle St. Sebastian 11 125
  Kirche St. Martin 7 10 29 83 90 99f 102 104 108 119 125 192 204 214
  Lange Gasse (Vöhlinstraße) 8 192
  Löwenwirtschaft 125 178
  Marktplatz 7 190
  Martinsplatz 190
  Memminger Straße 7 117
  Mühlgasse (Ulrichstraße) 192
  Rathaus 8 125 167
  Schranne 8 125 167
  Schützenstraße 191
  Staig, Steig (Vöhlinstraße) 8 24 120 183 192
  Tannenhärtle 57
  Unterer Maierhof 83
  Untere Mühle 83
  Vöhlinstraße 8 191f
  Wallstraße 9 190
  Weiherstraße 9 191
  Westert 120
  Widemhof 83
Illerzell (Vöhringen NU) 35 188
Imma Gemahlin Gf Gerolds 108 124
Ingolstadt, Universität 213
Irmelbrunnen (= Unterweiler) 51 71
Ita Hzn v. Schwaben 93 170
– v. Nellenburg 72f 77f
– v. Rieden/v. Kirchberg 72f 75 77
Italien 93 110 186

Jänichen, Hans 109f 115
Jedesheim (Illertissen NU) Yedungsheim 13f 57 59ff 68 73f 76 78 83 91 104f 120 173 191f 194 201 207f 211 214f
  Kirche St. Meinrad 60 104
  Klosteramt 62

Lahr-Burgheim (Ortenaukreis) 100
v. Landau, Grafen s. Grüningen-Landau
Landsberg am Lech 25
Landshut (Niederbayern) 195
  Herzog s. Georg
Lantfrid, alam. Herzog († 730) 101
Lantpert 44
Lauingen DLG 86
Laupheim BC 24 38 41 45 52 67 71 102 110 180 200 210

Leipheim GZ 39 78
Leo IX., Papst 107
Limburg-Styrum s. Styrum
Linzgau 176
Lippertsweiler (Aulendorf RV) 71
Liutfrid v. Billenhausen 174
– v. Weißenhorn 173f
Liutgart Schwester d. hl. Ulrich 40 45
– v. Aichheim vh v. Rechberg 61
Liutolf Herzog v. Schwaben (949–954) 27 30 91ff 167 170 172
Lothar v. Supplinburg, Kaiser (1125–1138) 175f
Lothringen 44; Herzog s. Konrat
Ludwig König, Kaiser
– der Fromme (814–840) 94 123
– der Deutsche (833–876) 40
– der Baier (1314–1347) 67
– v. Wirtenberg, Graf (1166–1181) 181

Mainz 92; Erzbischof s. Friedrich
Manegolt Bruder d. hl Ulrich 40
– Neffe d. hl. Ulrich 40 43
– v. Billenhausen 174
– v. Grafertshofen 173
– »Nellenburger«, Thurgaugraf 40
– v. Werd 88 173
Mang, Anton 20 26f 35 52 54 68 84f 91 93 105 117f 120f 125
Marchtal (Obermarchtal UL) 44 69
  Chronist 68; Adel s. Berchtolt
Marstetten (Aitrachtal RV), Landgericht 178
  Grafen s. Bertcha, Gotfrid
Maselheim BC 67 75 77
Mathilde, Mächthilt
– T. Kaiser Heinrichs III. 69 171
– v. Andechs, Äbtissin, Selige 85ff
– v. Burgund vh Hzn v. Baiern 90
– v. Schwabegg vh v. Werd 88f 173
v. Mätsch, Vögte s. Ulrich, Üdelhilt
Matzke, Joseph 57f 62 102–108
Maurer, Hans-Martin 174
Maximilian I., Kaiser (1486–1519) 198 202 204 206
Max III. Joseph, Kurfürst v. Bayern (1745–1777) 217ff
Mayer, Dr. Michael, v. Osterberg 215
Meersburg am Bodensee FN 109
  »Meersburger Straße« 109f 115
Memmingen 22f 25 39 124 169 175 177 195 200 205f
Mereb, Ursula 54
Mietingen BC 53 67 75 77 179
Mindelheim MN 39
v. Montfort, Graf Hans 198 204

Mühlbach 210–213
Munegiseshuntare 38f
Münsingen RT 38f 110
Muntricheshuntare 38f 40 44

Nattenhausen (Breitenthal GZ) 24
Nebinger, Gerhart 86 217f 220
Nellenburg (Stockach KN) 40
»Nellenburger«, Grafen v. Nellenburg 40 51
  70–74 78 94 173 184
  s. Burchart, Eberhart, Gotfrid, Ebbo,
    Manegolt
Neuburg a. d. Kammel GZ 10 51 169 218
  Herrschaft 206 213ff
Neues Haus, Neuhausen (Holzheim NU) 46;
  Graf v. s. Otto
Neuffen, Hohenneuffen Lkr. Eßlingen 40
  v. Nifen 61f 69 173f
  s. Berchta, Berchtolt
Neufra (Riedlingen BC) 204
Neuhauser Hof (Dietenheim UL) 201
Neu-Ulm 14 221
  Bezirksamt, Landkreis 14 19
Niederarnbach Gde. Brunnen, Lkr. Neuburg-
  Schrobenhausen, Hofmark 214
Niederhausen (Pfaffenhofen NU) 58
Nordholz (Buch NU) 24

Obenhausen (Buch NU) 24 106
Oberdischingen UL 46 51
Oberhausen (Weißenhorn NU),
  »Husen« 58–61 173 197
Oberweiler, Oberwile (unbestimmt) 58 60
Ochsenhausen BC 20
  Kloster 30 37f 71 88 174 204 210
Öhningen KN, Graf s. Kuno
Opferstetten (Gde. Bibertal GZ) 78
Opfingen, Ober-/Unter- (Kirchdorf BC) 116
Osterberg NU 215; vgl. Mayer
Österreich 23 170 179f 210 214
  Hz, Erzhz s. Ferdinand, Sigmund
Otgoz v. Hairenbuch 88
Otto Kaiser I. (936–973) 27 91f 172
  – Herzog v. Schwaben I. (973–982) 170
    – II. (1045–1048) 171
    – III., v. Schweinfurt (1048–1057) 89f 171
      174
  – v. Buchhorn, Gf († 1089) 37
  – v. Kirchberg, Grafen
    – (1087–1116) 35f 51 70
    – »v. Hohenberg« (1160–†1189) 54 178ff
      46 67 183
    – v. Brandenburg 62 178 180 186
    – v. Neuen Haus 179
Ottobeuren MN, Kloster 173

Pappenheim, Marschälle v. 212
  Philipp 210
Paul, Oberamtmann-Familie 220
Peiere Graf 40f 43ff
Petersberg b. Eisenhofen Lkr. Dachau
  Kloster, Burg Glonneck 87
Petersberg, Kl b. Halle a. d. Saale 88
Pfaffenhofen NU 105f 167
  Herrschaft 39 170
Pfalz-Neuburg, Herzöge 206
Pforzheim 110
Pfronten Lkr Ostallgäu 110
Philipps Gf v. Kirchberg († 1510) 25 198
  200ff 204 221
Pleß MN 20 116
Prag (Böhmen), Neustadt 195
Prüfening (Regensburg), Kloster 87

Rammachgäu 38ff 52 70f 77
Ramminger, V. Rammingen, Jacob 189
Ramsen (Kt. Schaffhausen), Grafen 51
v. Rechberg 61f 169 198 206 210f
  Hans, Graf 211f
  Veit 213
Regensburg 87 92
  Bischof Wolfgang, Heiliger 107
Regglisweiler (Dietenheim UL) 56 59f 62
  106 173 186
Reginbald Gf, Neffe d. hl. Ulrich 40
Reginlint Hzn v. Schwaben († n. 959) 93 99
  170f
Remmeltshofen (Pfaffenhofen NU) 39 106
  108 124
Rennertshofen (Buch NU) 24
Richlint T. Hz Liutolfs 92 171
Rieber, Albrecht 190
Rieden a. d. Kötz (Stadt Ichenhausen GZ) 107
v. Rieden s. Burgrieden
Riedlingen BC 44 204
Ritterschaft, Reichs-, -gesellschaft 187 189
  207 212 215ff 219f
Riwin, Graf, zu Dillingen 30 43
Rodt, Christoph, Bildhauer 10
Roggenburg NU, Herren v. 174
Römer 20f 36
  röm. Reich, Reichsgrenze 21 116
  Kaiser Probus 21
Römer-, römische Straßen 20ff 36 109 118
  120 125; Via Claudia 110
Rot (südl. Donauzufluß westl. d. Iller) 24 38
  46 67 183
Rot (Burgrieden BC) 67
Roth (südl. Donauzufluß östl. d. Iller) 20 23
  39 46 106 118 124 179
Roth (Pfaffenhofen NU) 106

Rottenbuch Lkr Weilheim-Schongau, Kl 55
  174
Rottweil am Neckar, Hofgericht 205
Rudolf König v. Burgund († 937) 93
– v. Rheinfelden, Hz v. Schwaben
  (1057–1079), König (1077–1080) 68 74
  90 171
– v. Habsburg, König (1273–1291) 53 170
– Stifter d. Kl Wiesensteig 44
– Pfalzgraf 44
– v. Bregenz, Gf 68f 71 73 75 77f 175f
– v. Hochdorf († 1108) 75
– v. Kirchberg, Graf (1185–1192) 69 178 181
Rupert v. Werd (um 1180) 173

Saint Maurice (Kt. Wallis) 102
Salem FN, Kloster, Abt 53 67 207
Salier 42f 69 77 172 175
Samo König d. Slawen 110
St. Blasien Lkr Waldshut, Kloster, Abt 37 46
  87f
Saulgau SIG 52
Schäfer, Alfons 70
Schaffhausen (Schweiz) am Rhein
  Kloster Allerheiligen 51 70 72
  Kloster St. Agnes 72f
Schaler, Hans, Bildhauer v. Ulm 10
Scheppach (Jettingen-Scheppach GZ)
  Allerheiligenberg 184
Scheyern Lkr Pfaffenhofen/Ilm, Kloster 87
Schiele, Walter 218
Schönebürg (Schwendi BC) 67
Schongau am Lech 55
Schrobenhausen 214
Schröder, Alfred 103
Schwabegg Stadt Schwabmünchen (Lkr
  Augsburg) 28
  Haldenburg (FlN) 28 35
  Hochadelsgeschlecht 84 88ff; s. Adelgoz,
    Gisela, Mächthilt, Wernher
Schwaben, Herzogtum 55 71f 92f 172
  bayer. Provinz, Regierungsbezirk 13
  Herzöge s. Burchart, Conrat, Friedrich,
    Herman, Liutolf, Otto, Rudolf
Schwäbischer Bund 207f
Schwabmünchen, »Mantahinga« 28 30
Schweinfurt am Main, Markgf s. Heinrich, Otto
Schwendi BC 24 110; Adel s. Fritz
Seeburg Lkr Duderstadt, Gf s. Wichman
Seitz, Reinhard H. 86
Senden NU 123
Sießen am Wald BC 106
Sigihart, Graf 124

235

Sigmund Kaiser (1410–1437)   168 187 189 205
– Herzog v. Österreich   213
Sophia T. Kaiser Heinrichs III.   77
Sperberseck, Burgruine b. Böhringen (Römerstein RT)   40 174
Städtebund, schwäbischer   187
Stälin, Christoph Friedrich   90
Stammler, Ulmer Geschlecht   213
Staufer   43 53 62 77 170 175f 186
Steichele, Anton   103
Stein, Freiherr v., Joseph   219f
Steinheim (Neu-Ulm)   109
Stetten s. Hittistetten
Straß (Nersingen NU)   106f
Stuttgart   93 195
Styrum, Graf   211f
Sulmetingen (Obersulmetingen, Laupheim BC)   28 40f 43 45; Adel 173
Sulmingen (Maselheim BC)   77 179f
Swerzza (Landstrich)   39f
Swigger v. Aichheim/Rieden (1164–ca. 1199)   185

Tannenbühel (FlN b. Jedesheim), alt Tiunnenbühel, Thonabühl   57f 211
Tassilo, baier. Herzog (748–788)   115
Thal (Vöhringen NU)   197 199
Thegan Biograph Ks Ludwigs d. Fr.   94
Thoman, Nicolaus   197 208
Thurgau (Schweiz)   40 70
Tiefenbach (Illertissen NU)   13 58 74 83f 120 173 187 191f 194 197 201 208 215
    Kaplanei, Pfründe   187 197 201
Tirol   22; Grafen s. Görz
Tübingen, Pfalzgrafen v.   69 172; s. Hugo

Udalrich, Ulrich
– Bruder der Königin Hildegart   94
– Heiliger, Bf v. Augsburg (923–973)   27 29f 37 40 44f 91f 107 172
– v. Aichheim (1259–1299)   62 185
– v. Berg Gf (1231–ca. 1265)   186
– v. Bregenz Gf († 1097)   68
– Vogt v. Mätsch, Gf v. Kirchberg   188
– v. Wirtemberg Gf, d. Stifter (1238–1264)   53 181
Udalrichinger   78 94
Üdelhilt v. Mätsch vh v. Görz   188
Ulm an der Donau   39 51 100 202
    Königshof, Pfalzort   22 41ff 93 166 171f 175
    Stadt, Reichsstadt   14 22f 25 43 169 187f 208

Ulm an der Donau
    Territorium   13
    Pfarrkirche Unser Lieben Frau   100
    Patriziat, Geschlechter   170 205
    s. Krafft, Ehinger, Gässler, Stammler
Ulmer Winkel   94 108 122
Unterroth NU   25 94 123
Unterweiler (Ulm/Donau) s. Irmelbrunnen
Ursberg (GZ)
    Prämonstratenserkloster   84 88f
Ursula v. Aichheim   61

Venedig (Italien)   22
Veringen (Veringenstadt SIG), Grafen s. Hedwig, Walther
Vöhlin v. Frickenhausen   201 205 212
    Carl († 1599)   10f 207 210 214
    Erhart (Memmingen, † 1484)   200
    Erhart († 1557)   10 83f 180 183 190ff 194 205–212
    Erhart († 1576)   10 214
    Ferdinand († 1603)   10 214
    Franz Adam († 1661)   215
    Franz Karl († 1754)   218
    Hans Albrecht († 1693)   215
    Hans Christoph I. († 1576)   200ff 210–214
    Hans Christoph II. († 1587)   214
    Hans Christoph III. († 1641)   214f
    Hans Christoph IV. († 1663)   215
    Hans Gotthard († 1709)   212 215
    Johann Joseph I. († 1751)   216f
    Johann Joseph II. († 1785)   217–220
    Johann Thaddäus († 1770)   218
    Lienhart (Memmingen, † 1495)   206
Vöhringen NU   13 46 53f 84 107 115f 121 180f 197 200f 206 208 210 214f
    Pfarrer Rüdeger (1239)   53

Waiblingen (Rems-Murr-Kreis)   42 93
Wain BC   20 24 106f 197 201f 204
Waldburg RV, Jacob Truchseß v.   204
Waldsee, Bad RV   20 71
    Herren v.   180
Waldstetten GZ   107 169
Wallenhausen (Weißenhorn NU)   107
Walpertshofen (Mietingen BC)   77f
Walpurg Gfn v. Kirchberg   204
Walther v. Veringen Gf   75
Wältzlin, Hans   200
    Dr. Ulrich, kaiserl. Kanzler   199f
Wangen (Illerrieden UL)   197 201
Warthausen BC   180
Wartstein (Ehingen UL), Grafen   39
Wehringen Lkr Augsburg   28
Weihung (westl. Illerzufluß)   118 201

Weiler (Osterberg NU)   58 61
Wein, Gerhard   109 115
Weingarten RV, Kloster   210
Weißenburg (Unterelsaß), Kloster   71 74 77 104
Weißenhorn NU   13 23 40 58 62 69 169 173f 195 204 221f
    Herrschaft   170 174 179 198
    Gerichtsbezirk   14
    Dekanat   102
    Adel s. Liutfrid und v. Nifen
Weitenbühl (Gutenzell-Hürbel BC)   110
Welf VI. (1115–1191)   195
Welfen   71 169 175f; s. Heinrich
Weltz, Freiherren v., Eva Regina   216
Werd s. Donauwörth
Werdenberg-Heiligenberg, Gff s. Agnes
Wernher v. Schwabegg   88f
– v. Kirchheim, Gf v. Frickingen   51
Wettenhausen (Kammeltal GZ)   88
Wiblingen (Ulm/Donau), Kloster   35f 45f 51 54f 88 197
Wichman v. Seeburg Gf   90
Wiesensteig Lkr Göppingen, Kloster   44
Wilhalm Grafen v. Kirchberg
– d. Ä. (1333–1366)   188
– d. J., v. Wullenstetten (1326–1378)   52 60f 186 188
– »d. guldin Ritter« († 1489)   197f 203ff
Willibirg v. Kirchberg vh v. Wirtenberg   181
Wittislingen DLG   28ff 36 100
    Kirche St. Martin   29 100
Wochenau, Hof (Illerrieden UL)   109
Wolf, Armin   92
Wolfertschwenden MN   35
    Adel s. Hatho, Hawin
Woringen MN   116
Wullenstetten (Senden NU)   43 52 188f; Herrschaft   197f
    Grafen s. Kirchberg
Württemberg, Königreich   102 221
v. Wirtenberg, Grafen   75 78 189
    s. Eberhart, Hartman, Herman, Ludwig, Ulrich

Zähringer s. Bezzelin
Zeller, Joseph   85
Zöllner, Erich   102 115
Zürich (Schweiz)   40
Zürichgau   40
Zwiefalten RT, Kloster   86

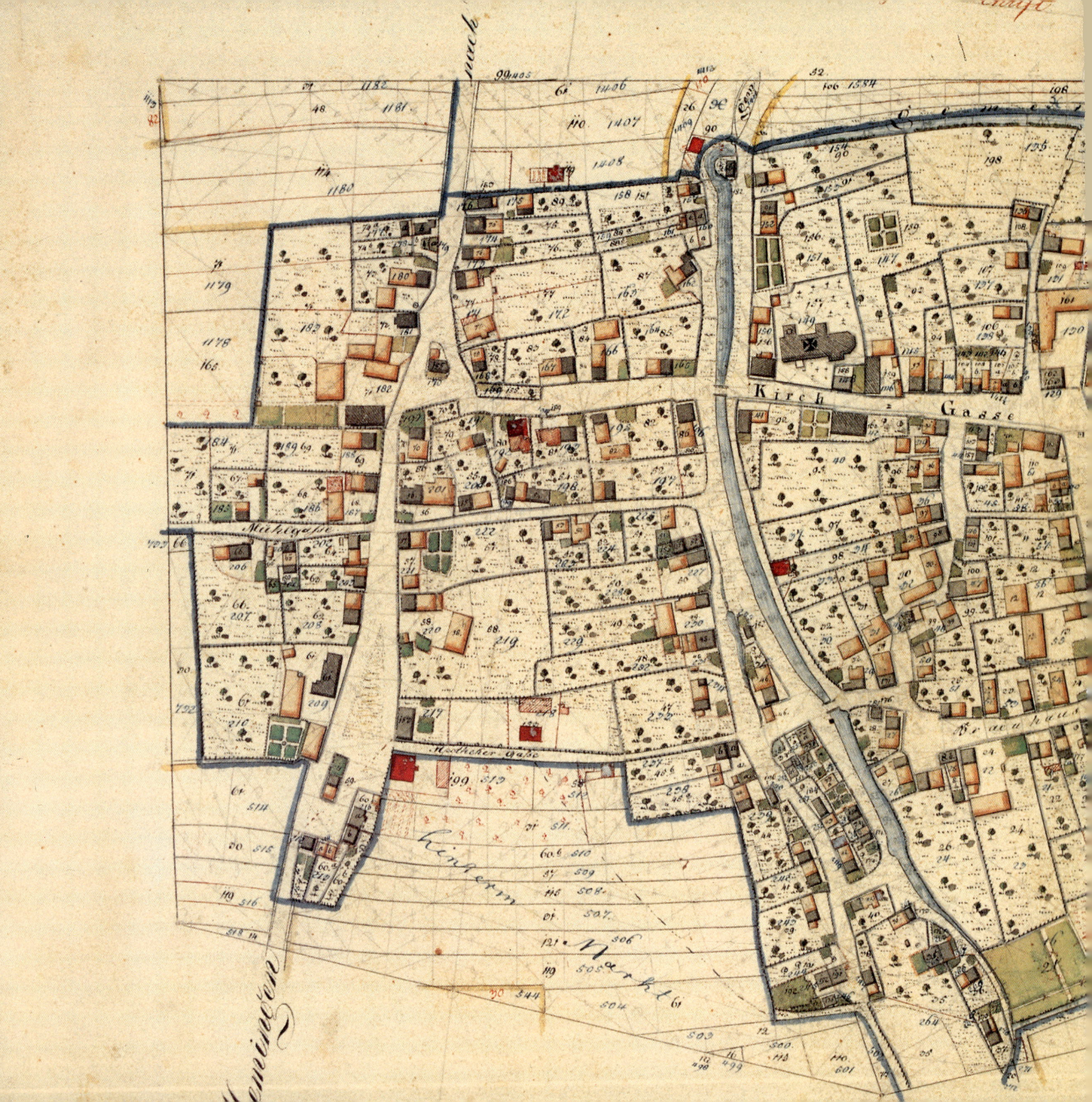